Eurorient

Revue périodique paraissant trois fois par an
Numéro d'enregistrement 25020302

Directeur de publication
Wafik Raouf
wafik_raouf@hotmail.com

Coordinateur
Ata Ayati
ataayati@yahoo.fr

Lectures et corrections
Michel Guillon
Monique Jouffroy
Alexandre Lengagne

EurOrient : 89, avenue du Roule
92200 Neuilly (France)
Tél : 01.47.22.90.12
eurorient@free.fr
www.eurorient.net

Revue publiée avec le concours
du Centre national du livre

Crédit photographie de la couverture : Pierre Berthelot

5-7, rue de l'École Polytechnique ; 75005 Paris
http://www.librairieharmattan.com
diffusion.harmattan@wanadoo.fr
harmattan@wandoo.fr
ISBN : 978-2-343-02501-8
EAN : 9782343025018

POURQUOI LA REVUE EURORIENT ?

Un pont entre deux mondes

En un temps où l'Orient et l'Occident semblent revivre un épisode d'incompréhension réciproque, à la fois culturelle, politique et économique, il est bon de jeter des ponts. Une longue histoire d'interdépendance entre ces deux berceaux de civilisation invite à ce rapprochement.

Cette revue proposée par des intellectuels des deux versants de la Méditerranée souhaite apporter sa contribution, ne craignant pas d'élargir l'échange à l'ouest jusqu'en Amérique, à l'est et au sud jusqu'au plus profond de l'Asie et de l'Afrique. Les sujets publiés sont souvent de l'ordre des sciences politiques, mais concernent également les questions de société, le monde urbain, les défis économiques et les migrations.

En filigrane apparaissent des visions du monde et de l'homme qui parfois convergent, parfois s'éloignent. Mais l'échange des savoirs est la meilleure façon d'additionner les expériences et d'en valoriser la diversité.

Les auteurs de ce numéro

Pierre Berthelot, chercheur-associé à l'IPSE (Institut prospective et sécurité en Europe), à l'IFAS (Institut français d'analyse stratégique) et enseignant à la Faculté libre de droit de Paris (FACO). Conseiller scientifique de la FMES (Fondation méditerranéenne d'études stratégiques) et du CIRID (Centre international de recherche en intelligence du développement – CNRS/ENS Lyon). Expert et consultant auprès de différentes institutions, membre de l'Académie de l'eau et administrateur du CCMO. A récemment publié *Le Jourdain entre guerre et paix : approches historiques, géopolitiques et juridiques*, Presses Universitaires de Bordeaux (mai 2013), et de *Théorie et pratique des relations internationales au Moyen-Orien*t (dir.), Editions du Cygne, novembre 2013. Titulaire du doctorat « cultures et sociétés dans le monde arabe et musulman » (Bordeaux III), diplômé de l'INALCO et en droit international.

Édouard Boinet est titulaire de deux diplômes de Master 2 en Droit de l'environnement (Université Paris-Sud XI) et Relations internationales (Sciences Po Toulouse). Il a travaillé à l'Ambassade de France au Kenya auprès du Programme des Nations-Unies pour l'Environnement, au Programme Santé & Environnement de l'Institut français des relations internationales puis à la Division des Sciences de l'Eau de l'UNESCO. Actuellement en poste à Pékin pour le compte de l'Office International de l'Eau (OIEau), il est chargé de la mise en œuvre d'un projet de gestion intégrée des ressources en eau dans le bassin du fleuve Hai. Après un premier ouvrage sur l'*Hydropolitique du Nil : du conflit à la coopération ?* (août 2012, L'Harmattan), il vient de publier un second ouvrage, *Hydropolitique du fleuve Sénégal : limites et perspectives d'un modèle de coopération* (octobre 2013, L'Harmattan).

Sébastien Boussois est spécialiste de la question israélo-palestinienne, docteur en sciences politiques, conseiller scientifique de l'Institut MEDEA (Bruxelles), chercheur associé au CJB(Rabat/Maroc) et au REPI (Université Libre de Bruxelles), enseignant en relations internationales, auteur et éditeur. Il est par ailleurs président du CCMO, le Cercle des Chercheurs sur le Moyen-Orient qu'il a fondé : (www.cerclechercheursmoyenorient.wordpress.com)

Dominique de Courcelles, docteur ès-lettres et sciences humaines de l'École des Hautes Études en Sciences Sociales de Paris, titulaire d'un master de théologie (science et théologie des religions) de l'Institut Catholique de Paris, est professeur directeur de recherche au Centre National de la Recherche Scientifique (UMR 5037 ENS Lyon). Elle assure sa direction de recherche « Transferts culturels » au sein du Centre International de Recherche en Intelligence du Développement (CIRID) qu'elle préside et qui regroupe des jeunes chercheurs, des enseignants chercheurs et des professionnels de différents pays www.cirid.net. Elle enseigne depuis 1998 à l'École Polytechnique. Elle a publié en 2009 *Globale diversité -Pour une approche multiculturelle du management*, Presses de l'École Polytechnique, qui a été publié en arabe aux Presses de King Saud University de Riyad en 2011. En 2009 elle a réalisé un film sur la question du développement durable et de l'eau dans la mégalopole de Mexico *Entre le feu et l'eau* (diffusion internationale, par exemple : sélectionné à l'ONU, New York, pour la journée mondiale de l'environnement le 5 juin 2009). Elle est membre de l'Académie de l'Eau, membre de l'Académie Hispano-américaine des Sciences, des Arts et des Lettres du Mexique.

Jean-François Donzier est Directeur Général de l'Office International de l'Eau depuis 1991. Il est Secrétaire Technique Permanent du Réseau International des Organismes de Bassin (RIOB) depuis sa création en 1994, ainsi que Secrétaire du réseau International des Centres de Formation aux Métiers de l'Eau (RICFME). Ingénieur général des Ponts, des Eaux et des Forêts, il a précédemment occupé plusieurs poste de direction dans l'administration centrale française, tant dans les Services du Premier ministre, qu'à la Délégation à l'Aménagement du Territoire et au Ministère de l'Agriculture. Il a notamment dirigé les projets pluriannuels de protection du lac d'Annecy et du lac Léman (franco-suisse) contre les pollutions et les projets d'équipement pour l'épuration des stations nationales de sports d'hiver des Alpes du Nord. Comme Chef du Bureau d'Inspection Régionale au Ministère de l'Agriculture et de la Réforme Agraire au Royaume du Maroc, il a supervisé les projets d'hydraulique agricole et villageoise de la zone sud (1973-1974). Il a été de 2006 à 2012 administrateur du « Partenariat Mondial de l'Eau » (GWP) à Stockholm, ainsi que Gouverneur du Conseil Mondial de l'Eau lors de sa création en 1997.

Dominique Fougeirol, ingénieur civil des Mines de Paris, est titulaire d'un diplôme en gestion et résolution des conflits de Paris V, travaille en tant que spécialiste de la gestion des ressource en eau comme consultant senior chez BURGEAP-IGIP, bureau d'étude sur l'environnement, où il coordonne les activités relatives au Moyen-Orient. Il participe à l'initiative de coopération du Tigre et de l'Euphrate.

Rana Kharouf-Gaudig est docteur en droit public (Université Paris Descartes - Sorbonne Paris Cité). Elle enseigne le droit international public et le droit constitutionnel à la Faculté Libre de Droit de l'Université de Lille - Campus Paris. Après avoir effectué plusieurs consultations au sein de l'U.N.E.S.C.O., elle a été collaboratrice scientifique de l'Institut Max Planck de droit public comparé et de droit international (Heidelberg - Allemagne). Son dernier ouvrage, *Le droit international de l'eau douce au Moyen-Orient, entre souveraineté et coopération*, Éditions Bruylant, Bruxelles, 2012, est la version actualisée de sa thèse qui a été distinguée par le prix de l'école doctorale de la Faculté de Droit de l'Université Paris Descartes, ainsi que par le prix Aguirre-Basualdo de la Chancellerie des Universités de Paris.

Evelyne Lyons est consultante en environnement et développement durable, diplômée de l'École des Mines de Paris (1973). Son expérience de la gestion des eaux fut acquise à l'Agence de l'Eau Seine Normandie (1975-1990), où elle fut notamment chargée d'intervention pour la protection des nappes souterraines, puis à Lyonnaise des Eaux (aujourd'hui SUEZ), où elle fut, de 1991 à 1997, responsable de la veille technologique et stratégique au centre de recherches CIRSEE. Co-concepteur des jeux de rôle HydroCONCERT', elle intervient en outre dans diverses écoles d'ingénieurs (ENPC, ISIGE,) où elle enseigne les sciences de l'eau et le développement durable, et plusieurs mastères de la Faculté des Sciences Sociales et Economiques de l'Institut Catholique de Paris dédiés aux « Politiques de l'Environnement et Développement Durable », « Économie Solidaire et Logiques de Marché » et « Solidarité et Action Internationales ». Membre de l'Académie de l'Eau, elle exerce également une activité de conseil auprès d'institutions gouvernementales ou internationales, ainsi que de multiples ONG.

Laurence A. Morin est titulaire d'une maîtrise en Études Urbaines à l'Institut national de la recherche scientifique à Montréal, dans le cadre de laquelle elle a réalisé un stage de recherche à Tunis sous la supervision de la SCET-Tunisie. Elle entame un doctorat à l'Université du Québec à Montréal en sciences politiques et son projet de thèse porte sur les violences politiques et le service policier en Tunisie.

Raya Marina Stephan est juriste, experte en droit de l'eau et consultante internationale. Elle a une vaste expérience dans des projets internationaux surtout liés aux aquifères transfrontaliers. Elle a fait partie du groupe d'experts qui a collaboré avec le Rapporteur Spécial de la Commission du Droit International lors de la phase préparatoire du projet d'articles sur les aquifères transfrontaliers. Elle a de nombreuses publications sur ce sujet, et sur d'autres sujets relatifs à l'eau. Elle préside le comité de publication de l'International Water Resources Association.

Julie Trottier est directrice de recherche au CNRS. Après avoir consacré sa thèse de doctorat à l'hydropolitique palestinienne, elle a rejoint l'Université MacGill au Canada, en tant que post-doctorante. Elle a ensuite rejoint l'Université d'Oxford, au Royaume-Uni en tant que Senior Research Fellow, puis l'Université de Newcastle en tant qu'enseignante-chercheure. Elle a quitté le Royaume-Uni en 2009 pour rejoindre le CNRS, en France. Elle est affectée au Centre de Recherche Français à Jérusalem depuis 2012 où elle continue à mener des recherches sur les enjeux politiques de l'eau. Elle l'auteure de « Hydropolitics in the West Bank and Gaza Strip », PASSIA, 2000, co-auteure de « Water Management Past and Future », Oxford University Press, 2004 et de « An agreement to share water between Israelis and Palestinians : the FoEME proposal », FOEME (Friend of the Earth Middle East), 2012 (aussi publié en hébreu et en arabe).

 n° 44 – 2013

LA GÉOPOLITIQUE DE L'EAU DANS LE MONDE ARABE
Entre constantes et changements

Dossier dirigé par Pierre Berthelot

Sommaire

Présentation

Toute réflexion qui s'interrogerait sur les évolutions relatives à la géopolitique de l'eau[1] dans le monde arabe doit d'abord prendre conscience que l'approvisionnement en ressources hydriques[2] est un élément essentiel du développement et de la perpétuation de l'espèce humaine, et a constitué une de ses préoccupations majeures tout au long de son histoire. Au cours des siècles, et en particulier au Proche-Orient et Moyen-Orient, les hommes ont cherché à s'assurer la maîtrise de cette ressource unique, et ils ont pour cela utilisé des moyens techniques, juridiques, politiques ou symboliques. Eau et monde arabe représentent deux thèmes qui sont considérés comme potentiellement explosifs, se situant au cœur de l'actualité et des enjeux politiques contemporains, si bien qu'ils seraient susceptibles de déterminer l'avenir même de l'humanité. En outre, la crainte d'un manque d'eau[3] se situe dans le cadre d'un débat plus vaste qui concerne la raréfaction des ressources naturelles, la dégradation de l'environnement, le changement climatique, craintes millénaristes pour certains, risques avérés sinon prouvés pour d'autres. L'eau devient peu à peu une cause planétaire, et puisqu'elle concerne directement chacun d'entre nous, elle mobilise de plus en plus les opinions publiques. Associés, eau et Proche-Orient constitueraient ainsi la quintessence de sujets à haut risque, davantage que le Moyen-Orient et le pétrole par exemple, puisqu'il est possible de trouver des substituts à l'or noir, mais pas à l'eau. Il convient de souligner que ces problématiques ne concernent pas cette seule région ou zone puisqu'elles sont susceptibles de rejaillir au-delà du seul Proche-Orient ou du monde arabe étant donné que sa déstabilisation, et la façon d'y remédier, constitue aussi un des enjeux les plus prégnants des relations internationales contemporaines.

....

1- La géopolitique de l'eau peut être définie comme l'ensemble « des rivalités politiques dans la répartition du débit de fleuves et de rivières ou l'exploitation de ressources hydrauliques » (Yves Lacoste, « Géopolitique de l'eau », *Hérodote*, n° 102, 3e trimestre 2001, p. 3.). De plus, et comme le souligne Frédéric Lasserre, « la géopolitique, en opérant un syncrétisme d'observations politiques, économiques, géographiques, sociales voire environnementales, propose une approche qui permet de rendre compte des enjeux de pouvoir sur des territoires, et sur les images que les hommes s'en construisent », *Espace et enjeux : Méthodes d'une géopolitique critique*, Paris, L' Harmattan, 2001, p. 15.

2- Il s'agira ici d'aborder principalement, l'enjeu de l'eau douce, bien que dans cette région aux spécificités hydro-géographiques marquées, l'eau salée puisse aussi être un enjeu de rivalités, à travers le cas de la mer Morte, qui fait l'objet d'une contribution (Sébastien Boussois) ou la question du dessalement.

3- La quantité d'eau douce disponible par habitant a diminué de 40 % depuis 1970.

Jusqu'à ces dernières années, la question de l'eau au Proche et au Moyen-Orient, enjeu majeur et brûlant depuis des décennies, était relativement figée au niveau de ses trois principaux fleuves ou ensembles hydrographiques avec d'abord le Nil, soumit aux immenses besoins de l'Égypte, puis le Jourdain, sous tension mais néanmoins toujours contrôlé par Israël, et enfin le Tigre et l'Euphrate, disputés entre pays d'aval assoiffés ou tendant à le devenir (Syrie et Irak) et un pays d'amont, la Turquie, hésitant sur l'attitude à adopter face à ces derniers. Mais un certain nombre d'événements survenus en 2011, naissance du Sud-Soudan d'une part, et révoltes arabes d'autre part, sont aujourd'hui susceptibles de modifier ce quasi *statu quo*.

Ce numéro est par ailleurs placé sous le signe de la dualité. D'abord parce qu'il réunit des spécialistes confirmés et reconnus au plan national et international pour être des praticiens ou des théoriciens de premier plan dans leur domaines de compétences mais aussi une nouvelle génération. Les premiers avec Dominique de Courcelles, Jean-François Donzier, Julie Trottier, Raya Marina Stephan abordent respectivement la question des significations culturelles et religieuses de l'eau au Proche et au Moyen-Orient et comment elles peuvent contribuer à amorcer une gestion plus durable et équitable, la nouvelle stratégie de gestion de l'eau douce qui pourrait être mise en œuvre au Moyen-Orient et dans le bassin méditerranéen, la nécessité de prendre en compte l'approche locale et internationale dans l'analyse des conflits hydriques dans l'espace israélo-palestinien, et les récentes évolutions dans les gestions des nappes aquifères. Les seconds, Édouard Boinet, Sébastien Boussois, Laurence Morin, Rana Kharouf-Gaudig apportent le plus souvent des éclairages nouveaux sur le Nil, la mer Morte, la gestion d'un service de l'eau dans le cadre d'une transition politique (Tunisie en l'occurrence) ou l'évolution récente du droit international de l'eau.

Seconde dimension de cette dualité, ce numéro d'*EurOrient* a pour ambition de rappeler un certain nombre de constantes, mais aussi de s'interroger sur de nouvelles perspectives. Sont ainsi abordés les cas de plusieurs États bénéficiant d'une position « hydro-hégémonique » (Turquie et surtout Égypte et Israël), en soulignant comment ils ont pu jusqu'ici la préserver et dans quelle mesure elle peut être menacée à terme. À l'inverse, les stratégies des pays « assoiffés » ou dominés par les pays d'amont pour faire face à la pénurie parfois entretenue par des voisins plus puissants ou associée aux changements climatiques au sein d'une zone qui reste un foyer de perpétuelles confrontations régionales et internationales depuis plus de soixante ans sont rappelées principalement à travers le cas de la Tunisie, du Liban, des Territoires palestiniens, de la Syrie et de l'Irak. Ce dossier nous ramène aussi aux changements qui s'amorcent puisqu'il est l'un des tout premiers à analyser les conséquences des révoltes arabes par rapport à la question de l'eau. Ainsi, Édouard Boinet rappelle la tentative d'instrumentalisation de la question du Nil par le nouveau et éphémère pouvoir des Frères musulmans et les réactions que cela a entrainé de la part des militaires, constituant une des causes de la chute de la confrérie. Mais c'est surtout l'étude de Laurence Morin qui souligne que les islamistes d'Ennahda n'ont pas réussi plus que d'autres à assurer une gestion optimale en Tunisie, même s'il est vrai qu'ils n'ont depuis le départ qu'une marge de manœuvre limitée dans le cadre d'un pouvoir tripartite fonctionnant avec des hauts et des bas.

Enfin dernier aspect de la dualité qui parcourt ce dossier, l'appel à plusieurs disciplines pour tenter de répondre aux nombreux problèmes soulevés par la crise de l'eau dans le monde arabe. À côté d'analyse classiques faisant appel au droit (Rana Kharouf-Gaudig) à la philosophie et à la théologie (Dominique de Courcelles) à la géopolitique (Pierre Berthelot) ou à la science politique (Laurence Morin), plusieurs contributions privilégient une approche pluridisciplinaire en croisant droit, histoire, géopolitique (Raya Stephan, Edouard Boinet), qui s'inspire des études anglo-saxonnes et qui devrait devenir à terme une modalité d'étude de plus en plus répandue de l'hydropolitique. La multiplicité des approches, sociologiques, historiques, juridiques, politiques s'explique par le fait que question de l'eau ne peut s'affranchir d'une grille de lecture multidimensionnelle qui correspond à la nature profonde de cette ressource et au succès et rencontré par le concept de gestion intégrée des ressources en eau, dont l'un des principaux promoteurs au plan international, Jean-François Donzier, nous propose dans sa contribution une nouvelle stratégie de gestion de l'eau douce au Moyen-Orient et dans le bassin méditerranéen comme cela a été préalablement souligné.

Pierre Berthelot
EurOrient Paris, décembre 2013

L'eau, un enjeu au cœur des tensions israélo-libanaises

Pierre Berthelot

Chercheur-associé à l'IPSE (Institut prospective et sécurité en Europe), à l'IFAS (Institut français d'analyse stratégique) et enseignant à la Faculté libre de droit de Paris (FACO). Conseiller scientifique de la FMES (Fondation méditerranéenne d'études stratégiques)

Résumé

La question de l'eau est une des dimensions importantes de la relation israélo-libanaise depuis la création de l'État hébreu puisque ce dernier a depuis toujours proclamé qu'il était pour lui vital qu'il puisse s'approprier davantage de ressources hydriques, et que le pays du cèdre constituait à cet égard une cible de choix, étant le voisin le mieux pourvu au sein du bassin du Jourdain. Aujourd'hui, il peut difficilement mener une authentique politique hydraulique autonome et le fait que ses ressources en eau soient notamment situées dans des zones contrôlées par le Hezbollah contribue à créer un climat de forte tension avec les Israéliens.

Abstract

The issue of water is an important dimension of the Lebanese-Israeli relations since the establishment of the Jewish state, as it has always proclaimed that it was vital to capture more water resources and the land of the cedar was in this respect a prime target, being the best neighbor provided in the Jordan River Basin. Today, it is difficult to conduct a genuine autonomous water policy and the fact that water resources are located especially in areas controlled by Hezbollah create an atmosphere of high tension with the Israelis.

Le Liban fut le seul des quatre voisins arabes d'Israël à ne pas être impliqué dans la guerre-éclair de 1967, puisqu'il ne voit pas alors son territoire attaqué, contrairement à l'Egypte qui perd le Sinaï et la bande de Gaza qu'elle administre, à la Jordanie qui est contrainte d'abandonner sa tutelle sur la Cisjordanie et Jérusalem-Est et enfin à la Syrie, amputée du Golan. Mais le retour de bâton n'en sera que plus brutal dans la mesure où le Liban sera, au final, l'Etat il subira de la façon la plus violente les conséquences de la guerre des Six Jours. Certes, il faut tenir compte de la situation des Palestiniens qui n'ont toujours pas d'Etat à ce jour, et subissent représailles et occupation, mais le nombre de victimes libanaises reste jusqu'à l'irruption des conflits récents en Irak et en Syrie sans commune mesure au Proche-Orient, même si la guerre civile libanaise[1] est un phénomène très complexe qui ne peut être considéré comme étant uniquement la conséquence du tournant de 1967, puisqu'elle possède ses logiques internes.

Il s'agira de rappeler ici les différentes étapes de la relation israélo-libanaise depuis 1967 et notamment l'influence de sa dimension hydraulique. Trois principales périodes seront distinguées : d'abord celle qui s'étend de 1967 à 1978, s'achevant par la première intervention militaire massive au Liban, puis la période de l'occupation du Sud, soit directement, soit par alliés interposés de 1978 à 2000 et enfin les évolutions récentes suite au retrait du début du millénaire et les perspectives futures.

I. La montée des tensions (1967-1978)

A. De la guerre des Six Jours à l'expulsion des combattants palestiniens de Jordanie (1967-1970)

Si le Liban est non belligérant en 1967[2], il n'en voit pas moins une infime partie de son territoire attaquée par les Israéliens. Ces attaques concernent précisément des installations hydrauliques, au niveau du Wazzani, une des sources du Jourdain, ce qui suffit à démontrer l'importance de cette question pour son ombrageux voisin[3]. Par ailleurs, Moshe Dayan aurait affirmé que la situation des frontières de l'État hébreu était satisfaisante à l'issue de la guerre des Six Jours, à l'exception de celles concernant le Liban[4], et Ben Gourion estimait que les eaux du Litani étaient pour lui plus chères que la terre de

1- Ou « les guerres du Liban ».

2- Bien que le chef du gouvernement, le musulman sunnite, Rachid Karamé, l'ait souhaité, à l'inverse des chefs de l'armée, chrétiens maronites en majorité ; voir notament Henry LAURENS, *Le Grand Jeu (Orient arabe et rivalités internationales)*, Paris, Armand Colin, 1991, p. 231.

3- Nicholas BLANFORD, "Heightened Israeli-Lebanese Tensions over Jordan's Headwaters", *Middle East Report Online*, Sept. 2002.

4- Frederic HOF, *Galilee Divided, Galilee Divided, the Israeli-Lebanon frontier, 1916-1984,* Boulder (Colorado), Westview Press, 1985, p. 36.

Palestine[5]. Mais ces considérations restent marginales face à la conséquence la plus dramatique de 1967 pour le Liban : l'afflux et l'activisme des Palestiniens à sa frontière sud en particulier. S'ils sont déjà présents depuis 1948, avec un exode important suite à l'échec de la coalition arabe lors de la Première Guerre l'opposant à Tsahal, leur nombre augmente substantiellement après 1967, ainsi que leurs attaques. En effet, il s'agit de réagir suite à l'occupation de ce qui restait de la Palestine mandataire, non encore acquise à Israël. Lorsque Hussein de Jordanie se débarrasse en 1970 des radicaux palestiniens qui menacent son trône, c'est le coup de grâce pour le pays du Cèdre.

Une nouvelle vague, encore plus extrémiste arrive au Liban et l'équilibre précaire qui y prévaut n'y résistera pas. Les différents mouvements armés présents sur son sol (et principalement le Fatah de Yasser Arafat au Sud), font progressivement régner leur propre loi, l'État s'avérant incapable de régler cette situation dramatique. Au sein de l'armée, de nombreux soldats musulmans et a fortiori sunnites, sont très réticents à intervenir, les Palestiniens étant très majoritairement de cette confession. Pire, cette situation a été institutionnalisée ou presque, par les « accords du Caire » en novembre 1969 même si, au départ, ils légitiment les opérations de guérilla surtout à destination du Golan occupé et non vers la Galilée israélienne. Ils autorisent également la présence armée palestinienne dans les camps.

De leur côté, les Israéliens attisent cette situation extrêmement tendue, surtout à partir du début des années soixante-dix quand la guérilla redouble d'activité[6]. Ils veulent obliger le Liban à provoquer un second « Septembre noir » afin de se débarrasser de cette menace palestinienne à ses frontières, puisqu'avec l'élimination des feddayins par la Jordanie en 1970, les risques au niveau de la « frontière » constituée par le Jourdain ont considérablement diminué, et les actions à partir du Sinaï quasiment impossibles, puisqu'il est sous contrôle israélien. L'idéal serait que la résistance palestinienne soit confinée à l'intérieur de la Syrie ou éloignée le plus possible, ce qui implique de crever l'abcès libanais[7].

D'autant plus que la Galilée, qui a été divisée par les puissances mandataires entre le Liban et Israël, est peuplée d'une bonne partie, sinon d'une majorité d'Arabes, dans sa partie méridionale. Il existe un risque pour l'État hébreu de la voir se dépeupler de sa population juive, ou à tout le moins de limiter sa croissance potentielle, face aux attaques menées à partir du territoire libanais,

5- Cité par Charles SAINT-PROT, « L'eau au cœur des conflits géopolitiques », *Études géopolitiques*, n° 4 (*L'eau nouvel enjeu géopolitique*), Paris, Karthala, 2005, 2e semestre, p. 14.

6- Quant à la protection de la France, elle ne joue plus, puisqu'elle décide de ne plus être l'un des fournisseurs privilégiés de l'armée israélienne après 1967, considérant qu'elle est l'agresseur dans ce conflit.

7- Soulignons qu'à l'époque, les actions à partir des territoires occupés (Cisjordanie, Gaza) sont encore quasi-inexistantes et qu'il est exclu que Damas mette sa sécurité en danger à partir d'opérations menées depuis le Golan.

qui passent de 35 en 1968 à 105 en 1970[8]. Il s'agit donc de maintenir une dynamique de développement sur ce « front pionnier », tout en évitant d'y laisser s'installer une prépondérance démographique arabe, ce qui pouvait à terme miner la cohésion interne d'Israël et affaiblir sa défense au Nord, à proximité des sources du Jourdain[9].

B. Du début de la « guerre civile » à l'arrivée au pouvoir du Likoud (1975-1978)

Les premiers affrontements de la guerre civile libanaise, en 1975-1976, ont pour effet de d'abord diminuer les conflits au Sud, mais dès que les tensions s'estompent dans le reste du pays, les attaques contre Israël reprennent de plus belle. Or, s'il semblait logique que Tel-Aviv ne s'engage pas au début des années soixante-dix sur un nouveau front, car devant faire face à la permanence d'une alliance égypto-syrienne, qui se révélera redoutable en 1973, la donne change considérablement à partir de 1977. Cette année marque l'arrivée au pouvoir de la droite nationaliste avec Menahem Begin et, pour celle-ci, qui a toujours mis au rang de ses priorités la dimension sécuritaire, il est intolérable qu'Israël puisse subir des attaques permanentes à sa frontière septentrionale. Autre fait majeur, la visite de Sadate à Jérusalem, toujours la même année, qui va ouvrir la voie aux accords de paix entre les deux voisins, jusque-là ennemis irréductibles, et surtout marquer la fin d'une réelle menace militaire conventionnelle pour l'État hébreu.

Le cœur en était l'alliance entre Le Caire et Damas, et avec la perte d'un des deux membres, elle ne peut que s'effondrer. Les territoires occupés sont encore loin de l'Intifada et la Jordanie est entrée depuis 1970 dans une situation de non-hostilité. Restent les pays périphériques, mais ils entretiennent des rapports souvent compliqués, voire hostiles, avec la Syrie, à l'instar de l'Irak ou de la Libye. Enfin, la guerre civile libanaise achève de conserver un semblant d'autorité étatique au pays du Cèdre et permet de créer les conditions d'alliances plus ou moins solides avec une partie des milices qui commencent à y régner. Ceci s'avérera utile au Sud, notamment, avec l'émergence de Saad Haddad, ancien officier chrétien, qui crée l'Armée du Liban-Sud (ALS) en 1984, financée et armée par Israël[10]. L'arrivée au pouvoir de la droite nationaliste israélienne en 1977, va constituer un tournant, avec pour la première fois, la pénétration approfondie du Liban : d'abord de façon modeste avec « l'opération Litani » en 1978, puis plus intensément avec l'opération « paix en Galilée » en 1982.

....

8-Jacques SEGUIN, *Le Liban-Sud (Espace périphérique, espace convoité)*, Paris, L'Harmattan, 1985, p. 111-112.

9-*Ibid.*

10-Elle compte de 2000 à 3000 hommes, mais comporte un nombre appréciable de chiites, en plus des chrétiens, majoritaires aux postes d'encadrement.

II. L'occupation du Sud-Liban et l'enjeu hydraulique (1978-2000)

A. De « l'opération Litani » à l'opération « Paix en Galilée » (1978-1982)

Suite à des attentats commis en Israël contre des autobus par des commandos du Fatah de Yasser Arafat, qui provoquent la mort de près de quarante civils, le gouvernement Begin décide de lancer « l'opération Litani » en mars 1978 et occupe le Sud-Liban jusqu'à ce fleuve. Avec plus de 25 000 hommes, Tsahal écrase rapidement toute résistance, mais les feddayins ont le temps de s'enfuir et le nombre de réfugiés ou de victimes civiles est considérable : l'O.N.U, par le biais du Conseil de sécurité, condamne cette offensive et ses résolutions 425 et 426 créent la Force Intérimaire des Nations-Unies au Liban (FINUL)[11]. Cette opération comporte une forte charge symbolique, puisqu'elle porte le nom du fleuve qui a toujours posé problème aux sionistes et aux Israéliens qui auraient souhaité qu'il soit leur frontière Nord. Ils ont longtemps regretté que le Liban n'utilise pas mieux son potentiel hydrique, bien que la pression militaire qu'ils ont toujours fait peser sur le Sud n'ait pas contribué à une réelle utilisation de toutes les ressources en eau.

Jacques Seguin explique que « dans les années cinquante, alors que se nouait la querelle israélo-arabe autour du Plan Johnston organisant la répartition des eaux du Jourdain, un projet israélien (projet Cotton) prévoyant le détournement de 400 millions de mètres-cubes annuels des eaux du fleuve Litani, soit l'équivalent de 55% de son débit. Ce projet n'aboutira pas, mais l'avertissement au gouvernement libanais était sévère. Ce dernier, prenant prétexte de la menace et des visées de son puissant voisin, s'abstiendra de toute intervention dans le domaine de l'irrigation dans la partie méridionale du cours du fleuve, abandonnant à son sort et à son sous-développement le Liban-Sud »[12]. À nouveau, un fleuve, comme pour le Jourdain à l'Est, semble être la frontière souhaitée, sans compter qu'ici, ses ressources en eau sont encore plus abondantes que celles du premier. Et comme cela a été précédemment souligné, Moshe Dayan avait déclaré, après la guerre des Six Jours, que les frontières nouvelles acquises par Israël étaient satisfaisantes, à l'exception de celles concernant le Liban[13].

Pourtant, malgré la présence israélienne au Liban-Sud, soit directement, soit par alliés interposés, le problème palestinien est loin d'être réglé. Outre le maintien d'une guérilla active qui fait fuir une partie des habitants israéliens de Galilée, ses positions dans le reste du pays sont fortes. Mais comme pour l'opération Litani en 1978, la donne politique et diplomatique locale va favoriser

....

11- « Le fleuve constitue alors une " ligne rouge " en-deçà de laquelle l'État hébreu estime que sa sécurité peut être menacée, et donc ne tolère aucune présence étrangère, qu'elle soit palestinienne ou syrienne », *in* Georges Amine LEBBOS, « Le Litani au cœur du conflit israélo-libanais », *Les Cahiers de l'Orient,* n° 44 (la bataille de l'eau bleu), 1996, p. 32.

12- Jacques SEGUIN, *Le Liban-Sud, op.cit.*, p. 109.

13- Frederic HOF, *Galilee Divided, op.cit.*, p. 36.

les conditions d'une nouvelle intervention, qui a pour objectif principal de se débarrasser définitivement de la résistance palestinienne aux frontières d'Israël, et donc au Liban, pour la cantonner aux territoires occupés (où elle est presque inexistante) et à la Syrie, d'où elle ne pourra que voir ses activités limitées.

Le second gouvernement Begin, suite à sa réélection en 1981 est dominé par les « faucons » (avec Sharon et Shamir en plus du chef du gouvernement lui-même) et pousse à l'intervention, se sentant plus fort que jamais, depuis qu'il a annexé le Golan syrien en 1981, sans réaction de Damas ou de la communauté internationale (outre les récriminations verbales habituelles) et qu'il a détruit la même année le réacteur nucléaire irakien d'Osirak, ce qui a en partie contribué à assurer une nouvelle victoire au Likoud, quatre ans après sa première victoire en 1977. De plus, le retrait du Sinaï égyptien étant terminé, ce sont des forces militaires considérables qui sont désormais disponibles à la frontière nord. Enfin, au Liban, la situation semble plus favorable à un soutien appuyé d'Israël à la plus puissante milice chrétienne, les Forces libanaises.

Ces dernières sont dirigées par le jeune et ambitieux Béchir Gemayel, fils du fondateur du mouvement à dominante maronite des Kataëbs[14] (Pierre Gemayel), qui a progressivement uni de gré ou de force les autres forces chrétiennes anti-syriennes. Il est prêt à s'allier à l'État hébreu pour se débarrasser des Palestiniens qu'il estime responsables de tous les malheurs du Liban, et plus particulièrement pour accéder à la magistrature suprême, le très effacé Président Sarkis achevant son mandat six ans après son élection en 1976[15]. Enfin, la Syrie, présente depuis la même année au pays du Cèdre, affaiblie par une violente insurrection islamiste, matée au printemps 1982 au prix de milliers de victimes, a disposé dans la plaine de la Bekaa des batteries de missiles, ce qui est inacceptable pour Tel-Aviv.

Autant de raisons qui amènent Begin à intervenir en juin 1982 et, comme en 1978, un prétexte suffira : ce sera l'attentat perpétré contre l'ambassadeur israélien à Londres par le groupe Abou Nidal, violemment opposé à l'O.L.P, qui devra pourtant subir les représailles de l'État hébreu, alors qu'elle n'y est pour rien, contrairement à ce qui s'était passé quatre ans plus tôt. En revanche, l'opération militaire va cette fois-ci jusqu'à Beyrouth. Il s'agit désormais de créer les conditions d'une alliance puissante en s'appuyant surtout sur les Maronites, un projet ancien[16], mais probablement illusoire[17].

....

14- Soit les « brigades » en arabe, traduit le plus souvent par le terme de « phalanges », permettant de mieux souligner pour ses détracteurs une proximité idéologique avec les valeurs fascistes du régime de Francisco Franco.

15- De nombreux députés éliront Béchir Gemayel sous la pression de l'armée israélienne.

16- Sur ce point, voir Kirsten E. SCHULZE, *Israel's Covert Diplomacy in Lebanon*, London, MacMillan Press Limited, 1998 (ouvrage consacré spécifiquement aux relations israélo-maronites).

17- Voir Joseph FADDOUL, « La difficile mais nécessaire arabité des Maronites », *Maghreb-Machrek*, été 2007, n° 192, p. 71-85.

D'ailleurs, Béchir Gemayel ne remplit pas « sa part du contrat » lorsqu'il n'intervient pas contre les Palestiniens localisés à Beyrouth-Ouest, suivant en cela les recommandations d'une partie de ses alliés.

B. La question des motivations profondes de l'invasion israélienne et de l'exploitation présumée des eaux libanaises

La question-clé est de savoir dans quelle mesure l'État juif est intervenu au Liban pour des considérations associées ou directement liées à l'eau, plusieurs thèses s'affrontant sur ce point. L'autre enjeu important est de savoir si Israël a pu réellement profiter de sa présence pendant plus de deux décennies (1978-2000) au Liban, essentiellement au Sud, pour capter des ressources hydriques ou aquifères. La réponse à apporter à ces deux interrogations est complexe, comme c'est souvent le cas au Proche-Orient, et ne peut trouver de réponse définitive et univoque à ce jour.

Toutefois, les certitudes sur le premier point sont un peu plus prononcées. En effet, si l'eau a pu constituer un enjeu sous-jacent, elle n'a pas été l'objectif principal qui était avant tout militaire et politique. Certes, Israël n'a jamais été satisfait de la situation hydraulique existante à sa frontière septentrionale, puisqu'il a toujours cherché à utiliser le potentiel, jugé sous-exploité, du Litani, dont le coude ne se situe qu'à quelques kilomètres des premières zones de peuplement juives de Galilée[18].

Cependant, ce sont les mêmes caractéristiques que l'on retrouve dans ces deux opérations si l'on doit les comparer à l'annexion du Golan ou l'occupation de la Cisjordanie : le militaire et le politique priment sur l'hydraulique. Pourtant, des analystes avancent qu'Israël, suite à son opération de 1982, a immédiatement obtenu et confisqué de nombreux documents de nature hydraulique relatifs au Litani et au Hasbani. Mais curieusement, lors de l'accord dit « du 17 mai 1983 » signé entre Israël et le Liban qui sera d'ailleurs dénoncé un an plus tard par celui-là même qui l'avait négocié, le président Amine Gemayel, la question n'est toujours pas abordée par l'État hébreu, bien que l'autre partie y semble disposée. Ariel Sharon, à son retour du Liban, semble déçu par le potentiel du Litani.

Un témoignage d'importance est celui du général Tamir. Ce dernier fut l'un des principaux stratèges des opérations de 1967 et 1982, et surtout officier de liaison des supplétifs pro-israéliens du major Saad Haddad. Il n'évoque jamais dans ses mémoires parues en 1988 la question de l'eau[19], sauf pour rappeler qu'il fut envisagé de couper l'approvisionnement de la capitale libanaise pour

....

18- De plus, Israël n'a jamais véritablement nié le caractère libanais du Litani, contrairement au Golan, à l'aquifère de Cisjordanie ou au Jourdain, contestés respectivement à la Syrie, aux Palestiniens ou à la Jordanie.

19- Cité par Aaron T. WOLF, *Hydropolitics along the Jordan river (Scarce water and its impact on the Arab-Israeli conflict)*, Tokyo, United Nations University Press, 1995, p. 67.

mieux la contrôler. En outre, il affirme non sans quelque cohérence que lancer une guerre pour obtenir quelques milliers de mètres-cubes de plus est stupide et inutile dans la mesure où il suffit aujourd'hui d'exploiter les progrès de la science, et notamment des techniques de dessalement, pour obtenir à un moindre coût financier et humain des solutions alternatives intelligentes.

Sur l'utilisation effective des ressources en eau du pays du Cèdre par les Israéliens, on ne peut aboutir à aucune certitude, contrairement à ce qui a été avancé sur le point précédent (la dimension hydraulique dans l'invasion du Liban). L'une des études les plus équilibrées et les plus complètes sur cette question nous est fournie par le géographe Hussein Amery[20]. Il rappelle d'emblée que, quelle qu'ait pu être la réalité ou non du « pillage de l'eau » par les Israéliens (contrairement à la Cisjordanie ou c'est un phénomène prouvé, à travers la présence des colonies juives et d'études impartiales), c'est une donnée profondément ancrée dans l'imaginaire libanais et plus généralement arabe[21]. L'auteur ajoute que la présence israélienne sur place qui ne possédait qu'une dimension militaire (y compris par milices interposées), contrairement, là encore à la Cisjordanie, a eu pour conséquence un secret absolu sur ses activités et sur les données géo-hydrographiques, ce qui n'a pas favorisé la transparence et les études indépendantes[22] [23].

Par la suite, qu'il y ait eu pillage ou pas, l'attitude de Tsahal, que l'on retrouve à peu près chez toutes les armées occupant un territoire réputé ennemi, n'a pas contribué à dissiper les doutes. Mieux, les propres affirmations de l'État hébreu l'ont rendu encore plus suspect puisqu'il reconnaît en 1982 avoir mis en place des évaluations sismiques et des études afin de jauger la faisabilité d'un tunnel qui partirait du Litani et alimenterait le nord d'Israël, sans oublier les projets de scientifiques ayant proposé une coopération entre les deux voisins avec pour principal enjeu la construction d'un canal reliant le coude du Litani au nord d'Israël (quelques kilomètres seulement)[24], ambitions jugées réalistes par la plupart des spécialistes, et naturellement

20- Hussein AMERY, "A Popular Theory of Water Diversion From Lebanon (Toward Public Participation For Peace)", in *Water in the Middle East " (A Geography of Peace),* Ed. by Hussein A. AMERY and Aaron T. WOLF, Austin, The University of Texas, 2000, p. 121-150.

21- Riad ABOU MELHEM, « Les causes de l'occupation israélienne du Sud-Liban ne sont pas d'ordre sécuritaire, mais ont pour but de combler ses besoins en eaux », *Al Hayat*, 26 août 1997. Le responsable du parti baâth libanais, Abdallah Chahal, affirme pour sa part qu' « Israël vole de l'eau du Litani et que ses convoitises sur le Liban sont anciennes et renouvelées » *Al Hawâdith*, 16 février 1996.

22- Hussein Amery rappelle que le cas de la radioactivité supposée autour de la centrale israélienne du Néguev et les dénégations des autorités, qui n'ont pas convaincu les écologistes.

23- Rappelons qu'il existe une dimension stratégique des chiffres et données hydrographiques, en particulier au Proche-Orient.

24- Elisha KALLY, *Water and Peace: Water Resources and the Arab-Israeli Peace Process*, Westport, Praeger Publishers and Armand Hammer Fund (with Tel Aviv University), 1993, p. 88.

plus facile à mettre en œuvre que les canaux mer Rouge-mer Morte, ou mer Méditerranée-mer Morte, pour ne citer que les projets les plus connus.

Plus intéressante est l'attitude des autorités libanaises, marquée assez paradoxalement par une certaine ambiguïté, alors que l'on aurait pu considérer comme logique qu'elles soient en première ligne pour dénoncer le vol, réel ou supposé, de leurs ressources par leur puissant voisin, ne serait-ce que pour susciter un certain intérêt de la part de la communauté internationale, à propos de l'occupation de son territoire. La communauté internationale s'est émue à juste titre de l'occupation d'autres territoires arabes occupés (Cisjordanie avec Israël, Koweit avec l'Irak) et a oublié celle du Liban. Dès 1984, après la dénonciation de l'accord du 17 mai 1983[25], le Liban soulève la question de la diversion de ses eaux devant le Conseil de Sécurité de l'O.N.U, par le biais de son ambassadeur auprès de cette instance, Rachid Fakhouri.

Néanmoins, les États-Unis opposent leur veto et cette initiative reste sans lendemain. De plus, la guerre civile redouble d'intensité à cette époque, ce qui ne peut que contrarier toute initiative constructive inscrite dans la durée[26]. Il faut attendre avril 1990 pour que cette question soit à nouveau évoquée devant le Conseil de sécurité à l'initiative du Liban, à l'époque où la mainmise syrienne est presque totale sur le Liban, entérinée par les « accords de Taëf », signés une année plus tôt dans la ville saoudienne qui porte ce nom[27]. Cette initiative s'inscrit donc dans le cadre de la lutte qui oppose le régime baathiste à Tel-Aviv par pays, territoire (le Liban-Sud) ou milices interposées. Pourtant, quatre ans plus tard, contre toute attente le gouvernement libanais semble pour la première fois reculer et considérer que rien ne permet d'affirmer de façon catégorique qu'il y ait vol de ses ressources, même si l'intention existe[28]. Il faut à nouveau chercher l'influence de Damas derrière les arguties et palinodies auxquelles sont habitués les Libanais depuis bien longtemps.

....

25- Le Président Amine Gemayel tente alors de se rapprocher de la Syrie et de se détacher de la politique d'accommodement, voire de coopération avec Israël, qu'il avait menée depuis son élection, dans la droite ligne de l'action de son frère Béchir ; certains analystes affirment même qu'Amine Gemayel, dans un protocole secret, fut contraint d'accepter que les troupes syriennes gardent pour toujours les sources du Hasbani et du Wazzani (voir John BULLOCH & Adel DARWICH, *Water Wars*, London, Victor Gollancz, 1993, p. 48).

26- Voir Hussein AMERY, "A Popular Theory of Water Diversion From Lebanon (Toward Public Participation For Peace)", *op.cit.*, p. 135.

27- Le « gouvernement légal » du général Aoun s'effondrera quelques mois plus tard, lâché par la communauté internationale, laissant le champ totalement libre au pouvoir damascène, qui a su habilement obtenir qu'elle ferme les yeux en échange d'un soutien discret contre l'Irak, et une amorce de négociations avec Israël.

28- Déclaration de Fares Boueiz, ministre des Affaires étrangères, en juin 1994, à la suite d'un rapport de la Commission Economique et Sociale des Nations-Unies pour l'Asie Occidentale (ESCWA), basée à Beyrouth et affirmant qu'il y avait bien pillage. « Boueiz réfute le vol de l'eau libanaise par Israël de façon directe », *Al Alam Alyoum*, 4 juin 1994.

En effet, à l'époque, la Syrie est engagée dans des pourparlers de paix avec Israël et il apparaît dès lors incohérent pour ses intérêts de trouver des sujets de discorde inutiles[29]. Le contentieux hydraulique libano-israélien paraît donc clairement être l'otage des rapports syro-israéliens, ce qui n'a guère changé depuis le retrait de Tsahal en 2000, avec la présence du Hezbollah au Sud et de sa puissante milice, profondément liée à Damas et à Téhéran. Une nouvelle incohérence est à souligner lorsque lors de la publication du rapport de l'O.N.U, le Président du parlement, Nabih Berry, également chef du mouvement politique chiite Amal, très implanté au Sud du pays du Cèdre, approuve les conclusions du document, alors qu'il est également très proche du régime baathiste. Il s'agit, pour lui et pour les députés qui se joignent à ses critiques, de défendre aussi les intérêts de leurs électeurs (ces derniers pouvant considérer qu'ils sont lésés par la situation stratégico-hydraulique qui prévaut et empêche un véritable développement économique durable et en particulier agricole), en n'apparaissant pas seulement comme des pantins à la solde de puissances étrangères, fussent-elles alliées de longue date.

De même, lorsqu'en 1999, le Premier ministre libanais, Selim El-Hoss affirme que les eaux du Liban sont pillées par Israël, c'est à nouveau la très radicale Syrie qui calme le jeu, par le biais de son ministre des Affaires étrangères, Farouk Al-Shareh et souligne que si l'on en croit les informations de l'O.N.U, il n'existe pas de preuves catégoriques de ce pillage[30]. Damas espère toujours que le Sud-Liban sera un enjeu des négociations avec Tel-Aviv, et les Israéliens ne manquent pas de souligner ces propos apaisants, allant plus loin dans leur négation du présupposé pillage du Litani et des autres fleuves en mettant en avant leurs rapports privilégiés avec l'A.L.S.

D'abord, Saad Haddad aurait toujours refusé de transiger avec l'intégrité libanaise et n'aurait conçu son alliance que de façon tactique dans la perspective d'une lutte contre la présence palestinienne et islamiste. Ainsi, lorsqu'Israël avait souhaité « sécuriser » une partie du pays du Cèdre, à proximité de sa ville la plus septentrionale Metulla, en le rattachant à celle-ci (ce qui aurait permis d'y intégrer une partie du Wazzani), il aurait catégoriquement refusé[31]. Mieux, en récompense des services rendus par l'A.L.S et pour soulager les populations du Sud-Liban, neutres ou alliées, et éprouvés par les dégâts occasionnés par la guerre, c'est Israël qui aurait alimenté un certain nombre de villages libanais en eau[32]. Les spécialistes israéliens, qui sont souvent de très bons hydrologues et géographes, mais dont

....

29- Hussein AMERY, "A Popular Theory of Water Diversion from Lebanon", *op.cit.*, p. 136.
30- Paul Michael WIHBEY & Ilan BERMAN, *The Geopolitics of Water*, Tel-Aviv, Institute for Advanced Strategic and Political Studies, September 2000, Research Paper n° 10.
31- Nicholas BLANDFORD, "Heightened Israeli-Lebanese Tensions", *op.cit.*, p. 30.
32- Paul Michael WHIBEY & Ilan BERMAN, *The Geopolitics of Water*, *op.cit.*

les liens avec Tsahal peuvent être étroits, à l'instar d'Arnon Soffer[33], affirment qu'un tunnel reliant le Litani à Israël comme l'ont maintes fois rappelé un certain nombre de Libanais[34] aurait forcément été remarqué, tant il aurait impliqué des travaux considérables.

L'autre hypothèse la plus souvent avancée (notamment parce que des témoins l'auraient constatée), un convoyage via des camions-citernes n'est pas crédible, étant donné le coût considérable que cela aurait engendré pour un résultat négligeable[35], d'autres solutions alternatives se révélant beaucoup plus prometteuses (dessalement, retraitement des eaux usées) par ailleurs. Pourtant, les doutes persistent et la position la plus équilibrée, au-delà des affirmations des uns considérant que le pillage des eaux libanaises est un fait avéré sans que le volume global à prendre en considération soit précisé et des autres, beaucoup plus minoritaires, le niant catégoriquement, c'est l'existence de fortes suspicions, mais qu'au mieux elles ne concernent finalement qu'un potentiel marginal. Cependant, Israël a interdit aux agriculteurs libanais le creusement de nouveaux puits, ce qui a été une source supplémentaire de crispation et de défiance[36]. Ce qui apparaît le plus gênant pour le Liban, c'est plutôt l'incapacité qu'il a à mettre en valeur son territoire à cause des tensions permanentes qui existent à sa frontière avec Israël, plus que le vol avéré ou pas d'une partie de son eau.

III. Les relations israélo-libanaises depuis le retrait de 2000, et leur avenir

A- La question des fermes de Chebaa et les tensions avec le Hezbollah

Le retrait opéré par Israël du Sud-Liban, en mai 2000, de façon unilatérale, laisse cependant ouverte la question de la restitution de la zone dite des « fermes de Chebaa », contestée entre trois protagonistes, Syrie, Israël et Liban, et ne concernant pourtant que quelques dizaines de kilomètres carrés (de 25 à 60 selon les diverses estimations). L'incertitude, à propos du détenteur légitime de la souveraineté de ce territoire tient en grande partie au rôle joué par le France dans le tracé frontalier[37]. Ces hameaux surplombent

....

33- Hussein AMERY, "A Popular Theory of Water Diversion from Lebanon", *op.cit.*, p. 133 (l'auteur précise que ce dernier a servi à un poste de haut-commandement au Liban, au sein de l'armée israélienne).

34- Israël tente d'acheter de l'eau aux Arabes et planifie l'installation de canalisations du Litani jusqu'en Galilée, *Al-Wafâ',* 8 avril 1994.

35- Arnon SOFFER, "The Litani River : fact and fiction", *Middle Eastern Studies*, Volume 30, n° 4, oct. 1994, p. 972.

36- Georges Amine LEBBOS, « Le Litani au cœur du conflit israélo-libanais », *Les Cahiers de l'Orient, op.cit.*, p. 33.

37- Asher KAUFMANN, "Who owns the Shebaa Farms ? Chronicle of a Territorial Dispute", *The Middle East Journal,* Volume 56, Number 4, Autumn 2002, p. 576-595. Voir aussi Souha TARRAF, « Les fermes de Chebaa », in *Liban, une guerre de trente-trois jours,*

le Golan, la plaine de Houla, la plaine de la Bekaa et donnent sur le lit du Litani, du Hasbani et du Wazzani. Cette position unique d'un point de vue stratégique[38]et hydraulique[39], constitue une des clés de la résolution du conflit régional, cette zone étant située au cœur même de ses luttes d'influences. La revendication de leur libanité par Beyrouth, sous tutelle de Damas jusqu'en 2005, a été considérée par beaucoup d'analystes comme la persistance d'une menace émanant des Syriens au moment du départ de Tsahal, afin de l'obliger à négocier avec eux sur la question du Golan. Jusqu'ici le Liban ne s'était guère préoccupé de cette zone, sous contrôle sécuritaire syrien depuis 1957[40].

En effet, Israël sait que privés de l'argument d'une présence hostile sur leur territoire, les Libanais proches de la Syrie ne pourront plus longtemps justifier leur alliance avec celle-ci, et qu'à terme, elle risque d'être menacée, affaiblissant le pouvoir damascène déjà fortement ébranlé par la guerre civile qui ravage le pays depuis 2011. C'est ce qui a été observé en 2004 avec le vote de la résolution 1559 au Conseil de sécurité de l'O.N.U exigeant le retrait de toutes les forces étrangères du pays du Cèdre et le désarmement des milices (ce qui vise le Hezbollah). Toujours du côté libanais, de la part cette fois-ci des forces réputées hostiles à Damas, la tendance est là aussi à la « libanisation » de la zone de Chebaa. Cela enlèvera aux alliés des baathistes toute légitimité pour continuer à en faire un facteur de contentieux avec Israël qui devra s'en retirer pour favoriser cette perspective, sachant que considérées comme syriennes, elles ne pourraient être l'objet d'une lutte armée du régime alaouite, qui n'en a pas les moyens dans le cadre d'un affrontement conventionnel.

Du côté des Israéliens, les positions sont plus hésitantes, et le dilemme est à peu près équivalent à celui qui régnait jusqu'en 2000. Soit ils se retirent et ils perdent alors une de leur ultime carte dans leur négociations potentielles et futures avec la Syrie, soit ils y restent présents, et c'est le risque de subir à nouveau les foudres du Hezbollah ou des groupuscules palestiniens pro-syriens (FPLP-CG, Fatah Intifada). De plus, le fait qu'elles soient considérées comme syriennes plutôt que libanaises par l'O.N.U est plutôt un handicap, car en cas de retrait unilatéral, cela légitimerait une rétrocession du Golan, puisqu'un précédent aurait ainsi été crée. Mais c'est aussi la position

sous la direction de Franck MERMIER et Élisabeth PICARD, Paris, La Découverte, 2006, p. 165.

38- Il s'agit de la plus grande station d'observation, en l'occurrence israélienne, de la région (presque la plus haute), située à près de 2700 mètres d'altitude, *in* Souha TARRAF, « Les fermes de Chebaa », *op.cit.*, p. 164.

39- Chebaa signifierait en araméen, (la langue du Christ, utilisée aussi dans la liturgie de certaines églises chrétiennes orientales), « l'eau jaillissante » ou « l'eau débordante » (voir « Les fermes de Chebaa, une importance hautement stratégique », *L'Hebdo Magazine*, 17 mars 2006.

40- Jean-Pierre PERRIN, « Liban : la menace de la paix », *Politique Internationale*, n° 88, été 2000 (www.politiqueinternationale.com).

officielle israélienne, qui estime que ce territoire n'a pas à être inclus dans la résolution 425, sachant que cette dernière exigeait le retrait de l'intégralité du territoire libanais. À ce jour, Tel-Aviv estime que les fermes de Chebaa font partie du territoire syrien qui a été conquis en 1967, en même tant que le Golan, dont il est distinct. Autant de contradictions qu'il est difficile de gérer, mais qui ne sont pas l'apanage des Israéliens, puisque la même problématique se pose pour les Libanais pro-syriens, comme nous l'avons souligné, ainsi que pour Damas.

Du côté syrien, ce qui prime, c'est une véritable course de lenteur, dans la mesure où la permanence d'une ambiguïté quant au statut des fermes, lui permet de maintenir une tension artificielle et de soutenir la légitimité du combat de la « résistance arabe » face à Israël et à proximité immédiate du Golan occupé. C'est assez paradoxal de voir que la Syrie s'accommode finalement assez bien du statu quo, alors qu'elle devrait a priori se réjouir de voir que l'O.N.U a reconnu sa souveraineté sur ces hameaux[41]. Ces derniers constituent, en effet, le premier territoire qu'elle pourrait regagner sur son adversaire depuis plusieurs décennies, si Israël décidait de finalement s'en retirer pour en finir avec les tensions au Liban-Sud. Damas apparaît en quelque sorte comme un occupé consentant, qui considère qu'il y a plus d'avantages à l'être qu'à se voir restituer son territoire, et qui une fois n'est pas coutume concède même au Liban une souveraineté de principe sur Chebaa[42], alors qu'il n'a que récemment accepté d'envoyer un ambassadeur à Beyrouth, signe de sa défiance vis-à-vis du pays du Cèdre. Finalement, la Syrie part du principe que l'on ne peut dissocier le règlement de cette question d'un règlement global du conflit israélo-arabe, c'est-à-dire dans le cadre de la restitution des autres territoires encore occupés. La situation est donc bloquée malgré des tentatives américaines visant à promouvoir une « paix verte » et une gestion commune des parcs naturels et des ressources en eau[43].

B- Le Liban peut-il encore mener une politique hydraulique autonome ?

Un autre enjeu succédant au retrait israélien de 2000 mérite d'être souligné. Il concerne la capacité du Liban a avoir une politique hydraulique autonome, sachant qu'Israël l'a menacé à plusieurs reprises, ces dernières années, s'il utilisait une trop grande quantité de ses fleuves, qui sont aussi des sources du Jourdain, à savoir, le Hasbani et surtout son principal affluent, le Wazzani. En mars 2001, le gouvernement israélien s'oppose à un modeste

41- Une position qui aurait évolué au cours des dernières années.

42- Bachar Al-Assad, affirme ainsi en octobre 2000, lors d'une réunion de la Ligue arabe que les fermes sont libanaises, mais il se gardera bien de confirmer cette position par la suite et par écrit au gouvernement libanais ou à l'O.NU (voir Souha TARRAF, « Les fermes de Chebaa », *op.cit.*, p. 163).

43- Mathieu CIMINO, « La "paix verte" au Proche-Orient est-elle cultivée dans les fermes de Cheba'a ? » *Confluences Méditerranée*, n°70, été 2009, p. 105-112.

projet d'adduction d'eau pompée depuis le Hasbani qui vise à approvisionner un village, avant de se raviser face aux faibles quantités sollicitées[44]. La tension a atteint son paroxysme à l'automne 2002, lorsque Beyrouth a inauguré une station de pompage, et qu'Israël a immédiatement menacé de la détruire, au cas où ses capacités seraient utilisées au détriment des quantités fixées unilatéralement par l'État hébreu[45]. Des menaces ressurgissent régulièrement, si bien que le pays du Cèdre se retrouve dans une position proche des Palestiniens, puisqu'Israël a clairement affirmé que même s'ils sont un jour indépendants, ils ne pourraient utiliser à leur guise les eaux cisjordaniennes[46]. Il n'en reste pas moins que si le développement agricole du Sud-Liban est entravé, ce n'est pas uniquement à cause de considérations politico-sécuritaires, mais aussi parce que les autorités du pays du Cèdre n'ont pas mis en place une politique hydrique digne de ce nom et que les importantes sommes allouées pour la reconstruction de cette zone sensible partie ont parfois été détournées ou mal utilisées.

44- Frédéric LASSERRE, *L'eau enjeu mondial (géopolitique du partage de l'eau),* Paris, Le Serpent à Plumes, 2002, p. 92. L'auteur précise que le Liban n'utiliserait aujourd'hui que 10 millions de mètres cubes du Hasbani, soit 14 fois moins qu'Israël.

45- Eyal ZISSER, " Israel and Lebanon : the Battle for the Wazzani ", *Tel-Aviv Notes*, Moshe Dayan Center for Middle Eastern and African Studies, Tel Aviv-University, n° 50, October 14, 2002 ; Christophe AYAD, "Le Wazzani, source de conflit au Liban", *Liberation,* 18 février 2003 ; Michael JANSEN, "Southern Thirst , *Al-Ahram weekly online,* Issue n° 608, 17-23 october 2002.

46- Pour des développements récents sur la gestion de la question de l'eau et de la terre au Liban et en Israël (ainsi qu'en Palestine), on pourra lire l'ouvrage de référence de Pierre Blanc, *Proche-Orient : le pouvoir, la terre et l'eau,* Paris, Presses de Sciences-Po, 2012.

« Les révolutions du Nil » : un pas de plus vers la gestion concertée du plus grand fleuve du monde ?

Edouard Boinet
Chargé de projet à l'Office International de l'Eau (OIEau)

Résumé

L'or bleu, pourrait-il, au même titre que l'or noir, devenir source de conflits au XXIe siècle ? Le Nil est un cas d'école. Certains experts s'accordent à en faire l'épicentre le plus probable des hypothétiques « guerres de l'eau » à venir. Sa configuration particulière a tout de la poudrière : l'État d'aval égyptien est à la fois le riverain le plus vulnérable hydriquement et le plus puissant militairement. Il pourrait en conséquence opter pour la confrontation face aux États d'amont qui projettent de développer leur exploitation du fleuve. Pourtant, l'évolution du droit international et des rapports de force ainsi que de récents bouleversements régionaux semblent ouvrir la voie à une gestion concertée du plus grand fleuve du monde.

Abstract

Could blue gold become, as black gold, a source of conflict in the 21st Century? The Nile clearly is a textbook case. Some experts believe it could be the most likely epicenter of hypothetical upcoming "water wars". Its specific situation has all the characteristics of a powder keg: the downstream Egyptian State is at once the most hydrologically vulnerable and the most militarily powerful. Consequently, it could consider a confrontation against upstream States who plan to exploit their part of the river. However, evolutions of the balance of power, of international laws as well as recent regional upheavals seem to pave the way for a concerted management of the world's longest river.

Introduction

Fleuve mythique, berceau d'une civilisation millénaire, le Nil est longtemps demeuré un mystère insondable. Sous l'Égypte des Pharaons, il trouve explication dans le deuil d'Isis pleurant Osiris, remplissant ainsi de ses larmes le lit du fleuve[1].

De nos jours, les larmes de la Déesse-mère sont une denrée rare... Le plus long fleuve du monde est en effet doté d'un débit ridiculement faible : 1/60e du débit de l'Amazone[2], de longueur pourtant comparable.

Ces caractéristiques rendent dès aujourd'hui difficile la satisfaction de la demande en eau des onze pays que traverse le Nil et des 300 millions de personnes qui vivent dans son bassin (10 % du continent africain).

La satisfaction de tous les besoins présents et à venir reste possible. Mais elle suppose la mise en place d'une gestion intégrée des ressources en eau à l'échelle du bassin.

Le monopole juridique centenaire dont jouissent deux États d'aval -l'Égypte et le Soudan, a longtemps constitué un obstacle infranchissable (I). Récemment, des événements majeurs sont cependant venus bouleverser l'hydropolitique nilotique et ouvrent une fenêtre d'opportunité pour l'établissement de cette gestion optimale (II).

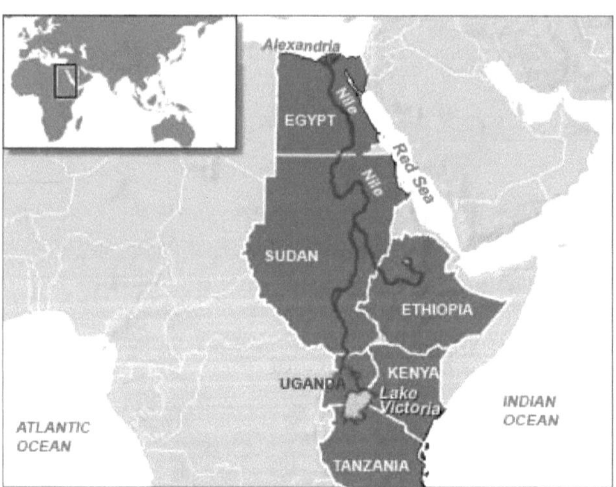

Figure 1 : *Le Bassin du Nil*[3]

1- Mohamed Omer Beshir, *The Nile valley countries, Continuity and Change*, vol. I, University of Khartoum, 1984.

2- 84 milliards de m³ contre 5 518 milliards de m³ pour le fleuve sud-américain. Jacques Berthemont, « *Le Nil, l'Égypte et les autres* », in *VertigO*, vol. 4, n° 3, décembre 2003, http://vertigo.revues.org/3727.

3- Site du service de diffusion internationale par radio et télévision du gouvernement américain Voice Of America (http://www.voanews.com/english/news/africa/east/Nile-Series-Overview-11March11-118252974.html).

I. Un siècle de monopolisation des eaux du Nil

1. La constitution d'un régime juridique monopolistique

a) La Grande-Bretagne, puissance colonisatrice aux fondements d'un régime juridique monopolistique

À la fin du XIXe siècle, la Grande-Bretagne préside aux destinées de la quasi-totalité des pays du bassin du Nil. Forte de son rang de première puissance mondiale, elle étend diplomatiquement son emprise sur les eaux du fleuve qui échappaient encore à son contrôle par le biais d'une véritable « pactomanie »[4]. De 1890 à 1925, elle conclu ainsi avec les autres puissances coloniales et avec l'Éthiopie (seul État indépendant de la région) pas moins de sept traités qui marquent la satisfaction d'une de ses revendications géopolitiques majeures : le contrôle exclusif des eaux du Nil.

Figure 2 : *Le colosse de Rhodes : caricature d'Edward Linley Sambourne moquant le projet de Cecil Rhodes d'une Afrique britannique s'étendant du Cap au Caire*[5]

Une disposition commune à la plupart de ces accords (généralement l'art. 3) attribue en effet à Londres un droit de veto interdisant aux États d'amont d'entreprendre sur le cours d'eau tous travaux de construction qui pourraient modifier sensiblement le débit du fleuve.

4- Édouard Boinet, *Hydropolitique du Nil : du conflit à la coopération ?*, L'Harmattan, septembre 2012

5- Caricature publiée pour la première fois dans le magazine Punch en 1892. Source de l'image : http://en.wikipedia.org/wiki/File:Punch_Rhodes_Colossus.png

L'objectif est de préserver l'Égypte et le Soudan, qui dépendent fortement de ressources extérieures pour leur approvisionnement en eau, de toute réduction de débit. Mais cela se fait avant tout au profit du colonisateur : la Grande-Bretagne s'offre ainsi la docilité de ses colonies[6] et l'irrigation en continu de leurs champs de coton fournissant en priorité ses industries textiles. En aucun cas il ne s'est agi de tenir compte des réserves émises par les gouvernements colonisés vis-à-vis des projets qui se faisaient à leur détriment (e.g. opposition vaine de l'Égypte au barrage de Sennar pour l'irrigation agricole au Soudan, impliquant la diminution du débit lui parvenant)[7].

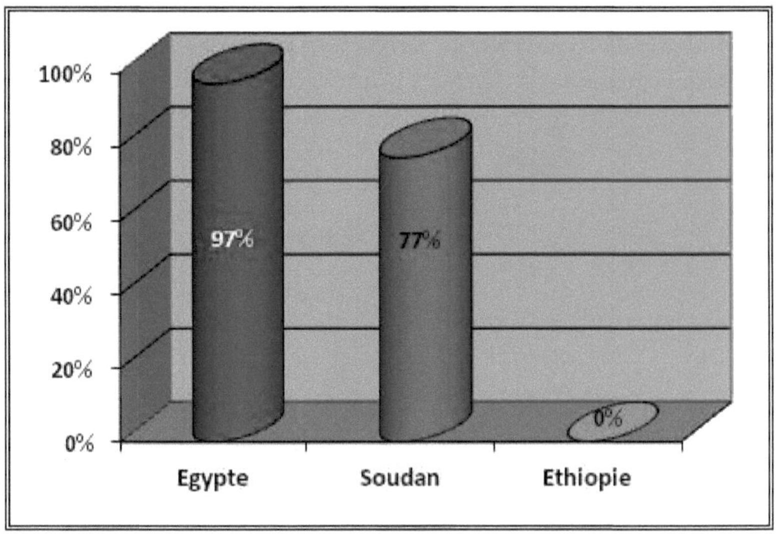

Figure 3 : *Dépendance comparée de trois États du bassin vis-à-vis des ressources en eau provenant de l'étranger*[8]

b). L'accord de 1929 : l'Égypte indépendante, puissance régionale imposant la perpétuation du monopole des eaux du Nil

Des négociations débutent dès 1910 entre Le Caire et Londres sur le régime juridique du Nil, mais l'indépendance de l'Égypte intervient en 1922 sans qu'aucune avancée n'ait été enregistrée. L'ancienne colonie revendique des droits historiques exclusifs sur les eaux du Nil, mises en valeur dès l'Antiquité.

6- Docilité capitale tant ces colonies sont stratégiques. On pense en particulier à l'Égypte et au contrôle du Canal de Suez, élément vital à la sécurité de la route commerciale vers l'Inde et l'Australie.

7- Samson Samuel Wassara, *Le régime juridique international du bassin du Nil : Comparaison avec d'autres bassins fluviaux*, Thèse, université de Paris-Sud (Paris XI), faculté de droit Jean Monnet, 1994.

8- Graphique repris et adapté de CASCÃO (Ana Elisa Lopes Ferreira), *Political Economy of Water Resources Management and Allocation in the Eastern Nile River Basin*, Thèse de doctorat, Department of Geography, King's College of London, University of London, juin 2009.

La Grande-Bretagne s'irrite de la radicalité de l'argumentaire -qu'elle a pourtant fondé : il réfute toute perspective d'aménagement au Soudan, encore sous son contrôle.

L'extrême gravité de la crise diplomatique de 1924 permet de sortir de l'impasse. Le gouverneur général du Soudan est assassiné au Caire. La Grande-Bretagne prend en représailles le contrôle du pays (jusqu'ici sous condominium anglo-égyptien) et menace d'assoiffer l'Égypte en donnant carte blanche à tous les projets d'irrigation soudanais. Le 26 janvier 1925, les deux États évitent l'escalade et créent une commission mixte[9] chargée de trouver une réponse mutuellement acceptable au développement du potentiel agricole soudanais par la Grande Bretagne et aux droits historiques égyptiens.

L'accord du 7 mai 1929[10] s'avère bien plus favorable au Caire qu'à Khartoum. La « part du lion »[11] des ressources allouées revient ainsi à l'Égypte : 48 milliards de m^3 lui sont attribués, soit douze fois plus que le quota cédé au Soudan. Lui sont aussi attribués un droit d'accès inconditionnel en amont pour procéder au contrôle du débit du fleuve, le droit de veto sur les projets des autres riverains -emprunté au fameux article 3 des précédents traités et, à l'inverse, le droit d'entreprendre ses propres aménagements en tout point du bassin.

La Grande-Bretagne n'a pas tant cherché à défendre les intérêts de ses colonies que ses intérêts propres, ce qui explique le caractère inégalitaire de l'accord de 1929 : satisfaire l'Égypte signifiait s'assurer sa pleine coopération sur les dossiers sensibles (contrôle du canal de Suez, souveraineté égyptienne sur le Soudan, évacuation des troupes anglaises)[12].

L'inaliénabilité des droits historiques de l'Égypte, le mépris des souverainetés des autres États riverains, la répartition inéquitable et la gestion unilatérale sont donc les caractéristiques clés de ce premier instrument conventionnel sur le partage des eaux du Nil.

c) L'accord de 1959 entre l'Égypte et le Soudan : constitution du monopole de l'alliance d'aval

Dès son accession à l'indépendance en 1955[13], le Soudan en exige donc la révision. L'Égypte y voit l'opportunité d'obtenir le consentement de

9- Composée de trois membres : « un ingénieur hollandais (...) nommé par l'Égypte et la Grande-Bretagne », un « délégué britannique » et un « délégué égyptien ». Haïlou Wolde-Giorghis, *Les défis juridiques des eaux du Nil*, Bruylant, 2009.

10- Cet accord est formalisé par un simple échange de notes entre le Président du Conseil des ministres égyptien, Mohamed Mahmoud Pacha, et le Haut Commissaire Britannique en Égypte, Lord Lloyd.

11- Joseph W. Dellapenna, "The Nile as a Legal and Political Structure", in *The Scarcity of Water: Emerging Legal and Policy Responses*, Edward Brans et al. eds., International Environmental Law and Policy Series, Kluwer Law International, Londres 1997.

12- Tarek Majzoub, *L'Éthiopie, le Nil et le Droit International Public*, contribution au Congrès International de Kaslik (Liban), 18-20 Juin 1998.

13- Proclamation en 1955. indépendance effective en 1956.

Khartoum à submerger une partie de son territoire sous le lac de retenue du barrage d'Assouan en échange d'un partage du surplus.

Les négociations sont pourtant dans l'impasse la plus totale en 1957[14] : face à l'intransigeance égyptienne sur la réévaluation à la baisse de son quota, le Soudan dénonce l'accord de 1929, commence à détourner les eaux du Nil Bleu puis des mouvements de troupes aux frontières font craindre l'affrontement armé. L'amélioration des relations bilatérales (suite au coup d'État soudanais de 1958) aboutit à l'accord de 1959. Il régit, jusqu'à aujourd'hui, le régime juridique des eaux du Nil.

L'issue de cette séquence d'*indépendance-crise-révision* rappelle immanquablement celle qui précède l'accord de 1929. Elle marque un nouveau partage des eaux (55,5 milliards de m^3 pour l'Égypte, 18,5 pour le Soudan).

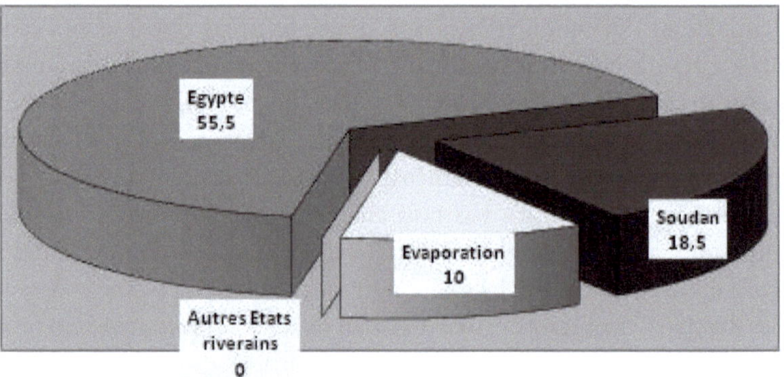

Figure 4 : *Partage des ressources en eau du Nil selon l'accord de 1959*[15]

Mais le monopole et la gestion unilatérale demeurent et reviennent à une alliance d'aval qui dicte sa loi aux riverains d'amont en reconduisant le droit de veto des traités coloniaux. Mépris des souverainetés, répartition inéquitable et gestion unilatérale des ressources en eau, inaliénabilité des droits historiques de l'Égypte (auxquels s'ajoutent désormais ceux du Soudan) : les caractéristiques de l'accord de 1929 se retrouvent dans celui de 1959. Ils perpétuent l'héritage colonial et scellent ainsi la formation de deux « *camps* » antagonistes : l'amont et l'aval.

2. L'impuissante contestation des États d'amont

a) Une contestation juridique rendue impuissante...

Le traité de 1959 devance de peu une période charnière de l'histoire du bassin : l'accession à l'indépendance des États d'amont. Ils cherchent alors à se libérer d'un régime qui s'est écrit sans eux, contre leurs intérêts.

14- Tarek Majzoub, *L'Éthiopie (...)*, *op.cit.*

15- Repris et adapté de Ana Elisa Lopes Ferreira Cascão, *Political Economy (...)*, *op.cit.*

L'argumentaire juridique remettant en question le premier accord (1929) se base sur un droit en pleine effervescence pendant la décolonisation : le droit des États en matière de succession des traités.

Deux courants doctrinaires strictement opposés se font face : le courant sécuritaire, d'une part, apôtre de la *dévolution automatique* selon laquelle chaque nouvelle entité étatique a l'obligation d'« accepter de se soumettre »[16] à l'intégralité des accords signés par ses prédécesseurs ; et le courant libéral, d'autre part, défendant le principe de *Tabula Rasa* selon lequel un nouvel État peut choisir de « commencer sa vie internationale libre de toute obligation générale »[17].

En 1961, afin de purger les rapports anciens de leur contenu inégalitaire tout en garantissant un minimum de sécurité juridique, le Premier ministre du Tanganyika (Tanzanie) Julius Nyerere engage son pays dans la voie médiane de la « théorie de l'imprévision ». Cela consiste à examiner l'ensemble des traités conclus sous la période coloniale ainsi que les possibilités de renégociation pour déterminer dans un délai de deux ans lesquels seront maintenus comme tels, révisés ou dénoncés. La « Doctrine Nyerere » est bientôt suivie par l'Ouganda (1962) et le Kenya (1963)[18]. À l'issue de leurs examens respectifs, les trois États d'amont dénoncent l'accord de 1929.

Les États d'amont contestent également l'accord de 1959. Ils y objectent une critique juridique mobilisant les clauses *« res inter alios acta aliis nec nocet nec prodest »* (« la chose convenue entre les uns, ne profite ni ne nuit aux autres »)[19] et *« pacta terits nec nocent nec prosunt »* (« les accords n'imposent pas d'obligations ni ne donnent de droits aux tiers »)[20]. L'accord égypto-soudanais est en effet le seul traité dont l'ambition est de lier « tout État riverain » du bassin[21], alors même que l'Égypte et le Soudan en sont les seuls signataires : il n'y a ni engagement direct d'un autre État indépendant, ni engagement indirect d'États colonisés par le biais de leur puissance tutélaire.

L'accord de 1959 est donc *de jure* (qui fait référence à une loi ou un traité) le plus aisément contestable de l'histoire du fleuve et pourtant, il s'applique encore aujourd'hui *de facto* (de fait). Ce paradoxe ne peut s'expliquer par le seul blocage juridique issu d'une opposition stérile entre amont/aval. Pour le saisir, il convient de se pencher sur la stratégie de coopération limitée mise en œuvre par l'Égypte afin de maintenir le *statu quo*.

....

16- Haïlou Wolde-Giorghis, *Les défis (...), op.cit.*

17- *Ibid.*

18- Le Burundi, le Rwanda et le Congo-Kinshasa l'adoptèrent également. Cependant, ces États ne sont pas d'anciennes colonies britanniques. En conséquence, la question de leur succession aux accords de 1929 et 1959 ne se pose pas.

19- Haïlou Wolde-Giorghis, *Les défis (...), op.cit.*

20- *Ibid.*

21- *Accord (avec annexes) relatif à la pleine utilisation des eaux du Nil. Signé au Caire, le 8 novembre 1959*, Recueil des Traités, Nations Unies, 1963.

b)... par la stratégie égyptienne de coopération limitée

L'alliance d'aval égypto-soudanaise nouvellement formée multiplie les initiatives de coopération à destination des États d'amont (e.g. HYDROMET -1967, UNDUNGU -1983, TECCONILE -1992). L'objectif est de sortir de l'isolement en se construisant l'image d'un partenaire de bonne volonté à peu de frais : les échanges, strictement techniques, excluent la question du régime juridique et de la répartition des eaux du Nil.

Les autres riverains craignent que cette coopération limitée ne soit qu'une manœuvre de diversion visant à les détourner de leur revendications principales (révision du régime juridique nilotique/fin du monopole d'aval). Leurs soupçons sont confirmés par les politiques de blocage poursuivies parallèlement par l'Égypte à l'encontre des projets d'aménagement des États d'amont :

- blocage juridique : usage simultané (et redoutable) du principe coutumier de *non-dommage* et d'une politique du « *fait accompli* », avec le développement rapide de projets d'irrigation de grande ampleur (Canal Salaam, Projet de la Nouvelle Vallée[22]) permettant de dénoncer le moindre prélèvement amont comme une menace violant le droit international,

- blocage financier : pressions sur les bailleurs (en 1990, un prêt consenti par la Banque Africaine de Développement pour le barrage éthiopien de Tana Beles est ainsi annulé)[23],

- blocage militaire : discours belliciste (Anouar el-Sadate en 1978 : « l'Égypte est prête à entrer en guerre si (l'Éthiopie) entreprend de construire un barrage sur le lac Tana »[24], Boutros Ghali réagissant à ce même projet en 1987 : « la prochaine guerre dans notre région portera sur les eaux du Nil »[25]) ou menaces plus concrètes (plans d'intervention militaire « AIDA» contre l'Éthiopie et « Crocodile» contre le Soudan)

II. Vers une gestion intégrée à l'échelle du bassin ?

1. Les facteurs au cœur du changement

a) Évolutions des rapports de force et des rapports de droit

Les deux facteurs du sous-développement et de l'absence d'appuis solides en droit international ont longtemps compromis la remise en cause effective du régime nilotique par les États d'amont, mais ils ont récemment connu des évolutions favorables au changement du *statu quo*.

22- Canal Salaam : canal transportant 12,5 millions de m3 par jour du lac Nasser au Nord Sinaï afin d'approvisionner de nouvelles implantations ; Projet Nouvelle Vallée : bonification des contrées désertiques situées à l'ouest de la vallée du Nil par le biais du pompage annuel de 4,94 milliards de m3 d'eau en provenance du lac Nasser. Jutta Brunnée & Stephen Toope, *The changing Nile Basin regime: Does Law Matter?*, Harvard International Law Journal, vol. 43, n° 1, 2002.

23- Joseph W. Dellapenna, *"The Nile (...) », op.cit.*

24- Jutta Brunnée & Stephen Toope, *The changing Nile (...), op.cit.*

25- Tarek Majzoub, *Les fleuves du Moyen-Orient*, L'Harmattan, Paris, 1994.

Ainsi, si l'Éthiopie est parvenue à piloter avec succès la contestation des États d'amont, c'est qu'elle n'a plus rien à voir avec ce pays qui fut ravagé par la guerre et la famine tout au long des années 1970-80. C'est désormais une puissance régionale en pleine ascension du point de vue économique (croissance de 11,3 % de 2004 à 2011)[26], démographique (de 35 à 91 millions d'habitants de 1980 à 2012)[27] et diplomatique (alliance avec les États-Unis sur le terrorisme yéménite et la Somalie[28], partenariat économique avec la Chine[29]).

Du coté de l'alliance d'aval, le constat est tout autre. Paralysé par la guerre civile pendant la quasi-totalité de ses soixante dernières années, Khartoum est aujourd'hui préoccupée par l'indépendance du Soudan du Sud et les questions encore pendantes de l'accord de paix[30]. Pour sa part, l'Égypte n'a pas recouvré « la position dominante qu'(elle) occupait (...) dans la région, avant la signature des accords de Camp David et la mise au ban du *« concert des Nations arabes »* »[31]. Les soubresauts de la révolution de 2011 -dont l'éviction du président Mohamed Morsi le 3 juillet 2013, permettent de douter qu'il en sera autrement à moyen-terme.

Jusqu'à une période récente, aucune convention de droit international ne règlementait la gestion des cours d'eau transfrontaliers. La coutume cristallisait les conflits amont/aval en considérant valables la primo-appropriation et les droits acquis tout comme les deux doctrines radicales et strictement opposées de :

- l'*intégrité territoriale absolue* : interdiction, favorable à l'aval, d'interrompre, augmenter ou réduire le débit d'un fleuve
- la *souveraineté territoriale absolue* : interdiction, favorable à l'amont, d'exercer quelque contrôle ou limitation que ce soit sur un autre État riverain.

....

26- Moyenne calculée sur la base du Rapport : *Perspectives économiques en Afrique*, BAfD, OCDE, PNUD, CEA 2012 (consultable sur internet : www.afdb.org/fileadmin/uploads/afdb/Documents/Publications/Ethiopie Note de pays PDF.pdf).

27- CIA World Factbook (consulté le 29.12.2012, https://www.cia.gov/library/publications/the-world-factbook/geos/et.html).

28- *A brittle Western ally in the Horn of Africa* (article publié le 01.11.2007 par l'hebdomadaire britannique "The Economist" – Cf. Bibliographie).

29- Second client et second fournisseur de l'Éthiopie. Source : site du ministère français des Affaires Etrangères et Européennes (consulté le 29.12.2012, http://www.diplomatie.gouv.fr/fr/pays-zones-geo/ethiopie/presentation-de-l-ethiopie/).

30- Le pétrole bien sûr mais aussi les conflits territoriaux, notamment relatifs à la région du Abyei et aux États du Kordofan du Sud et du Nil Bleu.

31- Annabelle Boutet, *L'Égypte et le Nil : entre coopération régionale avortée et rationalités transnationales triomphantes*, contribution au Congrès International de Kaslik (Liban), 18-20 Juin 1998.

Mais les années 1990 marquent la consécration par les Conventions d'Helsinki[32] et de New-York[33] du principe d'*utilisation équitable et raisonnable* des eaux transfrontières. Ce contrepoids au principe de *non dommage* ouvre la voie à une relation amont/aval plus équilibrée.

L'influence des ces conventions est notable sur la jurisprudence internationale[34] mais aussi sur l'hydropolitique régionale : elles inspirent directement le tournant que représente l'Initiative du bassin du Nil.

b) L'échec de la stratégie égyptienne de coopération limitée et l'Initiative du bassin du Nil

Forts de ces évolutions favorables, les riverains d'amont ont en effet su provoquer l'emballement de la coopération limitée initiée par l'Égypte.

On assiste à une dérive fonctionnelle[35]. Certaines structures mises en place sur le bassin[36] ne se cantonnent plus à des questions trop générales ou purement techniques mais abordent des aspects juridiques et politiques. L'Égypte qui souhaitait avant tout contenir les revendications des souverainetés nilotiques leur a finalement donné les moyens de mener une politique de « petits pas » en direction d'une révision du régime juridique nilotique.

Cette dérive fonctionnelle aboutit à une nouvelle organisation aux objectifs et aux moyens[37] bien plus ambitieux que les précédentes : l'*Initiative du Bassin*

....

32- Convention sur la protection et l'utilisation des cours d'eau transfrontières et des lacs internationaux de la Commission économique pour l'Europe des Nations Unies (CEE-ONU). Signée en 1992, entrée en vigueur en 1995. Ouverte aux États non-membre de la CEE-ONU d'ici à la fin 2013).

33- Convention des Nations unies sur le droit relatif aux utilisations des cours d'eau internationaux à des fins autres que la navigation. Adoptée en 1997. À la date du 25.02.2013, 30 des 35 ratifications requises pour son entrée en vigueur ont été enregistrées. Dans la foulée de la 6e édition du Forum Mondial de l'Eau organisée à Marseille en mars 2012, le Danemark, le Luxembourg, le Tchad, le Bénin, l'Italie et le Niger ont ratifié la convention. Source : United Nations Collection Treaties (http://treaties.un.org/Pages/ViewDetails.aspx?src=TREATY&mtdsg_no=XXVII-12&chapter=27&lang=en).

34- Conclusions de la Cour Permanente d'Arbitrage sur l'affaire franco-hollandaise de pollution du Rhin par des *chlorures (2004) et de la* Cour Internationale de Justice à deux reprises : en 1997 (affaire hongro-slovaque sur le projet Gabčíkovo-Nagymaros) et 2010 (affaire argentino-uruguayenne des « usines de pâte à papier).

35- Nous l'assimilons au concept de *spill over* : en sciences politiques, désigne le phénomène d'engrenage qui caractérise la construction européenne avec la « méthode Monnet » dite des « petits pas ». Le lancement d'un petit nombre d'institutions spécialisées (CECA – 1951, CEEA – 1957, CEE – 1957) doit permettre d'étendre les coopérations sectorielles et les mécanismes de régulation politique.

36- Le TECCONILE et la composante « D. coopération régionale » de son Plan d'action pour le bassin du Nil prévoit l'établissement d'un cadre multidisciplinaire, à l'échelle du bassin, pour régler les questions légales et institutionnelles (Projet D-3). Les *« Nile 2002 conferences »* sont investies par les États d'amont qui y ouvrent des discussions sur le régime juridique hérité de l'Ère coloniale et le cadre légal qui pourrait y succéder.

37-Aux trois bailleurs de fonds principaux (la Banque Mondiale –qui soutenait déjà le

du Nil (IBN). Les programmes et activités de l'IBN nous intéressent plus particulièrement ici. Ils illustrent un changement de paradigme : les principes de monopolisation et d'unilatéralisme hérités du colonialisme y sont écartés au profit de l'équilibre entre principes de *non dommage* et d'*utilisation équitable et raisonnable.*

Les projets techniques réalisés dans son cadre suivent cette logique et démontrent que la « coopération sur le Nil n'est pas un jeu de somme nulle »[38]: des initiatives peuvent être entreprises en commun au bénéfice de l'amont et de l'aval.

L'IBN se veut un « mécanisme institutionnel de transition » dans l'attente de la conclusion d'un accord sur un « cadre de coopération permanent »[39], autrement dit, d'un nouveau régime juridique. Les avancées sont réelles et illustrent pour les États d'amont le basculement de la contestation impuissante à la remise en cause effective du régime monopolistique hérité de la période coloniale. De fait, l'accord qui intervient finalement le 14 mai 2010 illustre le succès de l'IBN.

2. Les récents bouleversements régionaux et leurs perspectives

a) L'accord du 14 mai 2010 : une étape historique pour la gestion intégrée ?

L'accord est le fruit d'une décennie de négociations laborieuses[40]. Il détaille un nouveau régime juridique qui se démarque clairement du précédent. Le cadre juridique abandonne unilatéralisme et monopolisation de la ressource pour les principes de « gestion intégrée et holistique »[41] des conventions internationales. Leur mise en œuvre doit être assurée par le cadre institutionnel que constitue la « Commission du Bassin du Fleuve Nil ». Cet organisme de bassin sera également chargé du règlement des différends et de la supervision de tous les projets de grandes infrastructures. Il suit le modèle d'une des plus belles réussites du genre : l'Organisation pour la mise en valeur du fleuve Sénégal (OMVS)[42].

TECCONILE, la Programme Nations-Unies pour le Développement et l'Agence Canadienne de Développement International) viennent s'ajouter le Consortium International pour la Coopération dans le Bassin du Nil (International Consortium for Cooperation on the Nile, ci-après ICCON) en 2001 et le Nile Basin Trust Fund (NBTF) en 2003.

38- Site des Nations Unies (http://www.un.org/french/pubs/chronique/2001/numero3/0301p65.html).

39- Site de l'Initiative du Bassin du Nil (http://www.nilebasin.org/newsite/).

40- Les premières discussions sur le sujet ont en effet commencé en 1997 avec la formation d'un Panel d'experts. Au sein du TECCONILE puis de l'IBN sous le nom de « Comité de transition », ce groupe de travail élabore des propositions de cadre légal et institutionnel permanent.

41- Art.3 al.13.

42- Voir à ce sujet : Édouard Boinet, *Hydropolitique du fleuve Sénégal: limites et perspectives d'un modèle de coopération*, L'Harmattan, 15 Octobre 2013 (http://www.editions-harmattan.fr/index.asp?navig=catalogue&obj=livre&no=41487)

Tableau 1 : Correspondance des principes consacrés par la Convention de New York et l'accord du 14 mai 2010

Principes	Convention de New York (1997)	Accord du 14 mai 2010
Obligation de coopérer	Art.8	Art.3 al.1
Utilisation équitable *Facteurs et circonstances à prendre en compte*	Art.5 Art.6	Art.4 Art.4 al.2
Obligation de ne pas causer de dommages significatifs *Compensation en cas de dommage*	Art.7 Art.7 al.2	Art.5 Art.5 al.2
Protection et conservation des écosystèmes	Art.20	Art.6
Echange régulier de donnée et d'information	Art.9	Art. 7
Renseignements sur les mesures projetées	Art. 11	Art. 8
Prévention et réduction des situations dommageables/des situations d'urgence	Art.27	Art. 12
Protection du cours d'eau et de ses infrastructures en période de conflit armé	Art.8	Art. 13

L'accord a déjà obtenu la signature de la majorité des États du bassin[43]. L'Éthiopie l'a ratifié (13 juin 2013)[44] et l'Ouganda a annoncé (24 juin 2013) son intention de le faire dans les plus brefs délais[45]. Consciente qu'il s'agit de l'ultime étape avant une révision du partage des ressources du Nil menaçant ses « *usages et droits actuels* »[46], l'alliance d'aval égypto-soudanaise y a d'abord

43- Six des neuf signatures d'États Membres de l'IBN : Éthiopie, Ouganda, Rwanda, Tanzanie, Kenya et Burundi.

44- Ratification à l'unanimité des 547 membres du Parlement éthiopien. Source : article *Ethiopia ratifies Nile treaty in snub to Egypt*, publié le 13.06.2013 par l'agence de presse Reuters (http://www.reuters.com/article/2013/06/13/us-ethiopia-egypt-nile-id USBRE95C0K020130613).

45- Le Minnistère de l'Eau et de l'Environnement a transmis l'accord au Ministère des Affaires étrangères qui devra ensuite le soumettre au Cabinet puis au Parlement. Source : article *Uganda Begins the CFA Ratification Process* publié le 26.06.2013 par le site *All Africa* (allafrica.com/stories/201306260907.html)

46- Suite au refus des États d'amont d'intégrer cette formule à l'art. 14 b. sur le motif qu'elle impliquait de maintenir une gestion monopolistique à laquelle l'accord est sensé mettre fin, de nouveau opposé discours bellicistes, menaces de rupture diplomatique et blocages financiers[47].

Cependant, la Révolution égyptienne et l'indépendance du Soudan du Sud ont changé la donne et présentent des raisons objectives de considérer qu'une gestion plus coopérative des eaux du Nil pourrait voir le jour dans un avenir proche.

b) La révolution égyptienne : la nécessaire inclinaison du nouveau gouvernement à la coopération

Depuis la révolution de février 2011, les nouvelles équipes dirigeantes se sont montrées plus promptes à coopérer que le président déchu Hosni Moubarak, qui avait instrumentalisé le dossier nilotique à des fins politiques[48]. En témoignent notamment la visite du Premier ministre du premier gouvernement d'intérim[49] dans les États d'amont en mars 2011 et la nomination à ce poste d'Hicham Qandil. Fin connaisseur de l'hydropolitique nilotique[50], ce dernier considérait que « la coopération avec les États du bassin du Nil est une nécessité » et que « les projets de développement doivent (y) être encouragés »[51].

Tout pronostic pouvait alors apparaître hasardeux tant l'assise du nouveau pouvoir en place apparaissait fragile[52]. Mais nous tirions notre

l'alliance d'aval quitte la table des négociations. Les discussions se poursuivent entre les seuls États d'amont à partir du sommet de Sharm El Sheikh en avril 2010.

47- Discours bellicistes : le Nil est une « question de sécurité nationale » pour laquelle l'Égypte prendra toute mesure jugée appropriée » (ministre égyptien de l'eau et de l'irrigation ; *Egypt warns against Nile Basin pact*, article publié le 20.04.2010 sur le site « middle-east-online ») et « les droits historiques (...) restent une ligne rouge » à ne pas franchir (ministre des affaires étrangères ; *Egypt Furious Over New Nile Water Deal Threatens Legal, 'Other' Action*, article publié le 25.05.2010 sur le site "allafrica"). Menaces de rupture diplomatique : retrait de l'Initiative du Bassin du Nil. Blocage financier : "Egypt is already pushing international donor bodies, such as the World Bank – the main financier of the NBI – to cut funding to the signatories", *Nile water continues to create tension* (http://bikyamasr.com/wordpress/?p=16817).

48- Il suivait le raisonnement classique selon lequel désigner un ennemi extérieur (les États d'amonts violant les droits de l'Égypte sur le Nil) permet de faire l'union à l'intérieur (en vue des élections législatives et présidentielles).

49- Essam Sharaf.

50- Après avoir travaillé au sein de l'IBN, il fut ministre des Ressources en Eau puis Directeur du Département des Ressources en Eau de la Banque Africaine de Développement.

51- La déclaration a été faite avant la participation du président égyptien au Sommet de l'Union Africaine de juillet 2012 à Addis Abeba, participation inédite puisqu'Hosni Moubarak ne s'était plus rendu à aucun des Sommets de l'Union Africaine depuis celui du 26 juin 1995 où il fut victime d'une tentative d'assassinat revendiquée par le groupe armé islamiste Gamaa al-Islamiya. Source : ORSAM Water Bulletin, n°89, 13-19 août 2012 (http://www.orsam.org.tr/tr/trUploads/OrtadoguBulteni/2012820_orsam waterbulletin89eng.pdf).

52- Des manifestations constantes entre partisans et détracteurs du président Mohamed Morsi ont déchiré l'Égypte de son élection à sa destitution. Source : article *Egypt protests*

optimisme d'un constat plus objectif : la gestion coopérative à l'échelle du bassin s'impose à tous les États riverains comme une nécessité économique, démographique et développementale puisque ses aménagements intégrés (voir *infra*) permettraient de « libérer » des volumes d'eau additionnels qui font cruellement défaut[53].

L'Égypte en a pris conscience : ses besoins en eau devraient excéder ses ressources dès 2017[54]. Sur les conseils de ses scientifiques[55], elle considère avec un intérêt prudent mais croissant les projets de barrages éthiopiens. Ces aménagement projetés un siècle plus tôt par les ingénieurs britanniques[56] présentent un double intérêt : assurer un débit suffisant aux besoins des activités humaines quelle soit la saison ; économiser les colossales pertes par évaporation enregistrées au barrage d'Assouan, construit en plein désert pour cette même fonction.

Tableau 2 : Taux d'évaporation annuel moyen en différents points du bassin[57]

Taux d'évaporation annuel moyen	
Égypte	2 800 mm
Région des Grands Lacs	1 400 mm
Soudan	1 000 mm
Hauts-plateaux éthiopiens	800 mm

Des douze projets de barrage mutuellement bénéfiques qui pourraient cumulativement dégager 2 milliards de m³ de ressources additionnelles et 6,3 Gigawatt de production hydroélectrique, le *Grand Renaissance Dam* est le plus emblématique. L'opportuniste Éthiopie a lancé sa construction au début

set for showdown, violence feared, publié le 29.06.2013 par l'agence de presse Reuters (www.reuters.com/article/2013/06/30/us-egypt-protests-idUSBRE95Q0NO20130630).

53- D'ici à 2025, la quasi totalité des pays du bassin subiront une situation de stress hydrique ou de pénurie d'eau. Sintayehu Kassaye Alemu, *"Eastern Nile Riparian: 'New Deal' and Detente"*, BALWOIS 2012 (Water Observation and Information System for Balkan Countries) International Scientific Conference on Water, Climate and Environment, 28 May - 2 June 2012, Ohrid, Republic of Macedonia (http://balwois.com/2012/USB/papers/745.pdf).

54- Avec 86 milliards de m³ d'eau à prélever contre 70 milliards de m³ effectivement mobilisables. *Egypt's water needs to surpass resources by 2017* (article publié le 18 juillet 2009 sur le site de "Reuters")

55- Voir l'article *« The Construction of Ethiopian Dams: An Act of War or Opportunity?»* dans le passionnant supplément *«The Nile river»* publié par le mensuel *Midan Masr* en mars 2012 (http://www.midanmasr.com/en/pdfviewer/pdfs/nilesupplementEnglish.pdf).

56- Ils ont été formulés dès 1904 dans un rapport de l'ingénieur et Sous-secrétaire d'État britannique des travaux publics d'Egypte William Garstin. Haïlou Wolde-Giorghis, *Les défis (...), op.cit.*

57- Haïlou Wolde-Giorghis, *Les défis (...), op.cit.*

de la révolution égyptienne. Elle a depuis concédé deux gestes diplomatiques décisifs : accepter la réalisation d'une étude d'impact par un comité d'experts tripartite[58] ; proposer à l'alliance d'aval le cofinancement, la « copropriété » de l'ouvrage et le partage de ses bénéfices[59].

Figure 5 : Grand Renaissance Dam (vue d'artiste)[60]

Compte tenu des conclusions de l'étude d'impact du comité tripartite (absence de dommages significatifs sur les États d'aval[61]) et de la détermination de l'Éthiopie à achever l'ouvrage d'ici à 2017 (22 % des travaux ont d'ores et déjà été réalisés)[62], le Soudan a exprimé son ralliement et son soutien au projet de grand barrage éthiopien et son désir de travailler en commun à la résolution des problèmes mineurs soulevés dans le rapport d'experts[63].

....

58- Composée de dix experts : deux Egyptiens, deux Ethiopiens, deux Soudanais et quatre étrangers.

59- L'ancien Premier Ministre éthiopien Meles Zenawi avait suggéré que le coût de l'ouvrage soit respectivement couvert par l'Éthiopie, l'Égypte et le Soudan à hauteur de 50 %, 30 % et 20 %. Source : EIR Conference Report n°43, Michael MULUGETA ZEWDIE, *«The 'Grand Ethiopian Renaissance Dam'», 04.01.2013* (www.larouchepub.com/eiw/public/2013/eirv40n01-20130104/43-45_4001.pdf)

60- http://en.wikipedia.org/wiki/File:MillenniumDamSaliniRendition.jpg

61- Source : article *Ethiopian parliament ratifies new Nile sharing agreement opposed by Egypt* publié le 13.06.2013 par le Washington Post (www.washingtonpost.com/world/africa/ethiopian-parliament-ratifies-new-nile-sharing-agreement-opposed-by-egypt/2013/06/13/caa92866-d40d-11e2-b3a2-3bf5eb37b9d0_story.html).

62- Source : article *Concerns in Egypt as Ethiopia diverts Nile waters* publié le 31.05.2013 sur le site *The Hindu* (www.thehindu.com/news/international/world/31in-thsri-egypt-nile/article4769464.ece).

63- Source : article *South Sudan Backs Ethiopia's Nile Dam* publié le 14.06.2013 sur le site *All Africa* (allafrica.com/stories/201306170683.html).

Pour sa part, échaudée par le détournement des eaux du Nil bleu sur 500 mètres hors de leur lit (une dérivation n'entraînant pourtant aucune réduction de débit et requise pour la poursuite des travaux), l'Égypte a dans un premier temps renoué avec ses vieux démons. Au cours d'une émission télévisée diffusée en direct le 3 juin 2013, des personnalités politiques égyptiennes réunies pour consultation par le Président Morsi ont fait l'inventaire des mesures possibles pour contrecarrer le projet éthiopien. Au coté de l'offensive diplomatique et culturelle régionale figuraient également le soutien aux mouvements insurrectionnels éthiopiens (Front national de libération de l'Ogaden, Front de libération Oromo) et aux États hostiles à l'Éthiopie (Erythrée, Somalie, Djibouti) et enfin l'utilisation des agences de renseignement égyptiennes (non seulement pour faire fuiter de fausses informations sur l'intention de l'Égypte d'acheter des avions ravitailleurs pour étendre le rayon d'action de leur bombardier mais aussi pour détruire, le cas échéant, tout barrage menaçant la sécurité hydrique de l'Égypte)[64].

Cette nouvelle manœuvre peut être analysée comme une nouvelle tentative d'intimidation de la part du Caire, un moyen de faire pression sur l'Éthiopie mais aussi de désigner un ennemi extérieur pour faire l'union à l'intérieur. Aucun de ces deux objectifs n'a été atteint : l'Éthiopie a répliqué en ratifiant l'accord de mai 2010 et les réactions outrées de l'opposition égyptienne se sont multipliées. Si elle n'a certainement pas été un élément déterminant, la position du gouvernement Morsi sur le dossier nilotique a sans aucun doute contribué à sa destitution.

L'Égypte a donc saisi qu'elle risque de commettre une erreur stratégique à persister dans une opposition systématique qui s'est d'ores et déjà traduite par un isolement croissant. Son alliance d'aval avec le Soudan se fissure. Les bailleurs internationaux appellent à coopérer[65]. Ces évolutions ont d'ailleurs amené Khaled Al-Qazzaz, secrétaire aux affaires étrangères, a déclaré qu'un compromis était possible pour que les États d'amont produisent de l'hydroélectricité sans réduire le débit parvenant aux États d'amont[66].

64- Un extrait vidéo de cette émission est consultable sur le site internet *Youtube* à l'adresse suivante : http://www.youtube.com/watch?feature=player_embedded&v=sSxkori-tPw

65- Voir appel de la Banque Africaine de Développement et de la SNV -l'agence de développement des Pays-Bas. Source : article *Donors urge dialogue over River Nile* publié le 18.06.2013 sur le site ougandais *Monitor* (www.monitor.co.ug/News/National/Donors-urge-dialogue-over-River-Nile/-/688334/1886222/-/14gf1llz/-/index.html).

66- Source : article *Ethiopia ratifies Nile treaty* publié le 14.06.2013 sur le site du groupe de presse sud-africain IOL (www.iol.co.za/news/africa/ethiopia-ratifies-nile-treaty-1.1532492#.UceqhZywSD4).

c) L'indépendance du Soudan du Sud : avènement d'un nouvel acteur clé pour l'hydropolitique nilotique

Nous analysons également l'avènement du nouvel État comme un événement favorable à une gestion plus coopérative. Le développement des ressources du Nil a pu apparaître, avant l'indépendance, comme la dernière préoccupation du Soudan du Sud, loin derrière le pétrole qui représente 98 % de ses revenus[67]. C'est en réalité l'une de ses principales priorités puisqu'il aspire en effet à réduire sa dépendance à l'or noir au profit de l'or bleu en valorisant un potentiel hydroélectrique considérable mais jusqu'ici largement inexploité[68]. Il ambitionne par ailleurs de devenir le grenier à blé de la région en développant l'agriculture irriguée[69]. Le ministre des Ressources en Eau et de l'Irrigation, Paul Mayom Akec, a d'ailleurs récemment annoncé que le pays étudiait la réalisation de 12 barrages sur le cours du Nil bleu qui pourraient contribuer à l'atteinte de ces objectifs[70].

Le Soudan du Sud a longtemps tu ces objectifs audacieux afin de ne pas susciter la défiance des autres États du bassin et de s'assurer la reconnaissance de sa souveraineté. Ces précautions sont justifiées : à certaines saisons, 90 % du débit du fleuve transite par le Soudan du Sud (20 % de la superficie du bassin). Il est donc appelé à jouer un rôle clé dans l'hydropolitique nilotique, et les deux camps qui la caractérise s'en sont inquiétés. Une question brûlait toutes les lèvres : pour qui roulera le nouvel État ?

Le gouvernement sud-soudanais a longtemps entretenu le mystère. S'il a annoncé son intention de rejoindre l'IBN deux mois après son indépendance, il n'a rien révélé du positionnement qui sera le sien en son sein. Il a tiré de cette stratégie avisé de *« non-aligné »* les faveurs des États riverains d'amont et d'aval confondus[71], courtisant le nouvel arrivant afin de le rallier à leurs intérêts : une révision générale du régime juridique nilotique avec l'adoption de l'accord du

....

67- Et aussi, là encore, loin derrière les conflits territoriaux, notamment relatifs à la région du Abyei et aux États du Kordofan du Sud et du Nil Bleu.

68- 80 % de ce potentiel reste à valoriser. Jakob Granit, Ana Cascao, Inga Jacobs, Christina Leb, Andreas Lindström, Mara Tignino, *The Nile Basin and the Southern Sudan Referendum*, Regional Water Intelligence Report, SIWI pour PNUD, Stockholm, Décembre 2010.

69- Le président du Soudan du Sud, Salva Kiir Mayardit, a annoncé cet objectif à l'occasion de la 66ème Assemblée Générale des Nations Unies.

70- Ces projets comprennent la construction de 16 stations hydroélectriques d'une puissance allant de 3,5 à 700 Megawatt. Source : article *Row Over Water-Sharing as Nile Countries Meet*, publié 20.06.2013 sur le site de *Voice of America* (www.voanews.com/content/nile-basin-initiative-meeting-water-share/1686319.html).

71- Dès juillet 2010, afin de s'assurer du soutien du Soudan du Sud sur le maintien du *statu quo*, l'Égypte a accordé un financement de 300 millions de dollars pour la construction de ports fluviaux et de stations de production d'eau potable, le creusement de puits et la rénovation des réseaux d'eau et d'électricité. Debay Tadesse, « Post independence South Sudan: the challenges ahead », in *ISPI Working Paper n°46*, Istituto per gli studi di politica internazionale, février 2012 (http://www.ispionline.it/it/documents/WP%2046_2012.pdf).

10 mai 2010 pour les premiers ; le maintien du *statu quo* avec la succession de l'accord de 1959 pour les seconds (et donc la répartition entre Soudan et Soudan du Sud des 18,5 milliards de m^3 concédés à l'époque par l'Égypte).

À moyen terme, la réalisation des objectifs de développement du Soudan du Sud suppose de répondre clairement à ces sollicitations. Elle serait mieux servie par deux décisions stratégiques favorisant plus généralement la coopération sur l'ensemble du bassin.

Premièrement, adopter l'accord de 2010. Cela augmentera la pression sur l'alliance d'aval pour une révision générale du partage des eaux prenant en compte les futurs grands aménagements intégrés pourvoyeurs de ressources additionnelles (voir *supra* le « Grand Renaissance Dam » et *infra* le « Canal de Jonglei »). Le Soudan du Sud en tirerait deux bénéfices. D'une part, une quote-part plus importante que celle qu'il négocierait seul sur le quota soudanais de 1959. D'autre part, un accueil plus chaleureux de sa candidature à la Communauté d'Afrique de l'Est (CAE), qui vise à réduire sa dépendance au Soudan en ouvrant un débouché oriental à ses hydrocarbures[72]. Le pays l'a bien compris et a finalement annoncé son rejet de l'accord de 1959, son intention d'adopter celui de 2010 et son soutien au projet éthiopien de *Grand Renaissance Dam*[73].

Tableau 3 : Répartition optimale des eaux du Nil en fonction de différents scénarii (méthodologie Prométhée appliquée sur la base des « facteurs et critères pertinents » de la Convention de New York)[74]

Débit (milliards de m^3)	Égypte	Soudan	Éthiopie	Ouganda	Kenya	Tanzanie
Scénario 1 : 74	35,76	15,69	17,80	1,49	2,15	1,06
Scénario 2 : 80	38,75	16,96	19,26	1,61	2,33	1,14
Scénario 3 : 89	43,08	18,81	21,40	17,9	25,9	1,27
Scénario 4 : 115 (grands aménagements intégrés)	55,65	24,25	27,69	2,32	3,35	1,64

72- La candidature a été déposée en juillet 2011, au lendemain de l'indépendance. Les Etats-Membres de la CAE sont tous riverains d'amont (à l'exception du Rwanda situé en dehors du bassin du Nil).

73- Source : article *South Sudan rejects Egypt's monopoly on Nile waters* publié le 21.03.2013 (www.tigraionline.com/articles/article130273.html) ; article *South Sudan Backs Ethiopia's Nile Dam* publié 14.06.2013 sur le site *All Africa* (allafrica.com/stories/201306170683.html)

74- Tableau repris et adapté de Mohamed El Battiui, *L'eau au Moyen-Orient : entre gestion et instrumentalisation*, Thèse, Université Libre de Bruxelles, 2008.

Deuxièmement, conditionner la réalisation du Canal de Jonglei (voir *Annexe 1. Carte du bassin* pour la localisation du canal) sollicitée par l'alliance d'aval à une révision du projet initialement envisagé par les ingénieurs britanniques au début de siècle dernier[75]. Cela permettrait d'atteindre l'objectif originel de limitation des déperditions évaporatives enregistrées dans les marais du Sud[76] tout en atténuant les externalités négatives attendues[77].

Figure 6 : *A l'abandon depuis trente ans, l'excavatrice du canal de Jonglei rouille sur le site du chantier du projet*[78]

....

75- Il a été formulé dès 1904 dans un rapport de l'ingénieur et Sous-secrétaire d'État britannique des travaux publics d'Egypte William Garstin. Haïlou Wolde-Giorghis, *Les défis (...), op.cit.*

Ethiopian FM (...), op.cit (article publié le 04.05.2011 sur le site du quotidien égyptien « Al Masry Al Youm »)

76- On estime qu'il s'y vaporise chaque année entre 12 et 30 milliards de m^3. Georges Mutin, *Le Monde Arabe face au défi de l'eau : Enjeux et conflits*, Lyon, France, Service Général des Publications Lyon 2, 2007.

77- En l'état actuel, le projet menace de disparition le quart des marais du Sudd, reconnu comme zone humide d'importance internationale et classée site RAMSAR depuis 2006. Cela entrainerait la destruction d'une zone de nidification majeure pour les oiseaux migrateurs, l'assèchement de points d'eau essentiels à la survie de la faune et de la flore endémiques, la dégradation des services écosystémiques affectant directement les moyens de subsistance des tribus pastorales Dinka, Nuer et Shilluk (approvisionnement en eau potable et pêcheries notamment), etc.

78- Le creusement de canal a commencé en 1979 sous la direction de la société française des Grands Travaux de Marseille (GTM). Il est achevé à 72 % lorsqu'il est brusquement interrompu en 1984 : au beau milieu des affrontements qui opposent la guérilla du SPLA à Khartoum, l'enlèvement d'employés de la GTM et le bombardement par deux avions non identifiés de l'énorme excavatrice à roue-pelle mobilisée sur le chantier provoquent l'abandon du projet. Source de la photo : GEORGE STEINMETZ/National Geographic Stock www.nationalgeographicstock.com/ngsimages/explore/explorecomp.jsf?xsys=SE&id=1353522.

Conclusion

« Le droit est la politesse de la force », selon la formule de Jean Carbonnier[79]. C'est particulièrement vrai dans le bassin nilotique où il n'a longtemps été qu'une traduction des rapports de force, un obstacle à la coopération et une source de conflit.

Tout au long du XXe siècle, l'hydropolitique régionale est ainsi marquée par la monopolisation et la gestion unilatérale *imposées juridiquement* aux autres riverains par les puissances régionales successives : l'Empire colonial britannique, l'Égypte libérée de sa tutelle puis l'alliance d'aval formée avec le Soudan nouvellement indépendant.

Les « alternances » sont donc trompeuses et présentent des similitudes frappantes. Sur le fond, elles débouchent toujours sur la négation de tout droit sur le fleuve pour les États d'amont. Sur la forme, elles surviennent systématiquement au lendemain d'une nouvelle accession à l'indépendance qui crée une période de crise au sens premier du terme (moment de « jugement » et de « décision ») ; crise d'où émerge, sous une forme à peine renouvelée, un régime juridique monopolistique.

Il y a cependant des raisons de penser que la crise initiée le 14 mai 2010 par la signature d'un nouvel accord cadre de coopération par les États d'amont marque, enfin, un véritable tournant. Fruit d'une décennie de négociations, l'accord défend en effet la fin du monopole d'aval et l'avènement d'une nouvelle hydropolitique nilotique.

La révolution égyptienne et l'indépendance du Soudan du Sud ouvrent par ailleurs une fenêtre d'opportunité pour la réalisation de projets de développement concrets, aux bénéfices mutuels clairs, susceptibles d'emporter l'adhésion de tous les riverains au processus coopératif. En témoigne les récentes déclarations du Soudan, prenant ses distances vis-à-vis de l'Égypte et affirmant soutenir le projet de grand barrage éthiopien[80].

« L'utopie n'est que le nom donné aux réformes lorsqu'il faut attendre des révolutions pour les entreprendre »[81] : la révolution est passée, il est temps d'entreprendre des réformes qui n'ont plus rien d'utopiques.

79- Jean Carbonnier, *Flexible droit – Pour une sociologie du droit sans rigueur*, 10e éd., Paris : LGDJ, 2001.

80- Source : article *South Sudan Backs Ethiopia's Nile Dam* publié le 14.06.2013 sur le site *All Africa* (allafrica.com/stories/201306170683.html).

81-Jacques Attali, Fraternités : *Une nouvelle utopie*, Editions Fayard, Paris, 1999.

Annexe

Carte du bassin[82]:

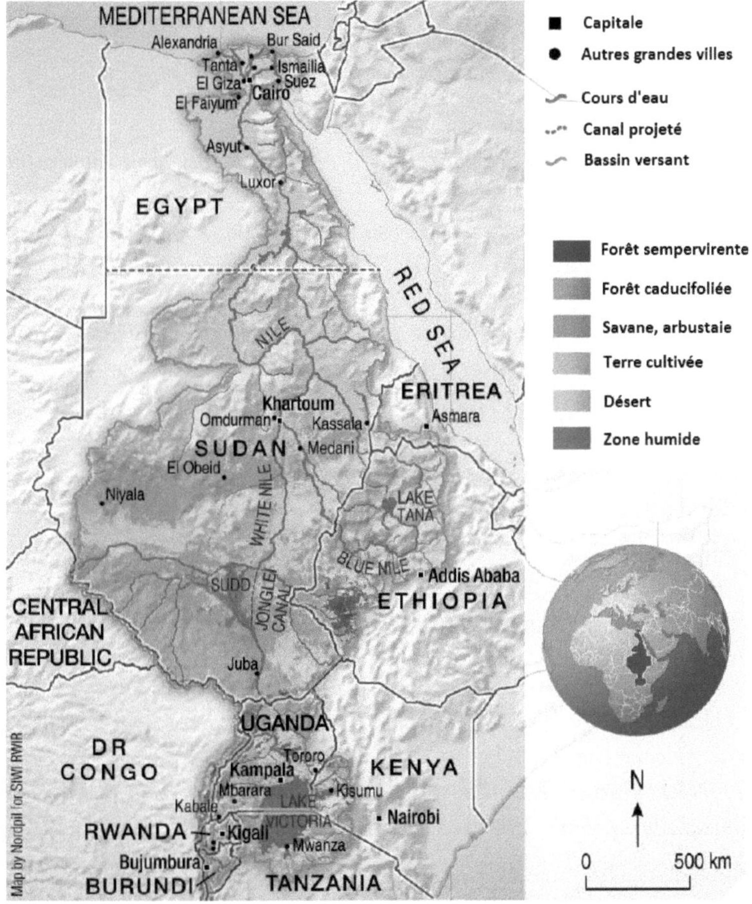

82- Repris et adapté de GRANIT (Jakob), CASCÃO (Ana Elisa Lopes Ferreira), JACOBS (Inga), LEB (Christina), LINDSTRÖM (Andreas), TIGNINO (Mara), *The Nile Basin and the Southern Sudan Referendum*, Regional Water Intelligence Report, SIWI pour PNUD, Stockholm, Décembre 2010, http://www.watergovernance.org/documents/WGF/Reports/Nile_Basin_report_web.pdf

Bibliographie

Ouvrages

ATTALI (Jacques), *Fraternités : Une nouvelle utopie*, Editions Fayard, Paris, 1999

BESHIR (Mohamed Omer), *The Nile valley countries, Continuity and Change*, vol.I, University of Khartoum, 1984.

BOINET (Édouard), *Hydropolitique du Nil : du conflit à la coopération ?* L'Harmattan, septembre 2012

CARBONNIER (Jean), *Flexible droit – Pour une sociologie du droit sans rigueur*, 10ème éd., Paris : LGDJ, 2001.

MAJZOUB (Tarek), *Les fleuves du Moyen-Orient*, L'Harmattan, Paris, 1994.

MUTIN (Georges), *Le Monde Arabe face au défi de l'eau : Enjeux et conflits*, Lyon, France, Service Général des Publications Lyon 2, 2007

WOLDE-GIORGHIS (Haïlou), *Les défis juridiques des eaux du Nil*, Bruylant, 2009.

Articles de Revues et autres publications

ALEMU (Sintayehu Kassaye), *"Eastern Nile Riparian: 'New Deal' and Detente"*, BALWOIS 2012 (Water Observation and Information System for Balkan Countries) International Scientific Conference on Water, Climate and Environment, 28 May - 2 June 2012, Ohrid, Republic of Macedonia (http://balwois.com/2012/USB/papers/745.pdf)

BETHEMONT (Jacques), *« Le Nil, l'Egypte et les autres »*, in *VertigO*, vol. 4, n° 3,décembre 2003, http://vertigo.revues.org/3727.

BRUNNÉE (Jutta), TOOPE (Stephen), *The changing Nile Basin regime: Does Law Matter?*, Harvard International Law Journal, vol. 43, n° 1, 2002.

DELLAPENNA (Joseph W.), "The Nile as a Legal and Political Structure", in *The Scarcity of Water: Emerging Legal and Policy Responses*, Edward Brans et al. eds., International Environmental Law and Policy Series, Kluwer Law International, Londres 1997.

GRANIT (Jakob), CASCÃO (Ana Elisa Lopes Ferreira), JACOBS (Inga), LEB (Christina), LINDSTRÖM (Andreas), TIGNINO (Mara), *The Nile Basin and the Southern Sudan Referendum*, Regional Water Intelligence Report, SIWI pour PNUD, Stockholm, Décembre 2010, http://www.watergovernance.org/documents/WGF/Reports/Nile_Basin_report_web.pdf

Rapport *« Perspectives économiques en Afrique »*, BAfD, OCDE, PNUD, CEA 2012 (consultable sur internet : www.afdb.org/fileadmin/uploads/afdb/Documents/Publications/Ethiopie Note de pays PDF.pdf)

TADESSE (Debay), « Post independence South Sudan: the challenges ahead », in *ISPI Working Paper n°46*, Istituto per gli studi de politica internazionale, Février 2012 (http://www.ispionline.it/it/documents/WP%2046_2012.pdf)

Travaux de recherche

BOINET (Édouard), *Hydropolitique du fleuve Sénégal: limites et perspectives d'un modèle de coopération,* L'Harmattan, 15 Octobre 2013 (http://www.editions-harmattan.fr/index.asp?navig=catalogue&obj=livre&no=41487)

CASCÃO (Ana Elisa Lopes Ferreira), *Political Economy of Water Resources Management and Allocation in the Eastern Nile River Basin*, Thèse de doctorat, Department of Geography, King's College of London, University of London, juin 2009.

EL BATTIUI (Mohamed), *L'eau au Moyen-Orient : entre gestion et instrumentalisation,* Thèse, Université Libre de Bruxelles, 2008

WASSARA (Samson Samuel), *Le régime juridique international du bassin du Nil : Comparaison avec d'autres bassins fluviaux*, Thèse, université de Paris-Sud (Paris XI), faculté de droit Jean Monnet, 1994

Notes d'intervention (conférences, colloques, etc.)

BOUTET (Annabelle), *L'Égypte et le Nil : entre coopération régionale avortée et rationalités transnationales triomphantes*, contribution au Congrès Internationalde Kaslik (Liban), 18-20 Juin 1998.

MAJZOUB (Tarek), *L'Éthiopie, le Nil et le Droit International Public*, contribution au Congrès International de Kaslik (Liban), 18-20 Juin 1998

Principaux sites web consultés :

www.afdb.org/fileadmin/uploads/afdb/Documents/Publications/Ethiopie Note de pays PDF.pdf

http://allafrica.com/stories/201005310637.html

http://www.allvoices.com/news/5640752-egypt-warns-against-nile-basin-pact

http://balwois.com/2012/USB/papers/745.pdfhttp://bikyamasr.com/wordpress /?p=16817

https://www.cia.gov/library/publications/the-world-factbook/geos/et.html

http://www.diplomatie.gouv.fr/fr/pays-zones-geo/ethiopie/presentation-de-l-ethiopie/

http://www.economist.com/node/10062658

http://ethiovision.com/ethiopian-fm-we-agree-to-egyptian-delegation%E2%80%99s-demands/

http://www.ispionline.it/it/documents/WP%2046_2012.pdf

http://www.midanmasr.com/en/pdfviewer/pdfs/nilesupplementEnglish.pdf

http://www.nilebasin.org/newsite/
http://www.orsam.org.tr/tr/trUploads/OrtadoguBulteni/2012820_orsamwaterbulletin89eng.pdf
http://www.reuters.com/article/2009/07/18/idUSLI438735
http://treaties.un.org/Pages/ViewDetails.aspx?src=TREATY&mtdsg_no=XXVII-12&chapter=27&lang=en
http://www.un.org/french/pubs/chronique/2001/numero3/0301p65.html
http://vertigo.revues.org/3727
http://www.voanews.com/english/news/africa/Ethiopia-Offers-Olive-Branch-in-Nile-Water-Sharing-Dispute-119003069.html
http://www.watergovernance.org/documents/WGF/Reports/Nile_Basin_report_web.pdf

Des projets hydrauliques israéliens au sacrifice de la mer Morte : remise en perspective historique de l'enjeu de l'eau au cœur de l'idéologie sioniste et politiques actuelles de préservation[1]

Sébastien Boussois
Enseignant en relations internationales, chercheur associé à l'EPHE Sorbonne au Centre Alberto Benveniste

Résumé
On sait l'importance vitale de l'eau au Proche-Orient et les enjeux politiques, économiques et humains qu'elle recèle. L'avenir de la mer Morte est au centre de cette question puisqu'elle est menacée de dessèchement total si rien n'est fait « Carrefour des croyances, des religions, des histoires et des mythologies », elle impose une approche « socio historiographique » car elle est le symbole de la rencontre entre le judaïsme, le christianisme et l'islam depuis 2000 ans.Mais la mer Morte et l'eau sont depuis le début de l'aventure sioniste au cœur du projet politique de construction d'un État Juif en Palestine. C'est ce que cet article explique, à travers un rappel historique mais aussi les différents projets de préservation de cet espace unique au monde envisagés dans la région et par le pays.

Abstract
We know the vital importance of the water in the Middle East and the political, economical and human stakes, that it deals with.The future of the Dead Sea is at the center of this question because it is threatened with total drying if nothing is made. At the crossroads of the faiths, the religions, the stories and the mythologies, it imposes a socio-historical approach because it is the symbol of the meeting between the Judaism, the Christianity and the Islam for 2000 years.But Dead Sea and water are since the beginning of the Zionist adventure at the heart of the political project of the construction of a Jewish State in Palestine. It is what this article explains, through a historical reminder but also the various projects of conservation of this quite unique space which were envisaged in the region and by the country.

....

1- Cet article est en partie un extrait de l'ouvrage de l'auteur, *Sauver la mer Morte, un enjeu pour la paix au Proche-Orien*t, préface d'Henry Laurens, Armand Colin, Paris, 2012.

On ne peut comprendre la désagrégation aussi rapide de la mer Morte si, au-delà du changement climatique, au-delà du développement des industries, on ne se penche pas la situation du Jourdain avant 1948. Ce qui est sûr c'est que, au-delà de la faiblesse des ressources locales, la volonté de contrôle des différents acteurs concernés et en particulier des Israéliens dès 1967 jusqu'aux Syriens après 1996[2], a eu des conséquences tragiques sur le bassin méridional et sur les Palestiniens. La question était transfrontalière, le problème va devenir transfrontalier.

L'eau au cœur de la machine idéologique sioniste

Shaul Arlosoroff, directeur de la Mekorot, ne saurait dire le contraire en nous rappelant très justement l'articulation entre théorie sioniste et réalisation historique[3] : « *Israël est le produit du mouvement sioniste qui démarra à la fin du XIX*[e] *siècle et qui avait pour but la construction nationale du retour des Juifs à leur terre. Comme Israël est une terre semi-aride, il était clair depuis le début que le pays se devait de développer une politique de l'eau efficace intégrée à la politique de développement, afin de s'assurer les moyens de sa subsistance.* »[4] Arlosoroff revenait alors sur les objectifs initiaux de la compagnie nationale israélienne de l'eau : « *L'un de ces moyens fut pour le parti travailliste et l'agence juive de créer la Mekorot en 1937, afin de commencer à pomper les eaux de la baie de Haïfa pour alimenter les premières implantations juives. La compagnie se développa, et après la création de l'État en 1948, devint la première grande entreprise nationale. Après la grande loi sur l'eau de 1959*[5]*, elle fut chargée des transferts d'eau entre le nord et le sud du pays, et jeta les bases d'un système moderne d'alimentation, de gestion et de production de l'eau publique* ». La compagnie doit s'adapter face aux transformations économiques de la société israélienne et à la pénurie depuis sept ans, mais également devant les tensions hydrauliques entre Israéliens, Jordaniens et Palestiniens : « *Afin de soutenir la croissance économique et l'arrivée des deux millions de migrants juifs européens et arabes qui arrivèrent en Israël après 1948, les gouvernements successifs ont donné la priorité au développement accéléré de la production d'eau, au retraitement des eaux usées, à la recherche et au développement en matière de dessalement et d'irrigation et au commerce de l'eau.* »

....

2- Ils détournèrent une partie du Jourdain, du Yarmouk et du Hasbani, pour y construire des barrages en amont.

3- Interview réalisée en février 2011.

4- Interview déjà citée.

5- Sa loi sur l'eau de 1959 fait des ressources hydrauliques « une propriété publique (...) soumise au contrôle de l'État ». Après la conquête de la Cisjordanie en 1967, Israël usa et abusa de cette loi, qui ne concernait a priori que le pays et pas les conquêtes, pour confisquer les ressources en eau (palestiniennes) qui deviennent alors aussi propriété d'Etat selon cette fameuse loi.

Clemens Messerchmidt, hydrologue, dans un article au *Haaretz*[6], au contraire d'Arlosoroff, explique que la pénurie d'eau est avant tout politique car si « *en Israël, l'agriculture est importante du point de vue de la préservation de l'ethos national, mais elle ne prend pas en compte les conditions véritables de l'économie de l'eau* ». Il va plus loin en accusant la gestion israélienne, qui dépasse largement le cadre prétexte de la culture agricole : « *Pour la consommation domestique, y compris celle des écoles, des hôpitaux et des municipalités, Israël gaspille beaucoup : selon l'Organisation mondiale de la Santé, chaque individu a besoin de 100 litres d'eau par jour. En Israël, la consommation moyenne par jour et par personne se situe entre 240 et 280 litres. En Allemagne, elle est de 136 litres par jour. Il y a vingt ans, elle était de 145. Autrement dit, en Allemagne, les gens ont appris à économiser l'eau, en ayant à l'esprit le sort des générations futures. En Israël, c'est le contraire. On se fixe toujours pour objectif une augmentation de la production d'eau. On parle de sécheresse mais on n'a de cesse d'arroser les pelouses des villes en plein été.* »

La pénurie d'eau politique devient alors un mode de fonctionnement. Si les visionnaires et hommes politiques juifs puis israéliens ont tout imaginé pour amener l'eau au « désert », du canal de la mer Rouge à la mer Morte, en passant par celui de la Méditerranée à la mer Morte, ils ont aussi pensé très tôt à profiter du seul fleuve local, le Jourdain, et de sa force motrice des plateaux du Golan (depuis le Mont Hermon culminant à 2814 m) sur 360 km jusqu'aux -417 m de la mer Morte.

Dès 1948, Israël prend le contrôle de Dan, l'une des sources majeures du Jourdain à la base du Mont Hermon. Puis dès 1967, à la suite de la Guerre offensive des Six Jours, Israël prend possession du Banias, l'autre source principale du Jourdain. Le Plateau du Golan passe sous contrôle israélien et devient un véritable château d'eau pour lui. La Syrie perd alors l'une de ses ressources hydrauliques majeures. À ce jour, le Golan est toujours sous contrôle israélien, et les différentes négociations de paix depuis la conférence de Madrid en 1991, jusqu'à celles de Wye River en 1998, n'ont pas permis de parvenir à une solution équitable et juste et permettre aux Israéliens et aux Syriens de s'entendre sur le Mont Hermon où coulent près de 200 sources naturelles.

Revenons sur les faits pour tenter de comprendre comment la bataille du Jourdain est devenue un problème politique régional. Seule une solution transfrontalière et collective permettra de solutionner la pénurie organisée par certains au détriment d'autres : des Israéliens au détriment des Syriens, des Israéliens au détriment des Palestiniens, des Israéliens au détriment des Jordaniens, et enfin des Syriens au détriment des Jordaniens.

Quand en 1948, l'État israélien naît, les sionistes pensent déjà depuis longtemps aux moyens de contourner la nature aride du pays. Après avoir

6- « Water, water, everywhere », *Haaretz,* 6 mars 2008.

imaginé un canal comme Herzl, les sionistes avaient émis l'idée d'un grand plan d'irrigation, appelé Plan Mavrommatis en 1922 et qui permettrait d'arroser les rives occidentale et orientale du Jourdain[7]. Après le plan Lowdermilk en 1943 et le plan Hays en 1948, après avoir tenté d'obtenir des garanties auprès de la puissance britannique mandataire, Israël à peine né doit faire face rapidement pour le développement de son économie à ce que le chercheur Eiran Feitelson, cité précédemment, appelle *« l'ère de l'appropriation des ressources »*[8]. Saul Arlosoroff ne cache pas que la priorité doit se faire aux sources les plus évidentes et faciles, c'est à dire en contrôlant les aquifères bordant le Liban, la Syrie et la Jordanie[9]. C'est ce qui sera fait en 1967, après le déclenchement de la guerre des Six Jours et l'occupation du Golan. Israël dispose d'un atout-clé, et qui va entamer la condamnation de la mer Morte : le contrôle du haut-Jourdain après plusieurs tentatives avortées sur la période 1948-1967. Zeitoun explique : *« Les premiers Israéliens ont essayé de détourner le haut-Jourdain, en construisant la prise de l'Israël National Water Carrier à B'nei Yacov, ce que les Syriens ont contesté. Les Russes ont opposé leur veto au Conseil de sécurité de l'ONU, mais face aux menaces de sanctions des États-Unis et d'Israël, l'État hébreu a finalement pu achever son canal de contournement en 1964. »* [10] À l'issue du conflit, Israël récupère la rive occidentale du Jourdain en chassant les Jordaniens, et le Golan en chassant les Syriens. De là va commencer un long processus de sécurisation de la région, notamment par le début de la construction d'implantations, la colonisation d'espaces et d'avant-postes à des fins de défense. Le journaliste Akiva Eldar dans son remarquable ouvrage *Lords of the Land*, l'explique très bien lorsqu'il décrit dans un premier temps le contrôle de la plaine côtière israélienne puis la vallée du Jourdain : *« Le second élément fut la défense de la frontière orientale du pays. À cette fin, des colonies d'habitation, d'implantation furent construites du nord de la Cisjordanie (nda : ce qui deviendra comme tel) à Beith Shean jusqu'à la frontière sud de la mer Morte. »* [11] Pour mesurer à quel point le Golan est stratégique pour ces deux pays, il suffit de rappeler que la guerre du Kippour qui aura lieu en octobre 1973 est partie de nouveau de là.

En effet, malgré la résolution 242 du Conseil de sécurité des Nations unies demandant le retrait des Territoires occupés, Israël ne le fait pas. Pas plus après le vote de la résolution 338 réitérant cette demande à l'issue de la guerre du Kippour. Même pis, Israël annexera définitivement le Golan en 1981, à la suite

7- Marc Zeitoun, *Power and water in Middle-east*, I.B. Tauris, London, 2011, p. 65.

8- « Political economy of groundwater exploitation », the israeli case, *Water Ressources Development* 21 (3), p. 413-423.

9- Communication personnelle : « On Israeli relationship with Palestinian Water Authority, Tel Aviv, 7 septembre 2004.

10- *Op.cit.* Zeitoun, p. 67.

11- *Lords of the Land, the war over Israel's settlements in the occupied territories, 1967-2007*, Idith Zertal et Akiva Eldar, Nation Books, New-York, 2007.

d'un vote par la Knesset. La question des colons dans la vallée du Jourdain n'a pas été sans poser un certain nombre de problèmes, non seulement politiques, mais également économiques et écologiques. Il faut savoir, selon un rapport publié par l'association B'tselem en mai 2011 intitulé « Dispossession and exploitation, Israel's policy in the Jordan Valley and Nothern Dead Sea ». Il est précisé que *« 64451 Palestiniens habitaient dans la vallée du Jourdain en 2009, soit 2,6 % de la population de la Cisjordanie ; (...) le nombre des colons était de 9354, représentant ainsi 3,1 % du total des colons en Cisjordanie »*[12]. Le problème est que le quota d'eau fourni aux colons de la vallée du Jourdain est l'un des plus importants qui soient en comparaison des autres colons de Cisjordanie : *« Israël utilise des eaux retraitées pour l'irrigation des colonies dans la vallée du Jourdain et le nord-ouest de la mer Morte (...). En 2008, ils reçurent près de 44,8 millions de m³, 97,5 % de ces derniers étant consacrés à l'agriculture (...) Selon l'Autorité de l'eau, 487 litres par jour et par habitant sont alloués aux colons de la Vallée, jusqu'à 727 litres pour ceux du nord de la mer Morte ; ces allocations d'eau sont trois à quatre fois plus élevées que la consommation moyenne par habitant dans tout Israël, qui s'élève environ à 165 litres.* [13]»

En occupant une large partie de la Cisjordanie depuis 1967, Israël contrôle la moitié des rives de la mer Morte et fournit désormais au compte-gouttes les Palestiniens désormais sans eau. Cette perte de contrôle de leur propre eau par les Palestiniens au profit d'Israël sera l'un des éléments fondateurs de la renaissance de l'identité palestinienne dans les années 1970. Elle amènera par la suite l'Organisation de Libération de la Palestine (OLP) à émerger en tant que seul interlocuteur et dirigeant politique. Israël, confronté au lobby extrêmement puissant des agriculteurs ne peut plus faire marche. Clemens Messerchmidt conclue dans son article déjà cité : *« Aux yeux de la commission (agricole), l'agriculture a une valeur politico-stratégico-sioniste au-delà de sa contribution économique »*. Un rapport qui paraissait sous l'égide du contrôleur d'Etat israélien en 1990, cité dans l'étude de Natasha Beshorner, spécialiste des ressources naturelles au Proche-Orient, paru en 1992, dans la revue *Politique étrangère* sous le titre « L'eau et le processus de paix israélo-arabe », concluait déjà à propos du déficit chronique d'eau en Israël : *« Ce déficit a pour raisons principales non pas tant les périodes de sécheresse, mais plutôt l'utilisation incontrôlée et la mauvaise gestion des ressources, ainsi que le manque de coordination entre les différentes institutions responsables »*. Le sacrifice de la mer Morte n'aura donc pas suffi.

Les exemples ne manquent pas, citons-en un. Contrôler une source, c'est détourner le cours d'eau qui en émane ou installer un barrage. Au-delà de l'Israël National Water Carrier, le barrage construit depuis lors au sud de Tibériade a

12- P. 19 du rapport.

13- P. 24 du rapport. Chiffres disponibles sur www.water.gov.il/Hebrew/Water-saving/Pages/Household.aspx

« tué » la mer Morte : « *C'est ici que meurt le Jourdain* », explique Gideon Bromberg, président israélien de FOEME[14]. C'est ici qu'il est détourné par les Israéliens pour aller arroser la région du Néguev et son centre administratif, Beer Sheba. Mais ce n'est pas tout puisque le canal de détournement arrose également Nazareth, et Tel-Aviv en amont. La mer Morte a été sacrifiée, notamment pour le développement express d'une région, et d'une ville méridionale du pays qui végétait encore dans les années 1950. Ber Sheba est un point stratégique entre le nord et le sud du pays, croisement des routes du pays, à peu de distance du réacteur nucléaire de Dimona. Il fallait selon les autorités désenclaver cette région et en assurer la sécurisation. Peuplée depuis des siècles de nomades arabes, elle a fait l'objet d'une forte campagne de peuplement et de judaïsation ces cinquante dernières années. Des milliers d'Éthiopiens et de Russes de la vague d'immigration des années 1990 après l'effondrement du bloc soviétique sont venus peupler ces contrées reculées. Aujourd'hui, elle compte près de 200 000 habitants, et est peuplée à 99 % de Juifs. La mer Morte aura permis ce miracle, sorti du sable, et devenu la sixième ville du pays.

Pour pallier le déséquilibre naturel ou politique en eau entre les trois pays voisins, il a été proposé un certain nombre de plans ou de négociations point par point dans les pourparlers ou les accords de paix. Il y a eu des tentatives de plans de partage et de division de l'eau dans la région depuis les années 1960 ; comme le plan Johnston par exemple, qui n'aboutit jamais, et qui prévoyait dans la théorie dès 1953 une répartition bien précise des approvisionnements respectifs en eau[15], elles se sont souvent révélées impossibles à mettre en pratique. L'ancien négociateur jordanien pour le traité de paix de 1994 avec Israël, Munther Haddadin, revenait sur le contexte dans son article « Water in the Middle-east process » pour le compte de la Royal Geographical Society et l'Institut britannique des Géographes[16] : « *Afin de désamorcer la montée de violence en 1953 et promouvoir certains objectifs stratégiques des États-Unis, le président Dwight Eisenhower envoya Eric Johnston, pour essayer d'obtenir un consensus entre les parties autour du Jourdain et monter un plan unifié de répartition des ressources en eau* ». En réalité, ce plan sous égide américaine, avait fixé un système de quotas pour chacun des pays concernés par le Jourdain, mais à l'époque l'idée même de parvenir à un accord avec Israël, y compris sur un sujet aussi vital que l'eau, demeura une aberration et conduit à l'échec du projet. Israël ne poussa guère à la signature, d'autant que ce qui lui était alloué lui paraissait bien médiocre au regard des flux promis aux pays arabes dont la

14- Sciences Actualités http://www.cite-sciences.fr/francais/ala_cite/science_actualites/sitesactu/magazine/article.php?id_article=8023&id_mag=3&lang=fr

15- http://www.answers.com/topic/johnston-plan. Le Plan ne fut jamais ratifié car les Arabes contestaient l'assèchement du Lac Houleh et le détournement du Jourdain, et considéraient qu'accepter cet état de fait signifiait aussi reconnaître implicitement Israël.

16- Munther Haddadin, Blackwell Publishing, 29 décembre 2010.

Jordanie. Ce plan, qui avait tenté de rééquilibrer l'inégalité initiale ne permit pas la coopération régionale en vue d'un objectif commun humain. C'est pour cette raison que les initiatives locales l'emporteront : israélienne avec l'Israël National Water Carrier, jordanien avec le canal du roi Abdallah[17].

Gaël Bordet dans son article sur « Le partage des eaux du Jourdain : plans et contre plans, le film d'un échec », paru sur le site de l'Institut de Recherche et Débat sur le Gouvernance[18], relève cette impossible coopération, signe avant-coureur des difficultés politiques liées au sauvetage de la mer Morte. Il explique en ces termes l'historique des tentatives de juste répartition des eaux du Jourdain : « *Les plans de partage de l'eau dans le bassin jordanien ont, dans une large mesure, tenté d'apporter une réponse technique à cette difficile construction des espaces nationaux et ont ainsi été marqués par l'émergence progressive d'une nation juive à laquelle se sont toujours opposés les jeunes États arabes voisins.* » C'est la raison pour laquelle « *l'histoire des projets d'irrigation (...) peut être divisée schématiquement en trois périodes : celle des plans faits séparément pour l'Est et pour l'Ouest du Jourdain jusqu'en 1950 ; celle des projets destinés à la mise en valeur de l'ensemble de la vallée, de 1951 à 1957, et enfin le retour aux plans séparés - à l'exception notable du plan Johnston finalement non ratifié- faute d'avoir obtenu l'entente nécessaire. Un premier plan de grands travaux hydrauliques est proposé en 1913 sous l'Empire Ottoman par le responsable des Travaux publics en Palestine, Georges Franghi, qui recommandait alors le déversement du Yarmouk dans le lac de Tibériade en construisant un barrage sur le Yarmouk et qui insistait sur la nécessité de creuser un canal d'une capacité de 100 millions de m*^{3} *d'eau par an pour irriguer la vallée du Jourdain.* »

Que prévoient quant à eux les différents traités de paix et négociations sur la question de l'eau dans la région ? Aujourd'hui, Amman a passé des accords avec Tel Aviv grâce au traité de paix de 1994 entre les deux pays, comprenant un volet spécial consacré à l'eau et à la mer Morte ; tout comme les Israéliens l'ont fait avec les Palestiniens lors des accords d'Oslo en 1993. Quant au volet syrien, ce fut un échec avec Israël en 1996, dont la Jordanie pâtit encore à ce jour.

Des actions politiques locales des trois pays concernés aux premiers éléments de coopération

Côté israélien

Sauver la mer Morte est devenu une vieille rengaine en Israël comme en Jordanie mais aucun projet d'envergure n'a vu le jour jusque maintenant. La motivation politique n'a jamais été suivie d'actions en profondeur. Les

17- Un nouveau canal national était en train de voir le jour en 2011, le DISI, devant relier Akaba à Amman et permettre de pallier aux déficits chroniques d'eau dans la capitale hachémite.

18- http://www.institut-gouvernance.org/fr/analyse/fiche-analyse-66.html

intérêts nationaux divergent tout comme les agendas politiques le sont autour du projet de canal mer Rouge-mer Morte (RSDSC[19]).

En attendant, quelques actions politiques locales tentent de pallier cette incapacité régionale à prendre des mesures drastiques et à long terme. Avi Pazner, l'ancien porte-parole du gouvernement israélien, ne cache pas que la mer Morte n'a jamais été la préoccupation principale du gouvernement israélien. Il avait selon lui bien d'autres dossiers prioritaires à régler. Même s'il n'est pas un spécialiste du sujet, il nous alerte sur plusieurs points importants : « *La mer Morte n'a jamais été une priorité pour les gouvernements israéliens successifs. En tant que porte-parole du gouvernement pendant des années, j'ai pu sentir une sensibilité parmi beaucoup d'hommes politiques favorable à la protection de la mer Morte.* » Puis il précise : « *Je sais qu'il y a eu des contacts avec la Jordanie. Cela n'a sûrement pas abouti pour de simples raisons politiques. Avec les Palestiniens, je crois que nous ne sommes jamais arrivés à ce stade dans les négociations bien que la question ait été soulevée de façon pratique. Ce que nous faisons n'est pas assez et cela est bien dommage, car il y aurait vraiment besoin d'une coopération. Ce n'est pourtant pas faute de volonté de notre part* »[20]. Pazner fait partie du Likoud, parti au pouvoir depuis une dizaine d'années dans des gouvernements de coalition variables. Même si la mer Morte apparaît pour lui comme une question politique, Pazner surenchérit, de manière contestable, et révèle sa large méconnaissance des réalités. Il explique qu'il faudrait de vrais organes politiques pour solutionner la question et surtout un partenariat avec les Arabes alors que de telles institutions existent déja : « *Je ne doute pas qu'il y ait une volonté côté israélien, mais ce qui manque est une autorité, un ministère et un dirigeant qui prenne l'initiative. Il y a des organisations et, quelques personnes dans les ministères mais rien de plus côté israélien et arabe. À l'heure actuelle, je ne vois personne chargé spécialement de cela et avec les budgets nécessaires.* » Pazner ne semble en effet pas au courant de l'action de certains ministères comme le Ministère des Affaires étrangères israélien, et du côté arabe sur l'action par exemple de la Jordan Valley Authority, ou du Ministère de l'eau palestinien. Ce sur quoi il a raison, c'est sur l'inertie et le temps phénoménal que prend tout projet de sauvegarde patrimoniale qui tente de se mettre en place : « *Tout le monde s'alarme mais rien de plus n'a été fait. Si l'on regarde ce qui a été effectué pour les tunnels sous le Mont Carmel, qui ont couté 1,5 milliard de shekels : leur construction a pris 14 ans alors que c'est un projet qui a été pris comme une priorité. Et il a quand même fallu 14 ans ! Si un chantier n'est pas une priorité nationale, il est condamné d'avance !* ». Akiva Eldar, le journaliste et éditorialiste du Haaretz, a une explication politique claire : « *Les gouvernements israéliens n'ont aucune projection à plus*

19- "Red Sea Dead Sea canal". Pour plus de facilité de lecture, nous utiliserons le plus souvent l'abréviation usitée par la Banque mondiale et les protagonistes du projet RSDSC.

20- Suite de l'interview réalisée en décembre 2010 à Jérusalem.

de cinq ans. La crise politique que traversent Israéliens et Palestiniens depuis dix ans, n'a rien facilité et la confiance entre les deux peuples s'est de nouveau fortement dégradée. Or pour envisager le sauvetage d'un espace stratégique comme la mer Morte, il faut trois éléments minimum : une confiance mutuelle, une coopération et une projection. Aucun des trois n'existe »[21]. Pour Eldar, les choses ne vont pas dans le bon sens et ce, pour une raison essentielle : la question des priorités. En effet, *« il y a beaucoup méfiance chez les Israéliens à l'idée de monter un projet avec les Arabes, car beaucoup remettent en cause leur bonne volonté, encore plus depuis l'échec des négociations de Camp David II en 2000. Les Israéliens prennent cela pour un jeu à sommes nulles : quel intérêt y a-t-il à coopérer avec les Arabes ? Il y a de toute façon le sentiment que Jérusalem est au-dessus de tout et que les Jordaniens ont de moins en moins de distance pour critiquer Israël. Les Israéliens resteront longtemps suffisamment méfiants à l'égard de tous les Arabes, y compris des Jordaniens avec qui ils sont en paix, pour qu'un quelconque projet de sauvetage de la mer Morte aboutisse. Il reste alors les initiatives locales »*. Il y a pour Eldar une vraie question qui dépasse celle de la méfiance : celle de la méconnaissance et du refus de savoir de part et d'autre des frontières ce qui se passe : *« J'ai découvert la semaine dernière que, chaque jour, un bus partait d'Akaba et traversait la frontière à Eilat avec des Jordaniens qui vont travailler dans les hôtels. Quand j'en ai parlé à la rédaction du* Haaretz *hier, personne n'était au courant. Si l'on parle de paix froide entre Israël et la Jordanie, cela ne veut pas dire qu'il n'y ait pas de coopération entre nous. En revanche, notre expérience avec les Palestiniens n'est pas brillante. Nos relations avec les Arabes sont trop instables pour envisager un grand projet d'envergure et qui tienne jusqu'au bout de sa réalisation. Par exemple, il y a un projet turc de centre médical à Jénine, qui est envisagé depuis des années. Il a malheureusement été gelé à cause de la dégradation des relations entre Israël et la Turquie depuis des mois. »* Alors pourrait-on imaginer sauver la mer Morte en coopération avec les Arabes ? Eldar est pessimiste : *« En Israël, personne ne prendra le risque ultime d'un tel projet, et certainement pas de risque politique, celui d'être critiqué. Il n y a aucun avantage pour Israël à coopérer avec les Arabes à l'heure actuelle malheureusement. Et ce qui est peut être tout aussi grave, c'est que les médias ne trouvent pas non plus d'intérêt à promouvoir la coopération avec les Arabes car face à la radicalisation de la société israélienne depuis une dizaine d'années, cela a encore moins bonne presse qu'auparavant »*.

Cela signifie-t-il pour autant que rien n'est fait en Israël pour préserver la mer Morte ? Face à l'inertie nationale, l'action politique peut tout de même provenir des administrations locales et des organisations non gouvernementales. Prenons deux exemples, reflet d'une bonne synergie locale : celui du conseil régional de Tamar, et celui de l'organisation FOEME. Dov Litvinoff, l'actuel président du Conseil régional de Tamar

21- Suite de l'entretien réalisé à Tel-Aviv en décembre 2010.

qui borde une partie de la mer Morte, n'est pas tout à fait de l'avis d'Akiva Eldar. Administrativement situé dans le district sud d'Israël sur les rives occidentales et méridionales de la mer Morte, il est situé à deux pas des champs d'exploitation de potasse et en territoire théoriquement palestinien. Le siège de l'administration est à Neve Zohar, entre les deux bassins du Lac. Lorsque l'on demande à Mr Litvinoff quelles actions sont entreprises par son administration pour préserver en local les rives de la mer Morte, il répond sans ambiguïté : « *Nous tentons de sensibiliser les Israéliens aux dangers qui courent sur la mer Morte. Beaucoup de ses problèmes sont le résultat d'années d'inaction de part et d'autre de la frontière. Aussi, nous croyons qu'il est nécessaire de lancer un grand débat national sur la question afin de savoir quel avenir nous lui réserverons.* »[22] Il assure ne pas travailler seul pour effectuer son travail et vante les mérites de la coopération verticale (politiques et non politiques) et horizontale (Jordaniens et Israéliens) : « *Le Conseil régional travaille en étroite collaboration avec des hauts fonctionnaires du gouvernement israélien ainsi qu'avec des parlementaires membres de la Knesset, pour promouvoir les intérêts régionaux de la mer Morte. Nous travaillons aussi étroitement avec des organisations environnementales comme FOEME. La coopération avec des organismes professionnels jordaniens et palestiniens dans le domaine diplomatique et universitaire est aussi très importante. Un exemple excellent est le partenariat que nous avons avec Safi en Jordanie, de l'autre côté de la frontière pour réfléchir ensemble au problème* ». Litvinoff ne croit pas qu'en l'action locale mais en une synergie plus large, entre tous les acteurs concernés aussi bien géographiques que socio-professionnels : « *Je crois que nous devrions promouvoir des entreprises politiques et diplomatiques, côte à côte avec des initiatives locales. Beaucoup d'entreprises locales sont la coopération entre nos deux pays. Nous croyons vraiment que les solutions locales au problème de la mer Morte seront le fruit d'une combinaison d'actions politiques de haut en bas mais également de bas en haut* ». Litvinoff est pour une coopération régionale forte et ne voit guère d'autre solution que l'implication du plus grand nombre d'acteurs possibles au nom d'un intérêt supérieur: « «*Tamar coopère entièrement avec FOEME, l'institut de recherches Arava et d'autres organisations encore. Nous pensons que les actions de ces organisations sont essentielles pour le développement régional. Je crois aussi que ces initiatives locales sont des maillons indispensables à la machine qu'est le processus de paix à un niveau régional mais bien au-delà encore* ». Arlosoroff, le président de la Mekorot, l'agence nationale israélienne de l'eau, ne semble pas aller dans ce sens ; l'intérêt national doit primer et son objectif principal reste le même : fournir de manière permanente suffisamment d'eau à ses concitoyens et éviter la pénurie. La mer Morte n'est donc pas la première des priorités du gouvernement. Les enjeux sont ailleurs et confortent les propos d'Avi Pazner

22- Interview réalisée en mars 2011.

cités plus haut. Ses priorités pour les vingt prochaines années restent bien avant tout israéliennes : « *La Mekorot est avant tout un instrument au service des politiques du gouvernement. C'est son agence de l'eau et elle doit répondre aux urgences fixées par l'État : protéger et maintenir les standards habituels de qualité et quantité d'eau malgré la densité de population et le nombre d'industries ; étendre le volume d'eau désalinisée*[23] *de 300 millions de m*^{3} *par an à 700 millions d'ici 2015, puis 1000 millions d'ici 2050 ; promouvoir par tous les moyens l'utilisation d'installations privées pour les particuliers afin de récupérer les eaux de pluie ; développer la recherche sur les précipitations et trouver les moyens d'augmenter les précipitations et réduire l'évaporation* »[24].

Doit-on en attendre davantage des associations environnementales ? Comme souvent oui. FOEME, Friends of Middle-East for Peace, est déjà un bel exemple de coopération régionale, puisqu'il est situé en Israël et en Jordanie. Comment est née FOEME, devenue depuis l'une des principales organisations environnementales de la région ? Le site de l'association explique : « *Les Amis de la Terre et du Moyen-Orient est une organisation unique qui rassemble des Jordaniens, des Palestiniens et des écologistes israéliens. Notre objectif principal est la promotion de la coopération afin de protéger notre héritage naturel commun. Ainsi, nous cherchons à avancer tant en matière de développement régional durable que dans la création des conditions nécessaires à une paix durable dans la région. FoEME a des bureaux à Amman, à Bethléem et à Tel-Aviv. Nous faisons partie des Amis de la Terre Internationale, la plus grande organisation environnementale populaire au monde.* » Ils ont été parmi les premiers à sensibiliser leurs publics respectifs à la question de la mer Morte. Au point que malgré tous ses efforts, l'un de ses membres Nader Khatteeb déclarait dans un article de Gideon Bromberg « Water and Peace »[25] que « *nous approchons un point de non-retour* ». Depuis une trentaine d'années, les militants de l'organisation croient à la coopération. FOEME fait la promotion du développement d'un plan coordonnée et intégré pour toute la région, en tentant de combiner les impératifs et besoins des industriels et du tourisme avec le développement qui pourraient donner un maximum de protection aux atouts écologiques de la région. Certains pensent que la seule solution rapide est de classer la mer Morte à l'UNESCO. Bromberg, le directeur israélien de FOEME a bien compris les blocages politiques et fait un état des lieux : « *Israéliens, Jordaniens et Palestiniens ont tous exprimé à leur façon leur intérêt à vouloir sauver la mer Morte malgré les complexités politiques. Le gouvernement israélien tente de trouver des solutions à la réhabilitation du Jourdain, aimerait en faire une priorité mais n'y parvient*

....

23- En juillet 2011, la Mekorot validait la construction de sa cinquième usine de dessalement à Ashdod.

24-Suite de l'entretien réalisé en mars 2011.

25- *World Watch*, juillet aout 2004.

pas. » Il parle de la volonté de préservation en local plus que du classement au patrimoine mondial qui n'a jamais été demandé par les trois pays. En revanche, il sait très bien qu'une solution non politique est inenvisageable et que seule la pression sur les gouvernants sera utile pour faire bouger les choses et enclencher des procédures de préservation. En octobre 2002, FOEME organisait un séminaire en plusieurs étapes à Ein Bokek en Israël sur les bords de la mer Morte et à Amman en Jordanie intitulé « The Dead Sea between life and death, learning from other Lakes ». L'idée était d'établir des comparaisons avec ce qui a pu être fait sur d'autres continents pour sauver des sites naturels en danger : le Lac Mono aux États-Unis en Californie, le Lac Tchad ou la mer d'Aral[26]. Nous reviendrons par la suite sur ces exemples de préservation, ou sur les échecs de coopération internationale comme ce fut le cas pour le lac Baïkal par exemple. FOEME intervient aujourd'hui activement en prévention et dans le cadre de missions pédagogiques à propos du RSDSC afin de démontrer les dangers irréversibles du canal s'il venait à naître.

Côté jordanien

En décembre 2001, le roi de Jordanie Abdallah II appelait publiquement à la sauvegarde urgente de la mer Morte après avoir rendu visite pour la seconde fois en moins de quatre mois au Ministre de l'eau et de l'irrigation, Hazzem Nasser. Il s'exprimait alors à la presse en ces termes[27] : « *La mer Morte est un atout économique et touristique important qui devrait être préservé écologiquement* » déclara le roi. Le journaliste du *Jordan Times* relatant l'événement revient sur les principales propositions d'Abdallah II qui ne concernaient alors plus directement la mer Morte mais l'approvisionnement en eau : « *Pendant la visite, le roi a rapidement évoqué les plans precedents pour pallier la pénurie d'eau. Il a effectué un rapide résumé des plans precedents et de ceux à venir. Puis il insista sur l'importance d'accélérer l'implantation de mégaprojets coordonnés par le ministre afin d'assurer la sécurité du Royaume en eau.* »

Si la domination entre Israéliens et Jordaniens s'était déjà progressivement transformée depuis les accords de paix de 1994 en début de coopération pour certains, elle ne sera pour d'autres véritablement effective qu'avec le lancement du projet de RSDSC. « *Nous avons un accord signé pour demander à la Banque mondiale son soutien pour la construction du RSDSC. Ce sera le premier projet viable d'une coopération avec les Israéliens et les Palestiniens. Parce que pour moi le plus important est de sauver la mer Morte à son niveau historique de 395m. Mais je ne sais pas si la volonté est identique partout. Ce lieu unique*

....

26- Voir plus loin en conclusion de l'ouvrage.

27- "King stresses importance of Dead Sea preservation", *Jordan Times*, 13 December 2001

est le nôtre et nous devons agir ». Ainsi s'exprimait le professeur Mohamed Shatanawi lors d'un entretien à l'Université de Jordanie[28]. Munqueth Meyer de FOEME-Jordanie aurait pu nuancer les propos de l'ancien ministre lorsqu'il nous déclarait *« qu'en apparence la priorité de la Jordanie est la mer Morte, mais en réalité il s'agit bien de son approvisionnement en eau alors qu'il faudrait réformer d'abord tout le secteur de l'eau ; ce qu'aucun gouvernement n'a voulu faire depuis des années. »*[29] Des actions sont entreprises par FOEME afin de sensibiliser également sur le danger que court la mer Morte. En 2002, il lançait un grand concours de photos intitulé « Dead Sea Photo Contest »[30] en partenariat avec la Société Royale jordanienne et la Commission européenne. *« Parmi les gagnants primés lors d'une cérémonie spéciale à Amman, Samir Attalla décrocha la troisième place sur le podium ; les deux premiers n'étaient pas présents ce soir-là. Attalla a déclaré au* Jordan Times *que les treize photographes qui ont participé au concours «ont éprouvé l'unicité de la mer Morte ; le paysage magnifique, la flore rare et la faune unique, la beauté des montagnes environnantes et le désert. »*

FOEME et son président Munqueth Meyer en appellent également comme en Israël quotidiennement à la création d'une biosphère unique autour de la mer Morte mais aussi au classement à l'UNESCO au Patrimoine mondial. Même si la ligne politique adoptée par FOEME en Israël et en Jordanie est un exemple de collaboration horizontale d'un pays à l'autre, l'imbrication entre le politique institutionnalisé et le politique hors champ semble toutefois limité à ce type d'expériences.

Qu'en est-il dix ans après les premiers appels du Roi ? Maysoon Zoobi, actuelle secrétaire générale du Ministère de l'Eau jordanien est persuadée que le grand projet du RSDSC, grand projet tel que celui prôné par Abdallah II, pourrait permettre un sauvetage de la mer Morte, mais aussi représenter une solution durable à la crise de l'eau en Jordanie. Pour autant ce n'est pas la priorité, et il y a déjà une collaboration sur le dossier de l'eau avec les pays voisins : *« Nous sommes dans une crise de l'eau dans un pays dont la population n'a cessé de croître. Nous sommes largement en dessous le seuil critique des 500 m*^{3} *par an et par habitant nécessaire à notre survie. Dans les pays du Golfe ils dessalent déjà une partie de l'eau qu'ils consomment ensuite. »* Elle poursuit en remontant l'histoire : *« Après 1967 et la guerre des Six jours, il ne nous restait plus que les ressources du Yarmouk et nous avons dû collaborer avec les Syriens. Puis l'accord de paix avec les Israéliens de 1994 nous a permis de récupérer une partie de l'eau du Jourdain détournée. Eux pouvaient déjà avoir un accord avec la Turquie qui dispose de grandes ressources. Nous, nous n'avions d'autre choix que de coopérer avec nos voisins immédiats. La coopération est ancienne même*

28- Entretien réalisé en février 2011 à Amman.

29- Entretien déjà cité, février 2011.

30- Hada Sarhan, *The Jordan Times*, Sunday October 7, 2001.

si nous avons aussi nos projets propres comme le DISI, le canal qui amènera de l'eau depuis Akaba vers Amman qui en manque en permanence. » Concernant la mer Morte, Zoobi est beaucoup plus vague. En réalité, « *Le gouvernement jordanien tout seul ne peut prendre en charge le sauvetage de la mer Morte. Nous avons d'autres urgences même si elle en fait partie. Avec le projet de RSDSC, elle deviendra peut être un élément majeur au même titre que le dessalement.* » Certes, le ministère de l'eau souhaite trouve une solution à la disparition du lac salé, mais « *cela fait tellement d'années que nous cherchons une solution à notre pénurie d'eau, que celle du RSDSC pourrait représenter une opportunité également énorme de développement pour notre pays* »[31]. La Jordanie pourrait-elle à terme imaginer son propre projet de canal destiné à elle seule ? Fayez Batayneh, responsable jordanien du RSDSC à la Jordan Valley Authority, ne l'exclut plus[32]si l'évolution d'un projet plus régional traînait ; « *La Jordanie a décidé de construire seule en 2010 un aqueduc pour amener de l'eau de la mer Rouge à la mer Morte sans l'aide d'Israël et de l'Autorité palestinienne. Le projet est évalué à 2 milliards de dollars. La construction de ce pipeline est la première phase d'un projet qui en 2014 devrait permettre la production de 120 millions de m*^{3} *d'eau potable – par dessalement- et ensuite de relever le niveau de la mer Morte* ». L'hydrologue français Pierre Blanc nous confirmait « *qu'il avait été question d'un tel projet et que certains en parlent encore* »[33]. Lorsque l'on demande à Maysoon Zoobi s'il est toujours d'actualité, elle répond « *que rien n'est arrêté pour le moment et que la priorité est de trouver la solution la plus rapide* ».

Côté palestinien

« *La mer Morte est à nous et pourtant nous n'avons qu'un accès contrôlé et limité sur un quart de ses rives depuis plus de quarante ans ; elle est de notre souveraineté et elle fait partie de nos ressources* » clame le professeur d'agriculture à l'université nationale An-Najah de Naplouse, Marwan Haddad[34] ; « *Que peut-on faire pour la préserver ? Je prône une coopération de tous les pays de la région, mais le déséquilibre est criant et les Israéliens contrôlent la situation. Peut-on parler de coopération quand ce sont eux qui « distribuent » l'eau aux Jordaniens ? Je ne sais pas ce que donnera le projet de RSDSC mais je sais que nos ministres ont protesté à maintes reprises pour exiger le retrait d'Israël de la mer Morte comme préalable à toute discussion du projet* ». À Ramallah, à l'ancienne Palestinian Negotiations Support Unit[35],

31- Interview réalisée le 1er mars 2011 à Amman.

32- Dans une interview donnée au site www.guysen.international.news, 12 octobre 2009.

33- Interview réalisée le 23 décembre 2010.

34- Interview réalisée le 10 mars 2011 à Naplouse.

35- Cellule internationale d'assistance technique à l'Autorité palestinienne qui n'existe plus depuis.

la priorité va à l'émergence de l'Autorité palestinienne et de l'État palestinien à venir comme un acteur décisionnaire déterminant. « *La mer Morte est bien sûr importante, mais le plus important est que la Palestine soit reconnue comme un acteur. Ce qui signifie qu'en cas d'accord de paix, nous voulons avoir nos droits reconnus sur la mer Morte. Des organisations comme nous essaient de permettre de construire des routes le long de la mer Morte, d'avoir des usines de dessalement et de retraitement. Pour nous, c'est l'idée que les Palestiniens sont sur la voie de la construction de leur État, et qu'il deviennent désormais le troisième acteur sur qui compter dans la résolution de la question de la mer Morte* »[36], explique l'une des responsables de la cellule politique, Natasha Karmi. En aparté, le professeur Haddad nous confiait que jusque maintenant « *les Palestiniens sont des bénéficiaires potentiels de projets mis en place, rarement des acteurs ; cela doit changer* ». Dans un article intitulé « *Politics and water management : a palestinian perspective* », il concluait pourtant peu optimiste en ces termes et surtout à contre-courant de notre analyse : « *Je pense que la solution à la question de l'eau dans le conflit israélo-palestinien n'est pas et ne doit pas être une question politique. Elle a à voir à la morale et aux valeurs universelles* »[37]. Pourtant dans le même article, il conforte la thèse de la Negotiations Support Unit, comme quoi « *Un État palestinien viable signifie un État souverain sur un territoire bien délimité et maître de ses ressources, eau comprise* ».

Alors solution politique ou pas ? Remontons le cours du temps et étudions maintenant les différents projets qui ont été imaginés depuis un siècle pour venir en aide à la mer Morte ou pour solutionner la question de l'eau au Proche-Orient, et pour lesquels nous verrons que faire abstraction du politique est impossible. La solution en termes de coopération, de redistribution, de construction collective d'une solution sera avant tout politique ou ne sera pas.

36- Interview réalisée à Ramallah en novembre 2010.

37-http://blogs.najah.edu/staff/emp_3002/article/Politics-and-Water-Management-A-Palestinian-Perspective/file/marwan.pdf

Significations culturelles et religieuses de l'eau au Proche et au Moyen-Orient : pour une gestion durable et équitable

Dominique de Courcelles
Centre National de la Recherche Scientifique
(ENS Lyon-Transferts culturels CIRID)
Collège International de Philosophie

Résumé
La fondamentale et dramatique question de la gestion de l'eau au Proche-Orient et au Moyen-Orient, si elle est envisagée selon les significations culturelles et religieuses spécifiques de cet élément primordial de la vie, peut sans doute permettre de revisiter avec une inhabituelle et nouvelle efficacité les principaux enjeux géopolitiques, économiques, climatiques de ces régions.

Abstract
The basic and dramatic topic of the water management in the Middle East, if we consider it according to the cultural and religious meanings on this vital element, allows perhaps to revise with unusual and new efficiency the principal geopolitical, economic, climatic challenges of this countries.

Bien que l'eau soit largement répandue sur la planète –la terre est la planète de l'eau–, sa distribution est fortement inégale. Élément primordial de la vie, l'eau a nécessité une attention constante de la part des hommes qui doivent souvent faire de grands efforts pour la trouver et la conserver ; elle est donc depuis toujours un bien précieux, un enjeu stratégique, suscitant aussi bien admiration et vénération que très vives inquiétudes.

Dans l'histoire du Proche-Orient et du Moyen-Orient, la question de l'eau s'est avérée être à la fois géopolitique, économique et juridique. Aujourd'hui, la question de l'eau est également liée à celle des changements climatiques et aux récentes révoltes arabes. Trois grands fleuves ou ensembles hydrographiques, le Tigre et l'Euphrate, entre la Syrie, l'Irak et la Turquie, le Jourdain, contrôlé par Israël, et le Nil, avec les immenses besoins de l'Égypte, ont constitué le berceau de cultures importantes avec leurs mythes, leurs rites, leurs symboles propres, partagés et parfois spécifiques. L'eau et les fleuves constituent ici des voies anciennes et naturelles de circulation des hommes et des choses, des réservoirs de ressources et d'énergie nécessaires à la vie des sociétés, des frontières entre les pays. C'est sur les berges de ces fleuves que l'agriculture est sans doute apparue il y a environ 15 000 ans, souvent accompagnée de techniques très élaborées d'utilisation et conservation de l'eau mais aussi de construction et d'ingénierie hydraulique. La nécessité de maîtriser l'eau a souvent réuni les hommes de ces régions autour d'un même objectif, par exemple organiser en commun l'espace agricole irrigué. C'est également ici que se conserve le plus ancien souvenir d'une guerre de l'eau qui, au 3e millénaire avant notre ère, a opposé deux villes de la Mésopotamie, nom qui signifie « au milieu des fleuves » en grec, autour des bornes des canaux d'irrigation du Tigre et de l'Euphrate. Comme l'a bien montré le chercheur américain Jared Diamond, une mauvaise gestion par l'homme des menaces environnementales a provoqué à plusieurs reprises la disparition de civilisations. Sumer a inventé l'agriculture intensive et donné naissance aux premières grandes villes. En construisant un barrage sur l'Euphrate, cette civilisation s'est donné les moyens de produire des excédents de grains permettant de nourrir les villes. Mais elle a, en même temps, créé les conditions de sa chute. Des phénomènes d'évaporation et de remontée de sel ont provoqué un effondrement brutal du rendement du blé, les cultivateurs sont passés à l'orge qui résiste mieux, mais en vain[1]. C'est ainsi que, dans l'histoire globale de l'eau, ces régions du monde ont connu très tôt des événements emblématiques.

Ce que l'on dénomme aujourd'hui « les batailles pour l'eau » ou « les guerres de l'eau » ne sont pas seulement menées contre la nature mais aussi entre les États ; les rivalités pour l'eau viennent se superposer à des rivalités géopolitiques plus ou moins anciennes. La captation des eaux de montagne avec

1- Jared Diamond, *Effondrement – Comment les sociétés décident de leur disparition ou de leur survie*, Paris, Gallimard, 2008.

les grands barrages et stockages, l'extension des déserts et l'accroissement des villes, l'explosion démographique et le développement industriel constituent autant de facteurs de possibles pénuries en eau et d'affrontements. Les bassins hydrographiques, la répartition du débit des cours d'eau, l'exploitation des eaux souterraines font toujours l'objet d'importantes rivalités. C'est ainsi que l'Égypte, le Soudan et l'Éthiopie sont virtuellement en état d'« hydro-conflictualité » pour le contrôle du Nil. Le contrôle des eaux du Tigre et de l'Euphrate, vitales pour la Turquie, la Syrie et l'Irak, donne lieu à des tensions incessantes. Les gouvernements israélien et palestinien sont censés se répartir équitablement les eaux du Jourdain et des nappes souterraines, mais le partage relève du rapport de forces[2].

Si l'idée de patrimoine commun de l'humanité a été associée à la mer dès le 19e siècle, afin de faire avancer le principe de non appropriation des ressources de l'océan face aux prétentions des États riverains, si des négociations sur la mer se sont ouvertes à partir de 1967 dans le cadre des Nations Unies, ce n'est qu'en 1994 qu'est vraiment entrée en vigueur la qualification pour la mer de patrimoine commun de l'humanité (entrée en vigueur de la Convention de Montego Bay, signée en 1982). La qualification a alors été reprise pour l'eau en général. Mais le concept en lui-même pose problème. Est-ce que le concept de patrimoine impliquerait la possession de l'environnement par l'homme ? Les rapports entre patrimoine commun et propriété n'ont rien d'évidents, et c'est généralement le seul principe de responsabilité qui est clairement corrélé à la notion de patrimoine commun. La notion de patrimoine commun peut elle-même varier et un risque apparaît d'emblée : il ne faudrait pas que la patrimonialisation permette le libre accès des plus forts aux ressources potentiellement intéressantes, sans la moindre contrepartie de leur part. Ceux qui ont de l'eau se demandent, par exemple, pourquoi ils devraient la partager avec ceux qui ont du pétrole et ne le partagent pas. À partir du rapport *Our Common Future* de 1987, communément dénommé rapport Brundtland (parce qu'il synthétise les travaux menés au sein de la Commission mondiale sur l'environnement et le développement (CMED) qui a été constituée en 1983 au sein de l'ONU et présidée par le premier ministre de la Norvège, Gro Harlem Brundtland), trois principes éthiques sont désormais, au moins théoriquement, reconnus : le patrimoine est un bien que l'on a reçu et que l'on doit léguer, l'utilisation des ressources patrimonialisées requiert un système de gestion bien contrôlé et partagé, les bénéfices tirés de l'exploitation de la ressource doivent être équitablement partagés et distribués. La théorie des biens publics globaux développée dans les années 2000 a pris le relais et vise à renouveler et renforcer les coopérations internationales[3].

....

2- Cf. Pierre Berthelot, *Le Jourdain entre guerre et paix – approches historiques, géopolitiques et juridiques*, Paris, Presses Universitaires de Bordeaux, 2013.

3- Marie-Claude Smouts, « Du patrimoine commun de l'humanité aux biens publics

L'eau est une réalité naturelle qui n'a été transformée que très récemment à la fois en objet scientifique et en marchandise. Telle est la révolution opérée par la science moderne et par le capitalisme qui imposent ensemble et différemment à leurs objets un processus de rationalisation et de désenchantement. Dans toutes les régions du monde, comme dans le cas du Proche- et du Moyen-Orient avec les données historiques et géopolitiques qui leur sont propres, il est donc important de comprendre ce que représentait exactement l'eau avant ces regards calculateurs et rationalisés, économiquement intéressés. Est-ce que les valeurs et les représentations traditionnelles de l'eau, est-ce que les besoins en eau enveloppés de prescriptions et d'interdits, qui renvoient à des univers de sens, qui s'inscrivent dans un ordre symbolique du monde, ne pourraient pas aujourd'hui, au Proche et au Moyen-Orient, avoir une possible efficacité pour éviter les catastrophes annoncées, pour répondre à l'accroissement massif des besoins, pour contribuer à un monde plus juste ? C'est ce que nous nous proposons d'examiner ici.

Sur fond d'histoire abrahamique, le Proche-Orient et le Moyen-Orient ont en effet la chance des croyances et des préoccupations partagées de la juste redistribution des biens naturels ou sociaux et de la spiritualisation de la matière, également la chance des routes et des territoires partagés, sinon disputés, une logique commune participative et contractuelle. L'agriculture a joué un rôle considérable dans la mise en place des idéologies, des politiques, des économies. Le rôle des idéologies et des discours politiques est à rapprocher de la perception de l'eau qu'ont les différents peuples de la région en raison de leurs croyances mais aussi de leur histoire, puisqu'ils se situent en confluence de l'Asie et du sous-continent indien, de la Méditerranée et de l'Afrique.

« Eau, tu es la source de toute chose et de toute existence ! », proclame un texte indien, synthétisant la longue tradition védique. « Que les eaux nous apportent le bien-être ! », priait le prêtre védique. Le contact avec l'eau implique toujours la régénération, l'eau est un symbole de vie. En sumérien, *a* signifie « eau » mais signifie également « sperme, conception, génération ». Dans la Mésopotamie ancienne, l'eau et le poisson symbolique sont des emblèmes de la fécondité. La cosmogonie babylonienne, très proche de la cosmogonie égyptienne, connaît le chaos aquatique, l'océan primordial, *apsû* et *tiamat* ; le premier personnifie l'océan d'eau douce sur lequel flottera la terre, le second est la mer salée et amère, peuplée de monstres. En Égypte, dans un monde régi par le Nil, la barque tient un rôle primordial ; ainsi dans les espaces liquides du ciel, les dieux se meuvent grâce à leurs barques cosmiques, telles la *Mandjet* diurne et la *Mesektet* nocturne du dieu soleil Râ, la *Nechemet* du dieu des morts Osiris ; c'est par les fleuves, et en particulier par le Nil, que les dieux et les hommes communiquent.

globaux », *Patrimoines naturels au Sud : territoires, identités et stratégies locales*, Paris, IRD, 2005, p. 53-70.

Dans les récits de la *Genèse* du judaïsme et du christianisme, lorsque Dieu commence la création, « le souffle de Dieu planait à la surface des eaux » (*Genèse* 1, 2)[4]. « Dieu dit : Faisons l'homme à notre image, selon notre ressemblance, et qu'il soumette les poissons de la mer, les oiseaux du ciel, les bêtes, toute la terre ». Dieu donne à l'homme créé tout ce qu'il a créé : « Remplissez la terre et dominez-la. Soumettez les poissons de la mer, les oiseaux du ciel et toute bête qui remue sur la terre » (*Genèse* 1, 28). « Un flux montait de la terre et irriguait toute la surface du sol... Un fleuve sortait d'Eden pour irriguer le jardin ; de là il se partageait pour former quatre bras... » (*Genèse*, 2, 6, 10). Si le terme « bras » désigne en Mésopotamie le point de départ d'une branche du Tigre et de l'Euphrate, il s'agit bien aussi de l'antique motif du fleuve paradisiaque fertilisant la terre entière comme le suggère le chiffre 4, symbole d'universalité. Le premier fleuve et le deuxième fleuve cités par le texte biblique ne sont pas clairement identifiés, mais les troisième et quatrième sont le Tigre et l'Euphrate. De ces récits, le judaïsme et le christianisme vont retenir durablement que l'homme est le maître du monde créé, animé ou non, que toutes les ressources naturelles sont ordonnées à son usage et à son bon plaisir, même si Dieu seul peut commander à la nature et à ses éléments. Certains voient aujourd'hui dans ces récits bibliques l'origine des problèmes écologiques de la contemporanéité. Cette vision du monde risque en effet d'aller à l'encontre d'une prudence traditionnelle, selon laquelle il conviendrait de considérer comme partenaires respectables tous les êtres vivants et d'inventer avec eux des procédures spécifiques. Oublieux de cette prudence, forts de leur ressemblance divine, les hommes du judaïsme et du christianisme vont être tentés d'abuser de leur pouvoir sur le monde, en exploitant sans aucune mesure les fleuves et les rivières, les lacs et les mers, les sources d'eau pure. De fait, la première grande catastrophe environnementale, le Déluge, est due à la colère de Dieu, parce que les hommes exploitent le monde sans se soucier du Dieu créateur ni des autres hommes ni des éléments naturels.

Salam, la racine arabe du mot « islam », signifie paix et harmonie. Par conséquent, un mode de vie « islamique » consiste en la réalisation de la paix et de l'harmonie tant au niveau individuel et social qu'environnemental. « Ne vois-tu pas que les habitants des cieux et de la terre se prosternent devant Dieu ainsi que le soleil, la lune, les étoiles, les montagnes, les arbres, les animaux ? » (*Coran* 22 : 18)[5]. C'est à Dieu, « qui a créé toutes choses » (*Coran* 25 : 2), qu'appartient « ce qu'il y a dans les cieux, sur la terre, ce qui se situe entre les deux et même ce qui est sous la terre » (*Coran* 20 : 6 ; 30 :

4- Les citations de la Bible sont issues de la *Traduction Œcuménique de la Bible*, Paris, Ed. du Cerf, Société biblique française, 1972.

5- Les citations du *Coran* sont tirées de la traduction d'Abdallah Penot, Beyrouth, Ed. Alif, 2007.

26). La seizième sourate, dite des Abeilles, détaille en ces termes la création, en soulignant les liens entre les différentes créatures : « Il a créé les cieux et la terre… Il a créé l'homme… Il a créé les chevaux, les mulets et les ânes pour vous… C'est Lui qui a fait pleuvoir l'eau du ciel à votre intention : eau potable ou eau d'irrigation pour les végétaux dont vous faites paître vos troupeaux. Grâce à cette eau, Il fait pousser pour vous céréales, oliviers, palmiers, vignes et toutes sortes de fruits… Il vous a soumis le jour et la nuit, le soleil et la lune, et les étoiles vous servent par sa volonté : autant de signes pour un peuple doué de raison… C'est Lui qui a mis la mer à votre disposition afin que vous en tiriez pour votre consommation une chair tendre et que vous en tiriez les parures dont vous vous vêtez. Tu verras les embarcations fendre les flots pour rechercher quelque chose des faveurs de Dieu… C'est Lui qui a ancré les montagnes sur terre et qui a placé des fleuves et des chemins afin que vous vous guidiez… Si vous dénombrez toutes les faveurs de Dieu, vous n'en ferez pas le tour, car Dieu est indulgent et très miséricordieux » (*Coran* 16 : 3, 4, 8, 10-12, 14-15, 18). « Nous vous avons créés d'une eau sans consistance que Nous avons disposée dans un réceptacle stable pour une période déterminée… Nous vous avons abreuvés d'eau douce » (*Coran* 77 : 21,27). Parce que les êtres humains sont intégrés à la nature, ils doivent faire un usage intelligent et responsable du monde : « Restituez le dépôt à celui qui vous l'a confié », dit un hadîth (Abu-Dawood 3528). La planète est en effet l'héritage de toute l'humanité passée, présente et à venir : « Durant votre vie, agissez comme si vous alliez vivre éternellement, et agissez pour l'au-delà comme si vous alliez mourir demain »[6]. Et encore : « Quand le jour de la résurrection viendra et que l'un de vous aura une pousse à la main, qu'il la plante » (Hadîth rapporté par plusieurs sources, parmi lesquelles Al-Boukhari). En effet, Dieu a dévolu à l'homme le rôle de vice-régent ou administrateur - *khalifa* - de la terre. Le philosophe Fazlun Khalid observe que, « bien que nous, humains, soyons des partenaires égaux avec toute autre chose dans le monde naturel, nous avons des responsabilités supplémentaires. Nous n'en sommes pas les seigneurs et les maîtres, mais des amis et des gardiens »[7]. C'est ainsi que l'islam préconise une attitude positive face à l'environnement, aux ressources naturelles et aux conditions de vie, afin de garantir une vie meilleure pour les générations à venir.

Le mythe du Déluge qui aurait anéanti l'humanité, sauf un homme et une femme épargnés par la puissance divine, figure dans la grande épopée mésopotamienne de Gilgamesh, se retrouve en Inde et dans les textes sacrés des trois monothéismes. Les traditions de Déluge, si fortes au Proche-Orient et au Moyen-Orient, se relient alors à l'idée de résorption de l'humanité dans

6- Hadîth cité par Mawil Izzi Deen, *Environmental Islamic Law, Ethics and Society, Ethics of Environment and Development*, Londres, 1990, p. 194.

7- Fazlun Khalid, *Guardians of the Natural Order, Our Planet*, vol. 8 (2), 1996, p. 20.

l'eau et à l'institution d'une nouvelle époque, avec une nouvelle et régénérée humanité. Il y a là une conception cyclique du cosmos et de l'histoire : une époque est abolie par la catastrophe et une nouvelle ère peut alors commencer avec des hommes nouveaux, grâce à l'eau. Les mythes lunaires convergent avec les thèmes du déluge et de l'inondation, la lune étant par excellence le symbole du rythme, de la mort et de la résurrection. Le mont Ararat, en Turquie, première terre découverte après le Déluge, marque le début de la renaissance du monde et de l'alliance rétablie avec Dieu créateur. Le *Coran* comme la *Genèse* relate dans plusieurs sourates l'anéantissement des hommes lors du Déluge. C'est l'unique cas où l'eau assume dans le *Coran* une fonction mortelle ; le Déluge pourrait d'ailleurs être lié au feu[8] dans la mesure où son eau est qualifiée de « bouillonnante » (*Coran* 23 : 27) et il serait l'une des figures de la source bouillonnante de l'enfer, comme l'indique également certains textes talmudiques.

L'usage funéraire de l'eau s'explique par sa fonction cosmogonique, magique et thérapeutique ; les eaux « apaisent la soif du mort » livré au feu infernal, les eaux « tuent le mort » abolissant définitivement sa condition humaine ; dans l'Égypte ancienne, le transport de la momie jusqu'à sa tombe s'effectue d'abord par un voyage en barque sur le Nil. Lorsque l'âme du mort souffre, dans l'attente de la transmigration ou de la délivrance, cette souffrance est habituellement exprimée par la soif ; cette pensée de la soif des morts a particulièrement terrorisé les populations de Mésopotamie, Anatolie, Syrie, Palestine, Égypte, et c'est surtout dans ces régions qu'on pratiquait les libations pour les défunts et que le bonheur dans l'au-delà était représenté comme un *refrigerium*. Le mort trouve en effet son apaisement dans la dissolution dans l'eau. D'où l'importance de la présence des sources et des fleuves pour le devenir des sociétés et l'harmonie des morts et des vivants.

Symbole cosmogonique, l'eau devient ensuite la substance magique et médicinale par excellence ; à l'eau vive est souvent associé l'arbre de vie, comme dans l'*Apocalypse* chrétienne : « Il m'a montré ensuite la rivière et l'eau de la vie, limpide comme le cristal, qui sourd du trône de Dieu… et sur les deux rives du fleuve croît l'arbre de vie » (*Apocalypse* 22, 1-2, en référence au livre d'*Ezéchiel*, 47). L'eau, absorbée par un malade, peut absorber le mal grâce à sa puissance d'assimilation et de désintégration de toutes les formes. Les eaux régénèrent. La divinité iranienne des eaux Ardvî Sûrâ Anâhitâ est appelée « la sainte qui multiplie les troupeaux… les biens… la richesse… la terre…, qui purifie la semence de tous les hommes… la matrice de toutes les femmes… qui leur donne le lait dont elles ont besoin » (*Yasna*, 65).

La pluie fertilisante représente l'eau paradisiaque. Dieu a placé une barrière entre les deux mers ; c'est l'eau douce qui est purificatrice et qui sert

8- « Pour prix de leurs fautes ils périrent noyés pour être ensuite introduits dans le feu »(*Coran* 71: 25).

au croyant pour ses ablutions. Le symbolisme immémorial de l'immersion dans l'eau comme instrument de purification et de régénération est connu dans de nombreuses religions et en particulier dans l'ancien judaïsme ; sous l'influence iranienne et hellénistique, les rites d'ablution se multiplient. Ce symbolisme est accepté par le christianisme et enrichi par de nouvelles significations religieuses. Le baptême proposé par Jean dans le Jourdain poursuit non la guérison des infirmités corporelles mais la rédemption de l'âme ; c'est un substitut des sacrifices du Temple de Jérusalem : c'est « le baptême de repentance pour la rémission des péchés » (*Luc* 3, 16). On peut encore visiter l'endroit sur la rive du Jourdain, devenu lieu de pèlerinage, où Jean, dont le chef est conservé et vénéré dans la grande mosquée de Damas, baptisa avec l'eau du fleuve Jésus le Christ, important thaumaturge et le fondateur du christianisme. Plus tard, le baptême devient l'instrument principal de régénération spirituelle, car l'immersion dans l'eau baptismale équivaut à l'ensevelissement du Christ en attente de la résurrection. Symboliquement, l'homme meurt à travers l'immersion et renaît purifié, renouvelé. Le philosophe et théologien chrétien Tertullien fait une longue apologie des vertus des propriétés de l'eau, élément cosmogonique sanctifié dès le commencement par la présence divine, car « c'est l'eau qui, la première, produit ce qui a vie... Dans la formation de l'homme lui-même, Dieu employa l'eau pour consommer son œuvre. Il est bien vrai que la terre lui fournit la substance, mais la terre eût été inhabile à cette œuvre si elle n'avait été humide et détrempée... » (*De baptismo*, III-V). « Dieu a créé tous les êtres vivants à partir de l'eau », est-il dit quatre fois dans le *Coran* (21 : 30 ; 24 : 45 ; 25 : 54 ; 86 : 5-7). L'eau purifie l'homme, lui permettant de se tourner vers Dieu : « Il fit tomber l'eau du ciel sur vous afin de vous purifier » (*Coran* 8 : 11) et « Nous avons fait tomber du ciel une eau pure » (*Coran* 25 : 48). Les jardins paradisiaques sont toujours des lieux d'équilibre et de partage harmonieux où les éléments fondamentaux, la terre, l'eau, l'air et la lumière, trouvent leur parfaite distribution ; ils sont frais et parfumés, remplis d'arbres, de fruits et de fleurs, et ils débordent d'eau vive, alors qu'en enfer les damnés, qui sont les hôtes du feu, crient aux hôtes du paradis : « Répandez de l'eau sur nous » (*Coran* 7 : 50). Car la privation d'eau est une terrible épreuve, le châtiment par excellence.

C'est ainsi que de nombreux cultes sont concentrés autour des sources et des fleuves. L'eau, élément cosmogonique puis magique et médicinal, est la manifestation d'une présence sacrée. Les sources et les fleuves manifestent la puissance, la vie, la pérennité. Et les cultes importent aux identités locales et régionales. Ainsi aux sources de l'Oronte, où se trouve la grotte où vécut et mourut saint Maron, fondateur de la tradition maronite, les musulmans chiites viennent en pèlerinage[9]. Dans la tradition islamique, un personnage,

9- Comme j'ai pu l'observer en 2003.

Khadir, dit « le verdoyant », a une particulière importance, parce qu'il rend la nature verdoyante partout où il se tient, parce qu'il favorise l'agriculture. Il habite au lieu de la source de vie, peut-être le « confluent des deux mers », soit l'isthme de Suez. Mais certains considèrent qu'il vivrait dans une île après avoir trouvé l'eau de jouvence qui le rend immortel, à la disposition de tout aspirant à la vie spirituelle[10].

Dans le *Coran*, Noé qui seul échappera au Déluge espère convaincre les hommes de croire en Dieu, en leur promettant « une pluie abondante…, des jardins et des fleuves » (71 : 12). Les jardins et les fleuves partagés ici et maintenant peuvent ainsi constituer le règne d'une justice distributive aristotélicienne, désigner un monde à l'intérieur duquel, afin d'échapper définitivement au risque majeur et mortel qu'est le Déluge, la juste distribution a enfin et véritablement lieu. Car ce qu'il y a de plus précieux pour l'humanité présente –ces jardins et ces fleuves–, c'est l'appropriation d'un vivre ensemble par des hommes et des sociétés qui sont liés par une histoire commune, par des risques assumés en commun, par l'entretien d'infrastructures. Les personnes peuvent alors connaître une vie juste et accomplie, ce que l'on peut dénommer comme la réduction de l'incertitude et la juste distribution des ressources. Le risque primordial du Déluge, qui est aussi le risque environnemental par excellence, apparaît ainsi comme la catégorie fondamentale des politiques de la solidarité, du lien social. Le mal comme risque est ce qui nous lie l'un à l'autre, chacun à tous. La notion de risque permet alors de penser les différences individuelles et culturelles et l'égalité de tous ; elle recrée le monde. Elle initie une morale toujours renouvelée. Ces jardins et ces fleuves seront retrouvés au paradis par « ceux qui auront cru et pratiqué les bonnes œuvres » : « Ils auront pour rétribution auprès de leur Seigneur les jardins d'Eden arrosés par des fleuves » (*Coran* 98 : 7-8).

Les significations métaphysiques et religieuses de l'eau constituent donc dans le Proche-Orient et le Moyen-Orient un ensemble d'une cohérence parfaite. L'eau est un don de Dieu, essentiel pour les vivants comme pour les morts, et doit être partagé. On comprend comment l'enjeu hydraulique occupe une place majeure dans les préoccupations des dirigeants de ces régions, dans la mesure où l'eau –et en particulier les fleuves– qui est un élément important des identités culturelles et religieuses et des unités nationales peut constituer un facteur d'affirmation de l'autorité des dirigeants et des États et de leur volonté d'apporter au moins en théorie le bien-être matériel et spirituel aux peuples. Mais parce que les sociétés considèrent que l'eau est un don de Dieu, les concepts d'efficacité ou d'investissement ou de partage sont évidemment plus difficiles à mettre en œuvre. Il faut donc imaginer quelle réorientation en faveur d'une politique rationnelle de la gestion de l'eau, en faveur des services et

10- *Dictionnaire du Coran*, sous la direction de Mohammad Ali Amir-Moezzi, Paris, Ed. Laffont, 2007, art. *Khadir, « Le verdoyant »*.

au détriment d'une agriculture locale trop coûteuse en eau, en agissant autant sur l'offre que sur la demande, en instaurant un coût de l'eau, pourrait être mise en place pour une plus juste utilisation et une plus juste redistribution. Il s'agirait évidemment d'envisager un programme d'éducation sur la question de l'eau, afin de bousculer les conservatismes et les mauvaises habitudes. L'ONU appelle régulièrement la communauté internationale à l'action, affirmant que, si la gestion « non durable et inéquitable de l'eau » se poursuit, les conséquences ne pourront qu'être « graves » pour le développement et la sécurité des hommes. Rappelons ici que les personnages du célèbre *Huis Clos* du philosophe Jean-Paul Sartre ont vite compris que la conséquence de la malédiction de leurs rapports –« L'enfer, c'est les autres » – et de leur injustice est qu'« on ne peut se sauver seul ».

Une réflexion sur la solidarité pourrait donc s'avérer extrêmement féconde, dans la mesure où elle ressortit à des principes communs aux monothéismes. La solidarité n'existe pas en soi. Ce qui existe, ce sont les formes particulières de la solidarité, la solidarité domestique, la solidarité professionnelle, la solidarité nationale, la solidarité régionale, celle d'hier, celle d'aujourd'hui, pour reprendre les analyses du sociologue Emile Durkheim. Le mal social, selon Rousseau, nécessite le contrat social, en raison de l'universelle dépendance des causes et des effets. Le sort de chacun intéresse désormais tout autre. Une conscience globale médiatisée pourrait initier des forces affectives aptes à développer des formes particulières de solidarité. La solidarité comme mode variable de groupement des individus, comme équilibre collectif, est un phénomène moral. Ce phénomène moral a besoin d'une règle spécifique qui l'exprime et le rend effectif, c'est le droit. Le droit est l'instrument privilégié de lisibilité de la solidarité ; il reflète la solidarité ; il énonce les règles et les pratiques qui organisent une profitabilité commune ; il exprime surtout des consentements à des échanges, des négociations, des associations, des répartitions. La vie sociale trouve alors son assurance.

Dans le judaïsme, un enseignement important du prophète Jérémie souligne : « Ainsi a parlé l'Éternel : Que le sage ne se glorifie pas de sa sagesse, que le fort ne se glorifie pas de sa force, que le riche ne se glorifie pas de ses richesses ; mais ce dont il est permis de se glorifier, c'est de l'intelligence et de la connaissance qu'on a de moi, car je suis l'Éternel exerçant la bienveillance –*hesed*, la justice –*michpat* et l'équité –*tsedaka* sur la terre » (*Jérémie* 9, 22-23). C'est ainsi qu'il faut non seulement connaître Dieu, mais prendre aussi modèle sur son *hesed*, *michpat* et *tsedaka,* et ne jamais séparer la connaissance des principes de justice et d'équité, c'est-à-dire de l'effective solidarité ; de toutes façons, la connaissance n'est rien sans l'application de ces principes. Plusieurs *midrashs* affirment que la solidarité ne doit pas seulement s'exercer à l'égard des proches mais aussi à l'égard de ceux qui sont éloignés[11], que c'est

11- Cf. Eliyahou Ki Tov, *Sepher Hatodaa* (*Le livre de la reconnaissance*), Jérusalem, 1973.

par la solidarité à l'égard de l'humanité toute entière et de la création dans son ensemble que l'homme est comparable à Dieu. En 1991, le christianisme, qui connaît déjà toute une tradition de protestantisme social et de catholicisme social, par l'encyclique *Centesimus annus* du pape Jean-Paul II, s'inscrit directement dans cette perspective en demandant la mondialisation de la solidarité dans un monde globalisé.

Selon le *Coran*, Dieu a fait de l'eau, si importante pour la pérennité de la vie, un droit pour l'humanité toute entière. Le verset suivant a une portée véritablement universelle : « Avertis-les que l'eau est à partager entre eux et que chacun boira à tour de rôle » (*Coran* 54 : 28). Et selon une tradition authentique rapportée par Abou Daoud dans ses *Sounan*, basée sur la chaîne de transmission *Isnand Sahih*, le Prophète a dit : « Les gens sont associés en trois choses : l'eau, le fourrage et le feu », ce dernier élément pouvant être aujourd'hui considéré comme l'énergie sous toutes ses formes. Les enseignements islamiques commandent aux musulmans d'éviter et de prévenir toute *fassad*, la « corruption », qui est ce qui nuit au fonctionnement adéquat des éléments naturels, à savoir l'épuisement ou la dégradation indue des ressources environnementales, en particulier l'eau. Les auteurs de la « corruption » sont « ceux qui violent le pacte de Dieu après avoir accepté son alliance » (*Coran* 2 : 27). Très tôt, dans l'histoire islamique, la *shariah*, ou loi islamique, soucieuse de pallier la faiblesse et l'ignorance des hommes, a instauré la mise en place d'un bureau de l'inspection publique, *hisba*. L'agent responsable de l'inspection, le *muhtasib*, est par exemple chargé d'empêcher le mauvais traitement des animaux, de protéger et d'administrer les réserves publiques du sol et de régir l'utilisation de l'eau, de veiller plus généralement à des pratiques équitables et justes, à un usage intelligent et modéré du monde. Les musulmans ont la conviction que Dieu « évalue » ses fidèles à leur façon d'utiliser les ressources naturelles[12]. C'est ainsi que le Tribunal des eaux, ou Tribunal de la plaine de Valencia, en Espagne, a été créé par les musulmans au Xe siècle, à l'image des tribunaux existant dans le Proche et le Moyen-Orient, selon une logique participative et distributive, afin de régler par la négociation les conflits relatifs à l'irrigation. C'est un modèle simple de démocratie directe[13]. Valencia est conquise par les chrétiens en 1238 et, dès

....

12- Safei el-Deen Hamed, *Seeing the Environment through Islamic Eyes: Application of Shariah to Natural Resources Planning and Management*, *Journal of Agriculture and Environmental Ethics*, 6 (2), 1993, p. 155.

13- C'est ainsi que certains apologètes postulent que les sociétés musulmanes actuelles n'ont pas besoin de la théorie moderne de la démocratie et des droits de l'homme, puisque l'égalité et les droits des individus sont clairement indiqués dans le *Coran* (40 : 20 ; 49 : 13, etc.) : cf. Adnan Haddad, *Pourquoi l'Islam ?* Paris, SEDES, 1987, p. 98 et suivantes. Mais d'autres interprètes estiment que cette vocation universelle et solidariste est cimentée uniquement par l'adhésion-soumission aux droits de Dieu et ne permet pas que s'expriment les oppositions et les prérogatives d'individus en tant que simples sujets de droit.

1239, le Tribunal est maintenu par décret royal de Jacques II d'Aragon. Il existe encore aujourd'hui.

À ces problématiques s'intéresse au 14e siècle Ibn Khaldûn, historien et sociologue, philosophe et juriste, humaniste. Il est une grande figure arabo-musulmane d'une famille installée dès le 8e siècle à Séville. Né à Tunis en 1332, il parcourt le Maghreb et séjourne à Séville et Grenade, meurt au Caire en 1406. Ibn Khaldûn est l'un des premiers théoriciens de l'histoire des civilisation et de la rationalité scientifique qui permet, d'une part, de saisir l'évolution du monde réel et des catastrophes naturelles et, d'autre part, de réguler la société dans le sens d'une plus grande justice et du respect des droits des personnes. Il écrit dans la *Muqaddima* ou *Prolégomènes*, qui est en réalité un discours sur l'histoire universelle[14] : « Les différences entre les peuples dépendent de leurs genres de vie et leur sociabilité n'est rien d'autre que leur coopération dans ce but : il s'agit de commencer par la nécessité et la simplicité, pour satisfaire ensuite les besoins et les parfaire »[15]. La question de l'eau est pour lui essentielle : « Il y a beaucoup de choses à voir pour organiser la vie urbaine de manière utile et commode. D'abord, le problème de l'eau. Il y faut une rivière ou d'abondantes sources d'eau douce. La proximité de points d'eau est indispensable à l'existence des habitants qui ont un besoin urgent de se ravitailler en eau... Enfin le voisinage de la mer ou d'un fleuve facilite l'importation de denrées étrangères... Parfois le fondateur d'une ville ne pense pas à tout et son choix est dicté davantage par ses intérêts ou ceux de son entourage que par ceux de son peuple. Tel fut le cas des Arabes au début de l'islam, quand ils créèrent des villes en Iraq, au Hijâz ou en Ifrîqiyya. Ils s'occupèrent uniquement de ce qui leur paraissait essentiel : pâturages pour leurs chameaux et points d'eau saumâtre pour les abreuver. Ils ne songeaient pas à la nécessité d'avoir de l'eau potable, des champs cultivés... Ce fut ainsi qu'ils fondèrent Kairouan, Koufa, Basra, Sijilmâsa, et d'autres villes, qui dépérirent très rapidement, parce qu'on ne s'était pas soucié des avantages naturels indispensables... « Dieu décide et nul ne peut changer Ses décrets » (13/41) »[16]. Même s'il est évident pour Ibn Khaldoun que jamais la construction d'une communauté islamique unie et solidaire n'a trouvé de réalisation effective, il a la conviction que ce sont les risques naturels qui, suscitant les réflexions et raisonnements humains, concourent à l'élaboration sans cesse renouvelée des solidarités humaines et à la création d'un monde habitable par tous. Dans l'Europe du 18e siècle, les philosophes des Lumières n'affirmeront pas autre chose.

....

14- Cf. Ibn Khaldûn, *Discours sur l'histoire universelle Al-Muqaddima*, traduit de l'arabe, présenté et annoté par Vincent Monteil, Beyrouth, Commission libanaise pour la traduction des chefs-d'œuvre, Paris, Ed. Sindbad, 2011.

15- *Idem*, p. 187.

16- *Idem*, p. 552-553.

Aujourd'hui, on observe au niveau planétaire la montée en puissance de la problématique environnementale et donc de la conscience globale, d'une part, du nécessaire équilibre entre la terre, l'eau, l'air et le feu, qui est aussi l'énergie sous toutes ses formes, et, d'autre part, des risques majeurs environnementaux et climatiques, telluriques, induits par les déséquilibres. Les données scientifiques et techniques induisent cette conscience globalement médiatisée par des images d'ouragans, inondations, tempêtes, sécheresses, éruptions volcaniques, etc. Il est remarquable que, dans les catastrophes, l'eau tient généralement une place majeure. Cette conscience globale est composée d'états de conscience communs aux individus qui ont reçu les mêmes images à l'intérieur de leur société et qui en conçoivent des sentiments communs, des envies d'agir : un certain déclaratif consensuel.

En 1983, en Arabie saoudite, une étude intitulée *Principes islamiques relatifs à la conservation de l'environnement naturel* a été réalisée à l'initiative du doyen de la Faculté des Lettres de l'Université du Roi Abdul Aziz à Djeddah[17]. Cette étude s'inscrit dans la prolongation d'un programme de 1980 intitulé *World Conservation Strategy : Living Resource for Sustainable Development*, cosigné par l'Union internationale pour la conservation de la nature (UICN), le Programme des Nations Unies pour l'environnement (PNUE) et l'ONG World Wildlife Fund (WWF). Elle est proposée à l'Agence gouvernementale de météorologie et de protection de l'environnement (MEPA) de Djeddah et à l'UICN. Dans l'avant-propos il est indiqué : « La gestion de l'environnement requiert, pour sa mise en œuvre, l'adoption de lois. Celles-ci sont d'autant plus efficaces et utiles que, émanant de la foi du peuple, elles reflètent son héritage intellectuel et culturel... L'islam offre en effet un mode de vie basé sur une vision globale de l'univers, de la vie, de l'homme et de l'ensemble de ces éléments dans leurs interrelations, tout en combinant les aspects religieux, législatif et exécutif »[18]. Dans le cadre de la foi islamique, la gestion et la préservation de l'environnement ne sauraient en effet être envisagées indépendamment de la protection des droits de chaque personne et de la société : « La possession des éléments de l'environnement constitue un droit commun à l'ensemble de la communauté. Chacun en use selon ses besoins -ceux-ci étant alors appréciés en quantité et en qualité-, pour autant que la jouissance des autres n'en soit pas affectée ou empêchée »[19]. On ne saurait donner une meilleure définition de la pratique de l'équité qui ne saurait se confondre avec l'égalité. L'eau est le premier élément naturel

17-Le Dr Abdulbar Ai-Gain est alors directeur adjoint de l'Agence gouvernementale de météorologie et de protection de l'environnement (MEPA) et vice-président de l'Union internationale pour la conservation de la nature (UICN).

18- *Principes islamiques relatifs à la conservation de l'environnement naturel*, Agence gouvernementale de météorologie et de protection de l'environnement (MEPA) de Djeddah et Union internationale pour la conservation de la nature (UICN), 1983, p. 31.

19- *Idem*, p. 42.

de base, avec l'air et les végétaux et animaux. Le début de la troisième partie de l'étude est tout à fait programmatique d'une mise en œuvre de la solidarité : « Si l'islam veille à la protection et à la conservation des éléments essentiels de l'environnement, pour assurer le bien-être de l'humanité et en vue de satisfaire ses besoins fondamentaux –autant pour les générations actuelles que pour celles à venir –, il ne se préoccupe pas moins de protéger l'homme et l'environnement en eux-mêmes, contre les influences extérieures nuisibles, les produits chimiques et les déchets. L'islam prohibe en effet toutes les sortes de dommages, quelle qu'en soit la forme. La pollution de l'eau, l'accaparement ou la destruction des puits sont des actes particulièrement répréhensibles. C'est bien ce qui ressort d'une parole du Prophète : « Ni dommage ni représailles » (Tradition bonne rapportée par Malik dans le *Mouatta*, dont il considère la transmission comme incomplète (*moursala*) ; elle est aussi rapportée par Al-Hakim dans le *Moustadrak*, qui lui prête une transmission continue, authentifiée par Muslim)[20]. Citons encore ce passage de la conclusion : « Le problème consiste aujourd'hui à conserver le milieu naturel et les ressources biologiques contre l'influence de l'action humaine, mais aussi dans l'intérêt de l'homme lui-même... À la base du mal se trouve une vision matérialiste étriquée des choses... Le progrès technique ne peut se faire au détriment de la santé, du bonheur et de la survie de l'homme, pas plus qu'il n'est possible de sacrifier les générations futures, dans le seul but d'offrir aux générations présentes une croissance matérielle ou économique, d'ailleurs hypothétique »[21].

Quatre ans plus tard, en 1987, le rapport *Our Common Future* donnera une définition du « développement durable » qui reprend la perspective des *Principes islamiques*. En premier lieu, le « développement durable » fait référence à une logique intergénérationnelle, puisqu'il est défini comme un processus qui « s'efforce de répondre aux besoins présents sans compromettre la capacité des générations futures à satisfaire les leurs », ce qui implique la prise en compte du temps long. En deuxième lieu, la notion de capital se trouve élargie en capital économique, capital environnemental et capital d'équité sociale, ce qui place la question des ressources naturelles, de leur préservation et de leur juste redistribution au centre du développement de toute société. Il y a là une double rupture : allongement de l'horizon temporel, élargissement de la notion de capital, ce qui implique de remettre en cause les satisfactions particulières des besoins à court terme. Car le capital environnemental n'est pas inépuisable[22].

....

20- *Idem*, p. 40.

21- *Idem*, p. 46.

22- Cf. Dominique de Courcelles, « Traditions sapientielles, équité démocratique : quel développement « vraiment durable » ? », *Vraiment durable-Penser le développement durable*, Paris, Victoires Ed., 2012, 1, p. 41-54..

Même si les experts de l'ONU et autres organisations internationales s'accordent à penser que les guerres de l'eau peuvent être évitées, il est vrai que les politiques durables et équitables de l'eau restent souvent dans le déclaratif. Pourquoi ? La décision et l'action impliquent en effet de prioriser des valeurs qui se contredisent entre elles : Cadre unique de gouvernance, écologie globale ou nationalismes ? Respect des équilibres globaux ou protection de biens communautaires ? On observe un décalage entre les opinions publiques, les États, les individus. Les opinions publiques sont mobilisées, mais il est difficile de les harmoniser ; les États tardent ou hésitent à donner des arbitrages ; soit les individus ne se sentent pas concernés, soit ils ont le sentiment d'une impuissance totale. Enfin, il n'y a pas un sujet –pénuries d'eau ou inondations récurrentes, pollution, santé publique, biodiversité, habitat, etc. impliqué par les risques, qui puisse s'imposer globalement. Parce que les sociétés et les pays ont toujours des histoires diverses, ils sont amenés à privilégier un sujet plus qu'un autre, tout en étant ouverts à la nécessité de respecter les trois composantes environnementale, sociale et économique du « développement durable » défini en 1987, qui s'inscrivent dans la ligne directe des croyances et de la foi de chacun. Revenir au particulier des parties prenantes, telle est sans doute la condition de l'efficacité éthique. Dans la référence coranique à l'homme juste *al-Siddîq*, on reconnaîtra le *sadik* hébreu.

C'est ainsi qu'on pourrait imaginer de procéder à une évaluation quantifiée de l'économie solidaire de l'eau dans le Proche et le Moyen-Orient à la lumière des principes et logiques des grands textes sacrés qui reconnaissent l'importance fondamentale de la question de l'eau, de l'égale dignité des personnes et de la solidarité nécessaire. L'historien et islamologue Louis Gardet note : « Les hommes, dit encore la tradition, étaient « frères de boue », *Ikhwân al-Tîn*, la Miséricorde de Dieu les a faits « frères de religion », *Ikhwân al-Dîn*, et la justice doit être égale pour tous. Le Coran y insiste »[23]. L'islam maintient en effet une vocation universelle, et la solidarité qu'il exprime n'est pas close mais ouverte sur l'autre. « La foi, écrit Marcel Boisard, induit et dynamise l'action. Ce concept est évident, replacé dans l'économie globale de l'islam où la foi est la vertu théologale essentielle, comme la sincérité est la qualité salvatrice. Ce sera, d'abord, l'engagement du croyant et, subsidiairement, l'amour du prochain et l'espoir dans un monde meilleur à venir qui vivifieront l'action morale. Corollairement, ce sera moins la charité que l'aspiration à la justice et un certain sens de l'égalitarisme qui en formeront les expressions extérieures »[24].

D'innombrables exemples pourraient être mis à l'étude : par exemple, il a été possible de démontrer localement à des décideurs locaux que l'assainissement

23- Louis Gardet, *Panorama de la pensée islamique*, en collaboration avec Chikh Bouamrane, Paris, Ed. Sindbad, 1984, p. 193.

24- Marcel Boisard, *L'humanisme de l'islam*, Paris, Ed. Albin Michel, 1979, p. 70.

par petites unités est un investissement rentable par l'impact équitable de l'assainissement sur les eaux de baignade et le tourisme, par l'impact équitable sur la santé des gens de la construction d'une station d'épuration, etc. La solidarité implique la responsabilité de tous et de chacun. Si les collectivités locales ne sont pas parties prenantes dans la gestion des installations et des infrastructures –potabilisation, assainissement, désalinisation, réduction des déperditions d'eau, etc., si elles n'y impliquent pas leurs croyances et leurs intérêts, il y a moins ou peu de chance qu'elles s'en occupent, ce qui débouche sur des entretiens insuffisants et des délabrements critiques : les petites unités sont véritablement efficaces et utiles, parce qu'elles sont appropriées sur les plans écologique et culturel, moral et religieux, et donc bien acceptées par les populations locales. Ainsi se définissent et s'ajustent au niveau du particulier les besoins et les aspirations des individus singuliers pour le plus grand bien global : « Encouragez-vous mutuellement dans l'accomplissement des bonnes œuvres et dans la crainte de Dieu » (*Coran* 5 : 2). Un hadîth du Prophète, rapporté par Bukhârî, Muslim et Tirmidhî, est souvent cité : « Les hommes sont égaux entre eux, comme les dents du peigne du tisserand. Pas de différence entre l'Arabe et le non-Arabe, entre le Blanc et le Noir, si ce n'est leur degré de crainte de Dieu ». La lutte contre la désertification a su également galvaniser la création d'organisations communautaires pour développer des « plans d'action négociés » qui établissent des normes pour la gestion de l'eau. Ces plans fonctionnent comme des voies de communication et de plaidoyer permettant de promouvoir des réformes institutionnelles et de politiques générales qui concernent les droits fonciers, la gestion des terres et de l'eau, la commercialisation et le crédit, mais aussi, par exemple, les responsabilités des femmes ou de telle minorité.

Les organisations de la société civile, qui sont des individualités morales, peuvent constituer des relais intelligents et indépendants de la conscience globale médiatisée auprès des consciences individuelles et des collectivités locales. Ces organisations doivent être conscientes du potentiel local et développer des mécanismes propices au dialogue avec les collectivités locales, notamment lorsqu'elles sont pauvres ; elles doivent s'avérer aptes à informer et à éduquer, à créer du lien social, contribuant ainsi à la consolidation d'un capital culturel et social. Les traditions religieuses et les croyances, moralement réappropriées et partagées, sont ainsi aptes à initier une *soft law*, capable de déboucher en droit écrit, elles peuvent animer des forces collectives au niveau des consciences par le partage ou la division des responsabilités. Le « contrat » de solidarité se passe en permanence, il fait de la définition de la règle d'équité et donc de justice l'objet d'une négociation permanente. Il est un véritable contrat d'assurance, la possibilité d'équilibre entre avantages et charges sociales. C'est un mode profitable d'objectivation du mal qu'est la catastrophe « naturelle » : pollution d'un fleuve ou d'une zone maritime, pollution ou disparition des deltas, épuisement des aquifères, salinisation des sols, souffrance de la biodiversité, etc. corrélée à la question de la pauvreté.

C'est ainsi que la fondamentale et dramatique question de la gestion de l'eau au Proche-Orient et au Moyen-Orient, si elle est envisagée selon les significations culturelles et religieuses spécifiques de cet élément primordial de la vie, peut sans doute permettre de revisiter avec une inhabituelle et nouvelle efficacité les principaux enjeux géopolitiques, économiques, climatiques de ces régions. Si la gestion de l'eau se trouve ici effectivement portée par des significations culturelles et religieuses fortes et partagées, si elle est totalement liée dans leurs perspectives à l'instauration d'espaces de solidarités nouvelles et d'action morale, alors elle sera « durable et équitable ». Il s'agira aussi, à plus ou moins long terme, de contribuer à la promotion solidaire des personnes en tant que sujets autonomes des États et bien insérées dans la globalisation, hors de toute clôture dogmatique ou politique. C'est ainsi que pourront être rééquilibrés en toute justice et équité les rapports de forces entre les États, entre les sociétés, entre les hommes.

Pour une nouvelle stratégie de gestion de l'eau douce au Moyen-Orient et dans le bassin méditerranéen

Jean-François Donzier
Directeur général de l'Office International de l'Eau

Résumé

Inondations, pénuries, pollution, gaspillage, destruction des écosystèmes : la gravité de la situation dans beaucoup de pays du bassin méditerranéen et du Proche Orient nécessite qu'une gestion intégrée et cohérente des ressources en eau soit mise en œuvre d'urgence pour préserver l'avenir. Les ressources en eau seront aussi directement affectées par le changement climatique dont les effets seront particulièrement sensibles dans le bassin méditerranéen. Les solutions techniques existent, mais les problèmes rencontrés sont principalement institutionnels. En particulier, une gestion intégrée des ressources en eau s'impose partout dans le monde au niveau des bassins des fleuves, des lacs et des aquifères, car ils sont les territoires naturels sur lesquels l'eau s'écoule en surface ou dans le sous-sol, quelles que soient les limites administratives ou les frontières qu'elle traverse. Une action rapide réduira les coûts et les dommages et la coopération entre les pays concernés facilitera et accélèrera partout les réformes indispensables et sera une réelle opportunité de développement.

Abstract

Floods, shortages, pollution, wastage, destruction of ecosystems : the seriousness of the situation in many countries of the Mediterranean and Middle East requires that comprehensive, integrated and consistent management of water resources is implemented urgently to preserve the future. Worse, freshwater resources will be also directly affected in the coming years by the consequences of climate change. The Mediterranean basin will be strongly affected. Technical solutions do exist, but the problems are above all institutional ones. In particular, integrated water resources management at the level of rivers, lakes and aquifers basins is obviously essential worldwide, as they are the natural territories in which water runs on the soil or in the sub soil, whatever are the national or administrative boundaries or limits crossed. Quick action will allow reducing costs and damage and cooperation between countries will facilitate and speed reforms which are needed everywhere and are real development opportunities.

Si rien ne change, une majorité des pays du Proche-Orient et du bassin méditerranéen connaîtront, en moins d'une génération, des problèmes graves de gestion de l'eau douce continentale, dont la disponibilité, en quantité et qualité suffisantes, risque de devenir, comme c'est déjà le cas dans plusieurs d'entre eux, un enjeu principal du développement économique et social.

Le gaspillage et les pollutions seront alors tels que le « stress hydrique » touchera d'une façon ou d'une autre une majorité des populations et d'abord les plus pauvres et les effets du réchauffement climatique ne feront que renforcer les tendances actuelles !

En climat méditerranéen, les pluies peuvent être violentes, se concentrant sur quelques semaines par an et provoquant alors des inondations parfois meurtrières et dévastatrices dont l'essentiel du débit ne peut être stocké et retourne à l'océan, et être suivies ensuite de longs mois de sécheresse.

I. Une ressource inégalement répartie

A) Une irrégularité chronique dans les précipitations

D'ores et déjà, au Proche-Orient et dans le bassin méditerranéen, l'eau douce est très irrégulièrement répartie entre les pays et sujette à de très fortes irrégularités saisonnières et de grandes fluctuations interannuelles. Les 2/3 des ressources sont concentrées sur 1/5 du bassin méditerranéen, ainsi, la France, l'Italie, la Turquie, et l'ex-Yougoslavie cumulent plus des deux tiers de ressources en eau du bassin. En Espagne, 81 % des ressources sont situées dans la moitié nord du pays ; au Maroc, les deux principaux bassins, Oum-er-Rbia et Sebou, qui couvrent un dixième du territoire, fournissent 50 % des écoulements ; en Tunisie, le Nord (30 % du territoire) produit 80 % des ressources ; en Algérie, 75 % des ressources renouvelables sont concentrées sur 6 % du territoire.

L'irrégularité du régime des eaux superficielles impose d'amples efforts de maîtrise par des aménagements régulateurs, mais les équipements les plus faciles, et les moins coûteux, sont déjà réalisés pour la plupart. Les charges élevées des eaux de crue en sédiments rendent l'envasement des retenues très actif, la fonction régulatrice des réservoirs étant ainsi réduite. Les pertes de capacité utile des réservoirs sont couramment de 0,5 à 1 % par an, parfois plus, certains étant déjà à demi comblés. Les sites de barrages-réservoirs encore aménageables étant en nombre limité, leur équipement complet, puis leur comblement, sont prévisibles au cours du XXIe siècle. Les efforts de prévention (reboisement des bassins, pièges à sédiments) pourront au mieux retarder leur fin : il en résultera une régression inéluctable des ressources en eau maîtrisables par régulation.

Quant à l'exploitation des ressources non renouvelables offertes par les grands aquifères souterrains fossiles du Sud, parfois transfrontaliers, sa durée, nécessairement limitée, est fonction du choix d'intensité de l'extraction, comme toute exploitation minière : elle pourrait être au mieux de l'ordre d'une cinquantaine d'années. En Jordanie, par exemple, l'exploitation possible de ressources non renouvelables est estimée à 143 millions de m^3/an pendant 50 ans ; elle devrait ainsi s'arrêter vers 2040. En outre, la qualité des eaux extraites peut se dégrader par mélange avec des eaux salées avant même que les réserves fossiles ne s'épuisent, écourtant encore la durée d'exploitation. Dans la région, à côté de pays à ressources complètement intérieures ou presque (Espagne, Italie, Turquie, Liban, Maroc), d'autres dépendent dans une large mesure de leurs voisins : Égypte à 98 %, Syrie et Irak à 80 %, Israël à 55 %, l'ex-Yougoslavie à 45 %.

À l'inverse, certains pays en situation amont sont fournisseurs et doivent réserver une part notable de leurs ressources à leurs voisins (Espagne, Turquie, Syrie, ex-Yougoslavie). Or, il est bien clair que l'eau ne connaît pas les frontières, et que la seule échelle de gestion cohérente est celle des bassins versants ou des aquifères, qu'ils soient nationaux ou transfrontaliers. Les principales ressources partagées de la région posent des problèmes géopolitiques sensibles : Jourdain, Tigre, Euphrate, Nil, nappes du Sahara, du Golan, de Nubie... D'ores et déjà dans plusieurs pays, les besoins dépassent les ressources renouvelables annuelles et les études prospectives, notamment celle du Plan Bleu, montrent que, sans modifications substantielles des pratiques actuelles, des situations critiques apparaîtront dès la première moitié de ce siècle.

B) L'enjeu démographique et la pénurie annoncée

La dynamique des populations constitue le facteur dominant de l'évolution économique, sociale et environnementale de la région. Selon les scénarios des Nations Unies, la population totale de la région méditerranéenne passerait de 426,3 millions d'habitants à un chiffre compris entre 515 et 605 millions en 2025. L'expansion démographique au Sud et de l'Est de la Méditerranée est estimée à +31 % d'ici 2025 contre + 2 à 3 % pour l'UE. Rapportées aux populations, les ressources en eau par tête sont révélatrices des niveaux de richesse ou de pauvreté en eau des pays. Elles vont d'une extrême pauvreté (moins de 100 m^3/an à Gaza et à Malte) à la surabondance (plus de 10 000 m^3/an en Albanie et l'ex-Yougoslavie).

Onze pays (Malte, Chypre, Syrie, Israël, Territoires palestiniens, Égypte, Libye, Tunisie, Algérie, Maroc, Jordanie), dont la population totale est de plus de 115 millions d'habitants se trouvent, d'ores et déjà, au-dessous du seuil moyen de 1 000 m^3/an et par habitant, situation dans laquelle des tensions apparaissent entre les besoins et les ressources, notamment lorsque l'irrigation est nécessaire. Dans sept de ces pays, les ressources tombent d'ores et déjà sous le « seuil de pénurie » absolue de 500 m^3/an de ressource par tête : Algérie, Israël, Jordanie, Libye, Malte, territoires palestiniens, Tunisie ; d'ailleurs, dans ces pays, la quasi-totalité des ressources naturelles renouvelables est déjà exploitée, voire outrepassée. En Jordanie, la disponibilité en eau douce, qui était de 3.600 m3/ hab. /an en 1946, n'était plus que de 145 m3/hab./an en 2004, par suite de la croissance démographique ! La population des pays pauvres en eau (disposant de moins de 1 000 m^3/an et par habitant) du Sud et de l'est de la Méditerranée pourrait atteindre plus de 165 millions en 2025, dont 63 millions en dessous du seuil de pénurie de 500 m3/hab./an

Il est généralement admis que des indices de consommation finale égaux ou supérieurs à 25 % des prélèvements par rapport aux précipitations sont révélateurs de tensions locales et conjoncturelles. Au-dessus de 50 %, ils annoncent des pénuries conjoncturelles plus fréquentes et plus régionales. Aux approches de 100 % ; et a fortiori au-dessus, ils indiquent des pénuries structurelles généralisées : dès 2010, ces indices seraient supérieurs à 50 % dans huit pays en hypothèse basse et dans onze pays en hypothèse haute. En 2025, dix pays seront dans cette situation en hypothèse basse et treize en hypothèse haute. Ils dépasseraient 100 % en hypothèse haute dans sept pays en 2025, traduisant, soit une réutilisation intense, soit un recours aux ressources non renouvelables ou aux ressources non conventionnelles. Ainsi, en Libye où la demande est couverte à plus de 90 % par l'exploitation d'eaux fossiles ; en Israël, en Jordanie et à Gaza, la signification des indices devrait être atténuée par un recours croissant à la réutilisation des eaux usées épurées et au dessalement d'eau de mer.

À l'évidence, parmi les pays les plus menacés de pénurie d'eau, la Libye, les Territoires palestiniens-Gaza, la Jordanie, Israël, Malte sont en première ligne, suivis par la Syrie, l'Irak, Chypre, la Tunisie et l'Algérie. Le réchauffement climatique, qui est maintenant avéré, pourrait conduire, à un renforcement des phénomènes extrêmes : les inondations et les sécheresses. Des modèles prévoient une réduction de 25 % des précipitations estivales dans le bassin méditerranéen, ainsi que des modifications sensibles des écosystèmes. La région pourrait connaitre une augmentation de la température 2 fois plus importante que l'Europe du Nord. Il risque aussi, dans les pays du nord du bassin, avec la fonte des glaciers et la diminution de l'enneigement hivernal, de modifier le régime des écoulements depuis les zones de montagne qui ne joueraient alors plus comme c'est le cas aujourd'hui, leur rôle de « châteaux d'eau »... Il convient de réactualiser les évaluations de ressources qui ont été menées sans prendre en compte le changement climatique et il est nécessaire d'anticiper les évolutions à 30 ans dans la définition des programmes d'investissements et d'aménagement du territoire.

II. Des besoins en constante augmentation face à de nombreuses menaces

A) Usages de l'eau, gaspillages et pollution

Cela est vrai en particulier pour l'irrigation et la consommation urbaine et industrielle et la demande pourrait encore augmenter d'un quart en volume d'ici à 2025. L'agriculture représente de l'ordre de 70 % de la consommation et sa demande continue de croître. La FAO estime que les surfaces irriguées pourraient croitre d'environ 48 % d'ici à 2030 au Sud et de l'est de la Méditerranée et rester stables au Nord. En raison du caractère essentiel de l'alimentation en eau humaine, la demande urbaine va rapidement prédominer dans l'affectation des ressources et des investissements. Dans les pays du Sud et de l'est de la Méditerranée, le taux d'urbanisation a, en général, dépassé 50 % de la population totale ; il s'accroît très vite pour rejoindre, dans vingt ou trente ans, la valeur « plafond » de 70 à 80 % que les pays du Nord auront bientôt atteint. En l'espace d'une génération, dans les pays de l'Est et du Sud, la population urbaine a quadruplé, dépassant les 130 millions d'habitants.

En outre, avec 250 millions de touristes nationaux et internationaux par an, la région méditerranéenne est la première destination touristique mondiale. Le tourisme a pour effet d'amplifier les demandes en eau potable des localités d'accueil : 500 à 800 l/jour/tête pour les séjours en hôtel de luxe, soit beaucoup plus que les habitants permanents. Les golfs consomment autant d'eau à l'hectare que les périmètres bien irrigués (10.000 m^3/ha/an). D'ores et déjà, le problème du partage de l'eau entre l'irrigation, le tourisme et les grandes villes se pose dans de nombreuses situations. Tout en restant mineure, la consommation en eau de l'industrie va aussi croître. Ainsi, en est-il, par exemple, des usines à papier algériennes, grosses consommatrices (l'une d'entre elles prélève à elle seule 30 millions de m^3/an, équivalent à une ville d'un demi-million d'habitants) : certaines zones ont des projets de développement industriel importants.

Bien que des efforts aient été consentis, la part de l'eau réservée aux écosystèmes reste trop limitée pour assurer leur bon fonctionnement. Les gaspillages sont inadmissibles, puisque les chiffres avancés mettent en évidence des pertes par évaporation et infiltration de l'ordre de 70 % en irrigation traditionnelle. Des techniques d'irrigation diverses, traditionnelles ou modernes, coexistent ; des demandes en eau à l'hectare très variées en résultent (2 000 à 20 000 m^3/an).Les techniques modernes réduisant les doses d'irrigation se développent inégalement selon les pays. Très répandues en Israël, à Chypre, en Jordanie, elles occupent une moindre place au Maroc (16 % des surfaces irriguées), en Tunisie (11 %), en Syrie (seulement 1 %), en Égypte (27 %).

En ville, on estime à 50 % le taux des fuites sur les réseaux d'eau potable. L'efficacité des barrages-réservoirs est réduite par la forte évaporation qui affecte les plans d'eau. En Algérie, par exemple, les retenues évaporent de 1,3 à 2,2 m/an. En Égypte, la perte moyenne est de 10 milliards de m^3/an pour Assouan soit 12 % du débit du Nil. Il est bien clair qu'avant d'aller chercher à mobiliser de nouvelles ressources, la priorité est à un usage optimum des ressources actuelles. On observe aussi une augmentation sensible de la pollution des eaux de surfaces et souterraines : Dans de nombreux pays, l'approche qualitative de la ressource n'est que balbutiante, voire inexistante et 47 millions de Méditerranéens sont ainsi, en 2004, privés d'un système d'assainissement.

Le dernier rapport du PNUD estime que 85 % des pollutions dues aux activités humaines sont rejetées sans traitement dans les milieux naturels. Or, avec le développement et la concentration des populations, les pollutions rejetées, industrielles bien sûr, mais aussi urbaines et presque partout agricoles, créent, au moins localement, des situations dangereuses pour l'hygiène et la santé humaine et empêchent la réutilisation successive de la ressource d'amont vers l'aval et dans les nappes. Les systèmes économiques de recouvrement des coûts sont encore trop peu répandus : Dans une majorité de pays du sud et de l'est du bassin, d'énormes réticences culturelles, voire religieuses, s'opposent à une approche industrielle et commerciale de la gestion de l'eau. Or, les investissements à consentir dans les prochaines décennies et les frais d'exploitation et de maintenance des équipements sont considérables et ne pourront, dans la plupart des cas, être couverts par les budgets publics nationaux ou locaux traditionnels.

III. L'urgence de nouvelles approches de la gouvernance

Il faut donc apporter rapidement des solutions aux problèmes qui se posent ou risquent de se poser à court terme, pour être capables d'assurer une gestion intégrée et durable de l'eau, permettant à la fois la protection contre les risques naturels d'inondation, de sécheresse et d'érosion, la satisfaction des besoins rationnels et légitimes des différentes catégories d'usagers, en cohérence avec un aménagement approprié des territoires des bassins, la préservation durable des ressources et des écosystèmes liés à l'eau. Les principaux problèmes sont liés à une insuffisante connaissance des ressources, des écosystèmes et de leurs usages, ainsi que de l'économie de l'eau, à une mauvaise organisation des institutions et des circuits financiers à tous les niveaux, locaux, nationaux et internationaux, à l'absence d'une vision globale, à long terme, des ressources et des usages, à une insuffisante solidarité des usagers, à un manque de moyens financiers et des mécanismes permettant de les mobiliser, à un énorme retard dans l'éducation et dans la formation professionnelle. Le vrai problème n'est pas tant de mobiliser des ressources nouvelles, mais d'abord de rationnaliser les usages ! Il faut désormais passer à une approche nouvelle qui privilégiera la rationalisation de la demande et une réflexion sur l'aménagement du territoire qui prendra en compte l'eau comme facteur limitant de certains types de développement.

A) L'adaptation de la gestion de l'eau au changement climatique

Il est indispensable d'adapter des politiques de gestion des ressources en eau, en prenant en compte les éléments nouveaux du changement climatique. Il faut notamment évaluer rapidement, selon divers scénarios, les conséquences hydrologiques de ce changement, cela suppose un renforcement des programmes de recherche sur l'évolution du climat et ses conséquences sur la disponibilité de l'eau douce. La mise en place d'un observatoire des ressources en eau douce et des leurs usages, coordonné entre tous les pays du bassin méditerranéen et du proche Orient, est un premier pas. Les études de faisabilité ont déjà été réalisées dans le cadre du Système Euro-Méditerranéen d'Information dans le Domaine de l'Eau -SEMIDE- crée suite à la conférence ministérielle de Marseille en 1996, dont il faut renforcer les moyens, afin qu'il joue pleinement son rôle d'échange des savoir-faire, des connaissances et de l'expertise entre tous les partenaires de l'eau autour de la Méditerranée.

La rationalisation des usages de l'eau est une autre priorité. Il faut désormais passer à une approche, qui privilégiera la rationalisation de la demande, et à une réflexion sur l'aménagement du territoire qui considérera l'eau comme un facteur limitant possible de certains types de développement. Une meilleure prise en compte de la gestion de l'eau dans les politiques agricoles est l'un des premiers enjeux de la rationalisation de la demande en eau : il s'agit de ne pas favoriser le développement de l'irrigation dans les zones déjà structurellement déficitaires ou particulièrement vulnérables aux sècheresses.

C'est dans le secteur agricole que les potentiels d'économie d'eau sont les plus élevés : ils représentent d'après les simulations du « Plan Bleu », dont il faut renforcer les travaux de prospective, près de 65 % du potentiel d'économie total identifié, passant par la réduction des pertes de transport et l'augmentation de l'efficience de l'irrigation à la parcelle. Une nouvelle politique agricole peut être un levier important d'économie de l'eau par l'attribution d'aides aux exploitants pour leur permettre d'adopter des systèmes modernes moins consommateurs, ainsi qu'en conditionnant au respect des obligations règlementaires l'attribution des aides aux exploitations. L'équipement systématique en compteurs volumétriques devrait être obligatoire pour les irrigants qui dépassent des seuils de prélèvement à préciser en fonction des ressources disponibles. La hausse du prix de l'eau brute d'irrigation donnerait un signal fort et pédagogique. L'imposition de quotas sera sans doute obligatoire dans des situations de rareté marquée.

Des instruments de gestion de la demande en eau doivent également être développés pour les collectivités locales et les industries. Les économies potentielles seraient de 22 % dans l'industrie, en particulier par l'augmentation du recyclage. L'instauration de redevances industrielles incite aux bonnes pratiques d'économie et à l'innovation dans les technologies « propres ». En complément d'incitations financières, le respect de la réglementation doit être assuré par des services de contrôle ayant des moyens suffisants.

Au niveau de la consommation d'eau potable, la priorité est de réduire les pertes de transport et les fuites dans les réseaux collectifs. Une politique tarifaire adaptée contribue à un meilleur contrôle des consommations domestiques. Dans l'habitat individuel et collectif, la mise en place de systèmes économes en eau ou le développement de systèmes de réutilisation des eaux doivent être favorisés (eaux de pluie et eaux usées épurées). La création d'associations d'usagers amène souvent des solutions efficaces. La priorité doit donc être donnée à la lutte contre les gaspillages, à l'amélioration de l'efficacité des usages de l'eau et à la prévention des pollutions permanentes ou accidentelles : une gestion rationnelle permettrait d'économiser, en 2025, 24 % de la demande tendancielle, évitant notamment la construction de près de 100 barrages. Il faut donc d'abord impérativement utiliser moins d'eau pour le même résultat, tant en irrigation qu'en industrie ou en ville.

Dans de nombreuses situations, il faudra cependant avoir recours à des ressources non conventionnelles : les deux principales approches privilégiées actuellement sont la réutilisation après traitement des eaux usées pour des usages spécifiques (industrie ou certains types de cultures irriguées) et le recours massif au dessalement d'eau de mer (Algérie, Espagne, Malte, Chypre, Israël). La désalinisation d'eau de mer n'est une solution que pour la desserte en eau potable des villes et des zones touristiques côtières. Ce n'est pas une solution pour l'irrigation qui demande des quantités d'eau brute beaucoup trop importantes et ne serait pas capable de payer un prix de production aussi élevé pour l'eau douce dont elle a besoin, même si certains pays riches en ressources énergétiques peuvent se payer ce luxe pour des surfaces réduites ! D'autres voies sont à explorer, comme, notamment, les techniques de pluies provoquées artificiellement, la recherche agronomique sur des variétés végétales moins exigeantes en eau ou l'amélioration des cultures pluviales.

B) Modernisation des institutions et une gestion par bassins-versants

Les bassins versants des fleuves, des lacs et des aquifères, sont les territoires géographiques naturels pertinents pour organiser la gestion intégrée et équilibrée des ressources en eau. Les cadres juridiques et institutionnels doivent permettre l'application des principes de la gestion intégrée des ressources en eau par bassin, avec la création d'agence ou autorités compétentes, s'appuyant sur des systèmes modernes d'observation et d'information, élaborant des plans de gestion, ou schémas directeurs, fixant les objectifs à atteindre à moyen et long terme, mettant en œuvre la réalisation de programmes de mesures et d'investissements prioritaires pluriannuels , financés sur la base de l'application du principe « pollueur-payeur » et de systèmes « utilisateur-payeur », et en organisant la participation des usagers à la gestion de l'eau dans le bassin. Il apparaît nécessaire de soutenir la création de commissions internationales, ou d'organismes équivalents, et de renforcer celles ou ceux qui existent déjà, pour assurer une gestion rationnelle des fleuves, lacs et aquifères transfrontaliers entre les pays riverains.

Les lois et règlements doivent définir aussi le cadre dans lequel s'appliquent les autorisations de prélèvements et de rejets, la protection des milieux naturels, ainsi qu'une police des eaux efficace. La fixation de quantités maximales de prélèvement, des mesures de limitation ou de suspension des usages de l'eau en cas de crise, l'élaboration de plans de gestion de la rareté de l'eau et de plans d'action « sécheresse », sont autant de voies complémentaires, qui peuvent permettre de progresser dans la préservation et l'allocation des ressources en eau, notamment en situation de crise structurelle ou conjoncturelle. La décentralisation est la base de l'efficacité des politiques de l'eau. L'instauration d'une gestion industrielle et commerciale des services collectifs des eaux municipales et d'irrigation est indispensable, assise sur une tarification équitable entre les usagers et permettant de couvrir tous les couts d'investissement et de fonctionnement des services.

C) Rattraper le retard pris pour l'assainissement

Dans les pays du Proche-Orient comme du Sud et de l'Est du bassin méditerranéen, 80 % des pollutions anthropiques[1] sont encore déversées dans les milieux naturels terrestres, mais aussi littoraux et marins, sans aucune épuration. Les pays du Nord ont également des difficultés à rattraper leur retard et à respecter les directives européennes. Les rejets telluriques sont les principales causes de la pollution de la mer Méditerranée. Le retard pris pour l'assainissement est extrêmement préoccupant et nécessite des réformes urgentes, plusieurs décennies d'effort soutenu et des moyens financiers considérables. Il faudrait aussi orienter les travaux de recherche vers la mise au point de techniques d'un coût économique et social acceptable. Mais il faut rappeler (et en convaincre les responsables) que les bénéfices économiques de l'assainissement sont très nettement supérieurs aux coûts des investissements et de la maintenance nécessaires.

La gestion, l'exploitation, la maintenance et le renouvellement des installations sont également un défi qu'il faut relever pour assurer la pleine efficacité des investissements existants et à réaliser. Leur coûts sont et seront de plus en plus importants et récurrents. Il faut s'engager dans une

1- Tout événement provoqué directement ou indirectement par l'action de l'homme

mobilisation à long terme, pour une application indispensable et concrète du développement durable. La réduction des pollutions diffuses est également une condition nécessaire pour maintenir ou retrouver un bon état des eaux, notamment celui des aquifères.

D) Renforcement de la formation et accès à l'information

Trop souvent, on a négligé la gestion des services au profit de la seule réalisation des travaux, alors qu'il faut se rappeler que, sur la durée de vie des ouvrages, les frais de fonctionnement sont au moins du même ordre, voire supérieurs, aux frais d'investissement. Les frais d'exploitation et de maintenance (y compris la dotation aux amortissements) représentent environ trois fois le coût de la construction. Si, de plus en plus, les ingénieurs de projet sont de bon niveau, les gestionnaires et les exploitants sont encore le plus souvent trop peu nombreux. La formation initiale des techniciens et des administratifs reste balbutiante et plus théorique que réellement pratique, celle des agriculteurs et des irrigants est à développer, à l'image de la formation professionnelle continue qui reste à organiser.

Quels que soient les secteurs, les enjeux en termes d'efficacité des services sont majeurs. Les salaires correspondent à la moitié des charges globales de fonctionnement des services. Il est donc essentiel que le personnel soit bien formé et compétent pour les tâches qu'il doit accomplir. En effectif, les besoins en personnel des administrations, des collectivités locales et des services publics et privés des eaux municipales, industrielles et agricoles sont considérables. On compte en général 5 % d'ingénieurs et cadres supérieurs, de 15 % de techniciens supérieurs/superviseurs et de 80 % d'opérateurs, employés et ouvriers, qui sont la majorité des effectifs à former. Ce sont donc des centaines de milliers d'agents, de tous niveaux, et majoritairement de faible niveau hiérarchique, qui doivent être mis au service d'une gestion de l'eau plus efficace. Ces besoins sont énormes et peuvent être satisfaits grâce à :

- La formation initiale diplômante, pour fournir au secteur les jeunes professionnels compétents dont il a grand besoin. La formation initiale des ingénieurs et cadres a beaucoup progressé et devient de qualité, mais celle des techniciens et des administratifs reste balbutiante et plus théorique que réellement pratique. Celle des agriculteurs et des irrigants est à développer.

- La formation professionnelle continue des personnels en place, afin de permettre une réelle qualification professionnelle, qui reste en général insuffisante ou inexistante.

Si la formation d'ingénieurs du Sud dans les pays développés reste utile, elle ne concerne qu'une infime minorité des besoins à satisfaire. C'est sur place, dans chaque pays, qu'il faut créer ou renforcer à court terme les capacités locales de formation professionnelle. De cette manière, les formations seront adaptées à la diversité des situations, dispensées dans la langue des agents concernés et à un prix de revient compatible avec l'économie locale. Cela implique la création d'établissements locaux ou régionaux de formation professionnelle. Les circuits financiers de la formation professionnelle doivent être renforcés pour atteindre au minimum 1 % de la masse salariale des services des eaux et plus efficacement entre 3 et 5 %. La création d'un réseau méditerranéen des centres de formation aux métiers de l'eau, pourra favoriser les échanges entre eux sur les nouveaux outils pédagogiques, les connaissances à enseigner, permettre de développer selon les besoins des outils communs de formation, de mobiliser les moyens, de les mettre en œuvre, de partager des contenus dans les principales langues méditerranéennes.

La sauvegarde, la conservation et la mise en commun des documents et des informations disponibles est un facteur indispensable de capitalisation et de diffusion des connaissances et de renforcement des compétences des professionnels des secteurs publics et privés impliqués dans la gestion de l'eau. Or, on constate que l'information est généralement dispersée, hétérogène, difficile d'accès, voire qu'une partie disparait faute de moyens de conservation et de diffusion adéquats. Le développement très rapide des nouvelles technologies de la communication, modifie fortement l'organisation « traditionnelle » qui prévaut encore dans plusieurs pays. Pour faciliter la mobilisation de l'information institutionnelle, économique et technique, son harmonisation et sa diffusion à tous les acteurs intéressés, il faut notamment soutenir la création et la mise en réseau des systèmes nationaux de documentation et de données sur l'eau, dont le déploiement est en cours dans le cadre du Système Euro – Méditerranéen de d'Information dans le Domaine de l'Eau - SEMIDE. Il importe également d'avoir une meilleure vision des programmes de recherche sur l'eau dans le bassin méditerranéen et d'en diffuser plus largement les résultats.

Conclusion

Les difficultés rencontrées ne sont pratiquement jamais techniques, même si des adaptations sont encore nécessaires. Il faut faire vite, car il y a urgence et que les solutions possibles n'auront d'effet qu'à moyens et longs termes. C'est donc tout de suite qu'il faut engager à grande échelle les réformes, parfois drastiques, nécessaires et les poursuivre avec opiniâtreté. De ce point de vue nous ne pouvons que regretter que la dernière réunion des ministres de l'Eau méditerranéens n'ai pas pu aboutir pour des raisons essentiellement diplomatiques à l'adoption du projet d'une « Stratégie Méditerranéenne de l'Eau », sur lequel tous les experts avaient pourtant convergés et qui faisait l'unanimité technique et financière. Si le chemin est encore long, en effet, avant que ne soient partout appliqués les principes d'une gestion appropriée et durable des ressources, permettant la satisfaction des besoins des générations futures, cependant, la direction est aujourd'hui plus clairement définie et les solutions proposées, notamment par de nombreuses conférences internationales et les Fora Mondiaux de l'Eau successifs, sont crédibles et applicables : il faut donc être optimistes et persévérants.

Source statistique : Plan Bleu (2005)

Méditerranée, les perspectives du Plan Bleu sur l'environnement et le développement,

L'eau en droit international au Moyen-Orient Étude de cas des bassins du Jourdain, du Tigre et de l'Euphrate

Rana Kharouf-Gaudig
Docteur en droit international public
Lauréate de la Chancellerie des Universités de Paris
Enseignante à la Faculté de droit de l'université catholique de Lille

Résumé
L'histoire des pays du Moyen-Orient témoigne de l'importance de l'eau pour le développement de l'Homme et pour la naissance des civilisations. Placés dans une situation d'interdépendance, les pays riverains des bassins du Jourdain, du Tigre et de l'Euphrate affrontent le défi de la gestion commune de leurs ressources hydrauliques. Dans une région comme le Moyen-Orient qui connaît une situation critique, un cadre juridique moderne et approprié est indispensable pour surmonter les difficultés liées à la gestion interétatique de l'eau. L'article présente le modus vivendi régissant le droit international relatif au partage de l'eau dans les bassins précités.

Abstract
The history of Middle Eastern countries shows the importance of water in human development and the birth of civilisations. Stuck in a situation of interdependency, The riparian countries of the river basins of Jordan, Tigris and Euphrates must face the challenges of water crises in critically affected region. These countries should have an appropriate legal framework which must be strong and modern enough for facing the difficulties of transboundary water resources management. The aim of the article is to analyse the modus vivendi that dominates international water law in those basins.

La crise de l'eau fait désormais partie des préoccupations prioritaires de la communauté internationale puisqu'elle concerne la majorité des pays du monde. Le changement climatique a des conséquences évidentes sur les ressources hydrauliques à l'échelle internationale[1] ainsi que sur la stabilité dans certaines régions[2], ce que ne maquent pas de rappeler les médias en mettant en avant le « conflit, » voire la « guerre » de l'eau. Pour faire face à cette crise, les approches fondées sur des études scientifiques se multiplient tant dans le domaine des sciences dures que dans celui des sciences humaines.

Le droit de l'eau s'impose comme un élément fondamental dans cette recherche de solutions durables. Son rôle est particulièrement essentiel dans les régions où les cours d'eau traversent les frontières, plaçant ainsi les États dans une situation d'interdépendance. Cela concerne en premier lieu le Moyen-Orient, région aux enjeux multiples et sensibles dont certains pays vivent depuis quelques années des bouleversements historiques menaçant leur structure socio-économique ainsi que la sécurité nationale, régionale et internationale.

La problématique de la gestion des ressources hydrauliques internationales des bassins du Jourdain, du Tigre et de l'Euphrate est particulièrement représentative des liens étroits qui existent entre l'eau et la sécurité. Elle est caractérisée par une conjoncture exceptionnelle de plusieurs facteurs – politiques, économiques et environnementaux –, qui aggravent une situation hydraulique alarmante due à un déséquilibre entre l'offre et la demande.

Classée parmi les régions arides et semi-arides, la région du Moyen-Orient est caractérisée par un climat de sécheresse qui varie en fonction des zones géographiques. En plus de la dégradation des conditions écologiques due aux changements climatiques, la pollution et la surexploitation accentuent la menace qui pèse sur les ressources hydrauliques de la région. Aujourd'hui, la majeure partie du Moyen-Orient présente un déficit hydrique, c'est-à-dire que la consommation de l'eau douce y est plus élevée que sa production à l'intérieur de la région. Selon l'ONU, la pénurie d'eau est reconnue dès que le volume d'eau renouvelable, disponible par an et par habitant, est

....

1- Gerstetter C., Vidaurre R., *Will there be more Water Conflicts as the Climate Changes?,* CLICO Policy Brief No. 3., Ecologic Institute, Berlin, 2012, p.10. ; Bates B. C., Kundzewicz Z. W., Wu S., Palutikof J, *Climate Change and Water*, Technical Paper of the Intergovernmental Panel on Climate Change, IPCC Secretariat, The World Meteorological Organization, The United Nations Environment Programme, Geneva, 2008, pp. 8-9, disponible sur http://www.ipcc.ch/pdf/technical-papers/climate-change-water-en.pdf, consulté le 15 septembre 2013.

2- Ludwig R., and al., Towards an inter-disciplinary research agenda on climate change, water and security in *Southern Europe and neighboring countries*, Environmental Science & Policy, vol. 14, n°. 7, 2011, p. 794-803. ; European Commission, Climate change and international security, Council Doc 7249/08 of 03.03.2008 ; Ban K. M., « A climate culprit in Darfur », in : *Washington Post*, 16 June 2007.

inférieur à 1000m[3]. Au Moyen-Orient, ce volume est variable et souvent largement inférieur à ce seuil. En 2007, le volume d'eau annuel disponible et renouvelable par habitant était ainsi approximativement estimé à 984 m^3 en Égypte, à 248 m^3 en Jordanie, et à 192 m^3 en Palestine[4].

Pour les décennies à venir, une aggravation de cette situation semble inévitable en raison de la forte augmentation de la demande, due notamment à la croissance démographique. La gravité de la menace de la pénurie d'eau est d'autant plus sérieuse dans cette région que l'agriculture y constitue l'une des principales ressources économiques. Dans une région où les bassins hydrauliques sont majoritairement transfrontaliers, la gestion commune de l'eau nécessite une approche interdisciplinaire fondée principalement sur la coopération et la solidarité[5]. L'application de cette approche est toutefois difficile quand la réalité politique et économique conflictuelle de la région détermine la nature des relations hydropolitiques entre les pays riverains.

I – Le droit conventionnel régional, la quête de la sécurité[6]

Le droit international de l'eau douce est formé par l'ensemble des règles régissant le partage et la préservation des eaux transfrontalières. Quant à la gestion des ressources internationales en eau douce au Moyen-Orient, ses règles sont caractérisées par la dualité du droit coutumier et du droit conventionnel, le régime conventionnel remontant en grande partie à l'époque coloniale. Il a connu une évolution particulière propre au contexte géographique de chaque bassin. L'étude du droit conventionnel régissant les bassins concernés à la lumière du droit international des cours d'eau, et en particulier de la convention-cadre des Nations Unies sur le droit relatif aux utilisations des cours d'eau internationaux à des fins autres que la navigation,

....

3- United Nations Economic and Social Commission for Western Asia (UN-ESCWA), *Water Development Report 1: Vulnerability of the Region to Drought Order*, ONU, doc. E/ESCWA/SDPD/2005/9 du 24 octobre 2005, p. 25-26 ; Falkenmark, M., Lundqvist, J., Widstrand, C., « Macro-scale water scarcity requires micro-scale approaches: aspects of vulnerability in semi-arid development », *in* : *Natural Resources Forum* vol.13, Academic Press, San Diego, 1989, p. 258–267.

4- UN-ESCWA, *ESCWA Water Development Report 2, State of Water Resources in the ESCWA Region*, E/ESCWA/SDPD/2007/6, 4 December 2007, p. 16, disponible sur le site de l'ESCWA http://www.escwa.un.org/information/publications/edit/upload/sdpd-07-6-e.pdf, consulté le 10 septembre 2013.

5- UN-ESCWA, Enhancing the Application of Integrated Water resources Management in the Escwa Region, High Level Briefing Session on the Application of IWRM in the ESCWA Region, 13 September 2004, p. 9-10, disponible sur le site de l'ESCWA, http://www.escwa.un.org/information/meetings/events/2004/13sept.html, consulté le 10 septembre 2013.

6- Les paragraphes qui suivent sont en partie issus de l'ouvrage de l'auteur, *Le droit international de l'eau entre souveraineté et coopération*, Bruylant, Bruxelles, 2012, et ont été actualisés pour le présent article.

dite « Convention de New York » (1997)[7], permet d'identifier les lacunes du régime juridique actuel.

A- Le bassin du Jourdain au cœur de la réalité politique

Le partage des eaux du bassin du Jourdain est régi partiellement par des accords internationaux[8]. Les plus anciens datent des années 20 et ont été conclus par la France et la Grande-Bretagne. Après la Seconde Guerre mondiale, Israël a pendant longtemps laissé planer le doute sur ses intentions en s'appuyant notamment sur le principe de la transmissibilité des traités relatifs aux accords territoriaux, et ce n'est qu'en 1953 que la volonté de renoncer aux conventions signées à l'époque du mandat britannique fut clairement exprimée. Malgré les tentatives du début des années 50 de parvenir à un plan de partage global dans le cadre d'un accord entre les différents pays, dit « plan Johnston », aucun texte n'a jamais été ratifié par l'ensemble des États riverains.

Seul un accord entre la Syrie et la Jordanie a été signé le 4 juin 1953 en vue de l'utilisation, par la Jordanie, des eaux du Yarmouk, l'un des principaux affluents du Jourdain. Le conflit israélo-arabe, et, plus particulièrement, la guerre des Six Jours pèsent lourdement sur la gestion des eaux du bassin du Jourdain. Cette guerre a eu pour conséquence l'occupation par Israël d'une grande partie du bassin du Jourdain : le plateau syrien du Golan, le haut Jourdain incluant le Banias, ainsi que les fermes de Chebaa. Les projets de gestion commune dans le bassin du Jourdain, et notamment le barrage al-Wehda sur le Yarmouk entre la Syrie et la Jordanie, ont été retardés, voire abandonnés pour certains d'entre eux.

Dans les Territoires palestiniens occupés, l'une des premières mesures israéliennes prises à la suite de la guerre des Six Jours consistait à transférer les pouvoirs relatifs à la gestion de l'eau à un commissaire dépendant de l'autorité militaire. L'armée israélienne détenait alors le contrôle sur l'ensemble des ressources hydrauliques de la Cisjordanie et de Gaza, ce qui a été formalisé par le décret n° 158 de 1967. Le gouvernement israélien s'est immédiatement efforcé de contrôler l'utilisation des eaux souterraines de la Cisjordanie qui constituent une part essentielle de l'alimentation en eau d'Israël. Ce contrôle a

7- La Convention de New York constitue la référence en matière de codification du droit international en la matière. Parmi les dispositions principales de la Convention : utilisation et participation équitables et raisonnables, obligation de ne pas causer de dommages significatifs, obligation générale de coopérer, obligation d'échange régulier de données et d'informations, obligation de notification des mesures projetées pouvant avoir des effets négatifs, obligation de consultations et négociations concernant les mesures projetées, obligation de protection et préservation des écosystèmes des cours d'eau internationaux, obligation de prévention, réduction et maîtrise de la pollution.

8- *Cf.* Ascensio H., « Propos introductifs : les eaux du Jourdain comme parabole », *in* : *L'eau en droit international*, Actes du colloque d'Orléans de la Société française pour le droit international, Editions A. Pedone, Paris, juin 2011, p. 273-276.

été renforcé par l'élargissement de la loi israélienne sur l'eau qui, créée en 1959, est appliquée à l'ensemble des Territoires occupés et qui dispose que « l'eau est une propriété publique (...) soumise au contrôle de l'État »[9]. Cette loi autorise également le transfert des eaux en dehors du bassin, ce qu'interdisait la législation jordanienne précédente.

Selon les « Ordres Militaires » qui avaient été adaptés aux spécificités de la Cisjordanie et de la bande de Gaza, le pouvoir d'accorder des autorisations de forage, d'interdire l'extraction d'eau ou de fermer des installations hydrauliques existantes revenait aux seules autorités israéliennes[10].

Avec le processus de paix, les dispositifs juridiques relatifs à la gestion de l'eau dans les Territoires palestiniens ont progressivement évolué[11]. Ainsi, l'accord du 4 mai 1994 (Oslo I) prévoit un transfert d'autorité du gouvernement militaire israélien et de l'administration civile en faveur de l'Autorité palestinienne quant à la gestion de l'eau potable et des eaux usées dans la bande de Gaza et à Jéricho. Même si ces arrangements ont été élargis par l'accord intérimaire du 28 septembre 1995 (Oslo II), les nouvelles dispositions ne permettent qu'un transfert de pouvoir limité au Conseil palestinien, car elles excluent notamment la question de la propriété de l'eau en Cisjordanie, pour laquelle les arrangements ne seront définis que dans le cadre des négociations finales. Ainsi, le transfert ne concerne que les Palestiniens eux-mêmes, et non les Israéliens vivant dans les colonies de la Cisjordanie.

Force est de constater que les accords temporaires entre Palestiniens et Israéliens, ainsi que l'absence de souveraineté territoriale palestinienne qui vont de pair, empêchent la mise en place d'une gestion intégrale, cohérente et équitable des ressources hydrauliques dans les Territoires occupés. Dans cet ordre d'idées, un rapport de la Banque mondiale, daté d'avril 2009, affirme qu'un Palestinien dispose de quatre fois moins d'eau qu'un Israélien[12]. Le caractère politique de tout accord potentiel est un obstacle majeur à un plan de gestion commune de l'eau dans la région[13]. Cela est notamment le cas du projet du canal entre la mer Rouge et la mer Morte[14] dont la réalisation a

....

9- *Cf.* Tamini A., *The Jordan Valley : A case study profile*, CLICO Policy Brief n° 3., Ecologic Institute, Berlin, 2012.

10- *Cf.* United Nation University UNU-EHS, Report Climate Change, Hydro-conflict and Human Security, 2013, p. 107, disponible sur le site de UNU http://unu.edu/media-relations/media-coverage/unu-ehs-report-analyzes-climate-water-security-nexus.html, consulté le 15 septembre 2013.

11- Kharouf-Gaudig R., *Ibid*, p. 226-273.

12- World Bank, *West Bank and Gaza, Assessment of Restrictions on Palestinian Water Sector Development – sector note*, MENA Region, World Bank, Washington, 2009, p.15.

13- Farnum R., *Assessing the Red Sea-Dead Sea Conveyance Study*, The University of East Anglia, Norwich, 26 April 2013.

14- Le projet d'un canal mer Morte/mer Rouge, connu comme le « canal de la Paix », prévoit de pomper de l'eau dans la mer Rouge à la hauteur du port jordanien d'Aqaba, pour la reverser grâce à un canal dans la mer Morte. Le projet est soutenu par la Banque Mondiale.

commencé au mois de septembre 2013 en Jordanie après plusieurs années d'attente.

Le régime juridique relatif au partage et à la gestion de l'eau du bassin du Jourdain est soumis à des accords exclusivement bilatéraux : Syrie et Jordanie (sur le Yarmouk), Jordanie et Israël (sur les nappes phréatiques d'Araba/Arava, sur le Jourdain et sur le Yarmouk), Palestine/OLP et Israël, accords d'Oslo I et II (sur le Jourdain). Malgré la ratification de la Convention de New York par la Syrie, le Liban et la Jordanie, et malgré l'intention de l'Autorité palestinienne de ratifier également cette convention (intention déclarée lors du 5e Forum mondial de l'eau à Istanbul en mars 2009), un accord incluant l'ensemble des pays riverains du bassin semble encore lointain, le processus de paix s'étant enlisé pendant une quinzaine d'années, pour rester complètement bloqué après la guerre menée par Israël contre Gaza en 2008-2009. Ont également été suspendues les négociations entre Israël et la Syrie, menées à l'initiative du gouvernement turc, qui portaient notamment sur les ressources hydrauliques du Golan. Ce n'est qu'en août 2013 que les négociations de paix entre Israéliens et Palestiniens ont repris à l'initiative des États-Unis, offrant ainsi la possibilité d'aborder également la question de la gestion de l'eau dans le bassin du Jourdain.

Quant au statut définitif du plateau du Golan, territoire syrien occupé par Israël en 1967 et annexé en 1981, il ne pourra être déterminé qu'à l'issue du conflit syrien déclenché en 2011.

Un autre enjeu majeur du processus de paix concerne la reconnaissance de la souveraineté des pays riverains et notamment du futur État palestinien. En attendant l'application du droit international, et notamment des résolutions 242[15] et 497[16] du Conseil de sécurité de l'ONU qui exige le retrait des forces armées israéliennes des Territoires occupés en 1967, la problématique de la gestion des ressources hydrauliques reste dominée par un rapport de forces, et elle est, à ce jour, régie par un *modus vivendi*.

B – La gestion aléatoire des bassins du Tigre et de l'Euphrate

La question de la gestion et de la répartition des eaux du Tigre et de l'Euphrate entre la Turquie, la Syrie et l'Irak a suscité une vive polémique

15- ONU, le Conseil de sécurité, Résolution 242 du 22 novembre 1967, (1) : « Le Conseil de Sécurité affirme que l'accomplissement des principes de la Charte exige l'instauration d'une paix juste et durable au Moyen-Orient qui devrait comprendre l'application des deux principes suivants : 1) Retrait des forces armées israéliennes des territoires occupés lors du récent conflit ; 2) Cessation de toutes assertions de belligérance ou de tous états de belligérance et respect et reconnaissance de la souveraineté, de l'intégralité territoriale et de l'indépendance politique de chaque État de la région et de leur droit de vivre en paix à l'intérieur de frontières sûres et reconnues à l'abri de menaces ou d'actes de force »

16- ONU, le Conseil de sécurité, Résolution 497 du 17 décembre 1981 : « Le Conseil décide que la décision prise par Israël d'imposer ses lois, sa juridiction et son administration au Golan syrien occupé était nulle et non avenue et sans effet juridique sur le plan international ».

au milieu des années 90, car la Turquie, pays d'amont, a mis en œuvre, unilatéralement, son « Projet du Sud-Est de l'Anatolie » (GAP), qui consiste notamment à construire vingt-deux barrages d'une importance majeure. Lors de la mise en service de l'ouvrage cardinal du GAP, le barrage d'Atatürk, le débit annuel de l'Euphrate a ainsi chuté de près de 40 %, entraînant une diminution de 15 % des récoltes irakiennes en 1990. Afin de défendre les intérêts stratégiques et économiques liés au GAP, la Turquie a mis en avant le principe de souveraineté sur les ressources naturelles, ainsi que le principe d'utilisation équitable et raisonnable. Les pays d'aval, quant à eux, soulignent le principe général du droit international « d'interdiction de causer des dommages à autrui », et dénoncent le projet en raison des préjudices considérables qu'il a causés.

Le droit international tente de résoudre la problématique de la gestion des cours d'eau internationaux. La Convention de New York précise que les États riverains du bassin ont droit, sur leur territoire, à l'utilisation dans des conditions optimales d'une part « raisonnable et équitable » des eaux, compte tenu de la prise en considération de tous les « facteurs et circonstances pertinents ». Cette convention inclut le principe de l'obligation de ne pas causer de dommages appréciables aux autres États du fait de l'utilisation du cours d'eau par un État.

Cette convention, unique en la matière, soutient la théorie de la « souveraineté limitée » impliquant que le droit souverain pour un État d'utiliser les eaux situées dans son territoire est limité par le devoir de ne pas porter préjudice à d'autres États. Il s'agit dès lors de concilier les exigences qui peuvent contredire l'exercice des souverainetés étatiques respectives, et de trouver un équilibre entre l'indépendance des États riverains et leur souveraineté sur les ressources naturelles.

L'analyse des accords régionaux relatifs à la gestion des eaux du Tigre et de l'Euphrate soulève la question de l'application du principe de coopération interétatique, et de l'efficacité des mesures envisagées par les États. Le protocole turco-syrien de 1987 accorde une importance grandissante à la coopération économique et à la gestion des eaux entre les deux pays. Il stipule, entre autres, que « pendant la période de remplissage du lac-réservoir du barrage Atatürk, et jusqu'à la répartition finale des eaux de l'Euphrate entre les trois pays riverains, la Turquie s'engage à laisser couler une moyenne du débit de l'Euphrate, qui s'élève à 500 m^3/seconde, aux frontières turco-syriennes. En cas d'impossibilité d'assurer ce débit, la Turquie se trouve dans l'obligation de compenser le volume manquant par un débit supérieur au cours du mois suivant ». Cependant, ce protocole ne prend pas en considération le fait que la compensation ultérieure, par une augmentation du débit, ne permet pas forcément de réparer les dommages causés par une pénurie temporaire durant les mois ou durant les années qui précédent.

L'esprit de coopération régionale de ce protocole trouve son expression la plus claire dans l'engagement des deux parties signataires à coopérer avec la partie irakienne au sujet de la répartition des eaux du Tigre et de l'Euphrate et à réactiver le Comité technique des eaux régionales fondé en 1983. On note également que ce protocole a reconnu le droit de la Syrie à l'eau de l'Euphrate en tant que pays riverain. Cette reconnaissance était un sujet de revendication longtemps ignoré par la Turquie qui considérait que l'Euphrate était un fleuve turc transfrontalier et non pas un fleuve international. Même si le protocole de 1987 reconnaît les droits du pays d'aval, la Turquie semble être attachée à l'idée que le Tigre et l'Euphrate sont, *a priori*, des fleuves nationaux. Ainsi, elle a expliqué sa position défavorable à l'égard de la Convention de New York – elle fait partie des trois États qui ont voté contre la Convention –, par le rejet de l'application du terme « cours d'eau international » au Tigre et à l'Euphrate. La Turquie fondait cette position sur le principe de souveraineté absolue, et suggérait l'emploi du terme « cours d'eau transfrontalier ». Cependant, le texte définitif de la Convention de New York maintient l'expression « cours d'eau international », désignant un cours d'eau dont les parties se trouvent dans des États différents.

Quant au partage de l'eau de l'Euphrate entre la Syrie et l'Irak, le protocole syro-irakien de 1989 stipule notamment que, « dans l'intention d'élaborer avec la Turquie un accord tripartite complet et définitif en vue de la répartition des eaux de l'Euphrate, les deux pays riverains, l'Irak et la Syrie, se sont mis d'accord sur le quota du débit annuel. Selon ce protocole, 42 % des eaux de l'Euphrate franchissant les frontières turco-syriennes reviennent à la Syrie, alors que l'Irak dispose de 58 %, quel que soit le volume total ». Dans le cadre des pourparlers, l'Irak et la Syrie ont tenté de définir une répartition tripartite des eaux du Tigre et de l'Euphrate, mais l'accord sur le plan de partage restait inapplicable en raison du refus, par la Turquie, de la proposition de répartition irako-syrienne, et de sa non adhésion aux principes de la Convention de New York[17].

Des mesures exceptionnelles peuvent toutefois être prises, comme en témoigne la démarche d'une commission irakienne durant l'été 2005 qui, afin de faire face aux conditions climatiques particulièrement difficiles, demanda à la Turquie une augmentation du débit du Tigre et de l'Euphrate. À la suite de cette demande, la Turquie a libéré 200 m³/s supplémentaires sur les frontières turco-syriennes, permettant ainsi au débit de passer de 500 m³/s à 700 m³/s. La solidarité de la Syrie s'est manifestée par une augmentation de la production de l'énergie électro-hydraulique provenant du barrage de Tabqa, afin que l'Irak puisse pallier son déficit d'électricité.

17- *Cf.* Kirschner A. J. and Tiroch K., « The Waters of Euphrates and Tigris : An International Law Perspective », *in : Max Planck Yearbook of United Nation Law*, Volume 16, Von Bogdany A., Wolfrum R. (ed.), Koninklijke Brill, Leyde, 2012, p. 381.

Ces mesures ont favorisé l'émergence d'un nouvel esprit de coopération. La rencontre des ministres de l'irrigation des trois pays riverains respectifs, le 21 mars 2007 à Antalya (Turquie), a confirmé l'importance désormais accordée à la coopération concernant le partage de l'eau. Ainsi, des comités techniques et ministériels tripartites ont été nommés, et « la nécessité d'éliminer les scénarios de la guerre de l'eau, et de faire de l'eau un pont en vue de la coopération et de l'amitié entre les peuples de la région », a été exprimée. De même, la prise de conscience du caractère prioritaire de la coopération relative à la gestion des eaux du Tigre et de l'Euphrate a incité la Syrie et l'Irak, lors de la visite du Premier ministre irakien, Nouri Al-Maliki, le 18 août 2009 à Damas, à envisager la création d'un « Conseil de la coopération stratégique ».

Il est important de souligner que la solidarité suscitée par la guerre en Irak et l'amélioration progressive des relations turco-syriennes avant 2011 avait favorisé le renforcement des relations hydropolitiques entre les pays riverains. Les exemples de gestion commune étaient nombreux. Ainsi, après dix ans de sécheresse, le Koweik (un fleuve du nord de la Syrie) a pu être remis en eau en 2008 grâce à la concertation des pays riverains sur les pompages d'eau à partir de l'Euphrate. Était également prévue, avant la crise syrienne, la réalisation de nouveaux aménagements hydrauliques sur l'Oronte par la Turquie et la Syrie[18].

En 2009, plusieurs accords sous la forme de mémorandums d'entente ont par ailleurs été signés entre la Turquie et la Syrie d'une part, et entre la Turquie et l'Irak d'autre part. Parmi eux figurent deux mémorandums turco-syriens portant sur l'utilisation optimale des ressources hydrauliques, sur la lutte contre la sécheresse[19], et sur l'amélioration de la qualité de l'eau[20]. Par rapport au dernier accord qui concernait la répartition de l'eau, signé en 1987, ces deux mémorandums sont consacrés à l'utilisation, à la protection et au développement des ressources hydrauliques du Tigre et de l'Euphrate. Ils mettent l'accent sur l'importance du développement durable et soulignent la nécessité de la coopération permettant de préserver les ressources naturelles.

18- Protocole d'accord entre la République de Turquie et la République arabe syrienne relatif à la construction du « Barrage de l'Amitié », 23 décembre 2009.

19- Mémorandum d'entente entre le Gouvernement de la République de Turquie et la République arabe syrienne relatif à l'utilisation efficace des ressources hydrauliques et la lutte contre la sécheresse, 23 septembre 2009, publié sur le site du Ministère de l'irrigation de la République arabe syrienne, disponible sur www.irrigation.gov.sy, consulté le 15 octobre 2009, traduit de l'arabe par nos soins.

20- Mémorandum d'entente entre le Gouvernement de la République de Turquie et la République arabe syrienne relatif à la remédiation de l'eau, 23 septembre 2009, *Cf. Supra*. *Cf.* Déclaration commune issue de la réunion du Conseil stratégique de la Coopération entre la Turquie et la Syrie, publiée sur le site du Parlement de la République arabe syrienne, disponible sur www.parliament.sy, consulté le 29 septembre 2009, traduit de l'arabe par nos soins.

Quant au mémorandum d'entente conclu entre la Turquie et l'Irak, il concerne notamment la coopération ainsi que le transfert des connaissances, de l'expérience et de la technologie hydraulique afin de garantir l'utilisation optimale et la protection de l'eau. Les trois mémorandums favorisent donc le développement durable, la protection et la préservation des ressources hydrauliques afin de faire face au changement climatique[21].

Ces exemples de coopération d'ordre avant tout technique ne sauraient toutefois occulter la réalité du régime juridique relatif à la gestion des eaux du Tigre et de l'Euphrate qui dépend toujours fortement des circonstances politiques, et dont l'application est loin d'être systématique. Malgré la codification progressive des principes du droit international et les engagements mutuels qui ont été pris, ce n'est souvent qu'en période de crise, voire de catastrophe naturelle, que la solidarité fait naître l'esprit de coopération stipulé par les accords et les conventions. L'équilibre entre les obligations liées à la coopération et la souveraineté dans la gestion de l'eau par chaque État riverain reste donc à trouver.

Il va de soi que la crise syrienne a également un impact extrêmement négatif sur la mise en œuvre des accords négociés. La position hostile du gouvernement Turque à l'encontre du régime syrien, et l'instabilité qui affecte en particulier le Nord du pays depuis plus de deux ans, ont inévitablement entraîné l'interruption des initiatives turco-syriennes antérieures. En ce qui concerne l'Irak qui soutient une solution politique et diplomatique de la crise comme seul moyen de garantir la stabilité de la région[22], il poursuit sa coopération avec la Syrie, permettant ainsi la mise en œuvre des accords conclus.

II – L'eau, un vecteur de coopération

Le droit de l'eau résulte de la considération d'un ensemble de facteurs, et ce n'est que grâce à la prise en compte de tous les enjeux liés aux ressources hydrauliques qu'il peut intervenir en tant qu'élément régulateur des conflits. Ce rôle régulateur du droit dans la répartition et la gestion des eaux des bassins et des aquifères internationaux est traditionnellement assuré par l'intervention d'institutions internationales d'une part, et par les accords conclus entre les États concernés d'autre part. Il convient toutefois de préciser qu'à l'exception de l'ONU, l'unique organisation internationale à laquelle l'ensemble des pays riverains du Moyen-Orient adhère, aucune organisation internationale régionale n'est, à ce jour, en mesure de produire

21- Kibaroglu A., « Transboundary Water Relations in The Euphrates » *in* : *Water Law and Coopeartion in the Euphrates – Tigris Region, A comparative and Intersdiciplinary Approch*, Wolfrum R. et al., Aertinus Nijhoff Publishers, Leiden – Boston, 2013.

22- Déclaration du Ministre des affaires étrangères irakien, Réunion ministérielle de la Ligue arabe du 6 juin 2013, Résolution du conseil la Ligue arabe n° 7649 du 5 juin 2013, disponible sur le site de la Ligue arabe www.lasportal.org, consulté le 5 septembre 2013.

un cadre juridique cohérent et adapté aux intérêts de l'ensemble des pays. À cette limitation s'ajoute le fait que l'adoption de la Convention de New York relative à l'eau douce n'est pas obligatoire : les États sont libres de décider s'ils y adhèrent ou non. De ce fait, la production des dispositifs juridiques relatifs à l'eau douce au Moyen-Orient est principalement régie par les États qui en font l'outil de leurs relations interétatiques et transétatiques.

Les aménagements hydrauliques unilatéraux entrepris dans les bassins fluviaux du Moyen-Orient affirment clairement la primauté des intérêts nationaux sur les intérêts partagés de l'ensemble des États riverains. Le fondement juridique de cette primauté est la théorie de la souveraineté absolue. Si cette théorie est rejetée par la doctrine, la situation conflictuelle dans la région incite les États qui sont en position de force à rester attachés au principe de souveraineté absolue. Les accords signés à ce jour sont donc peu nombreux et, sans exception, bilatéraux. Par ailleurs, certaines de leurs dispositions relatives à la gestion de l'eau ne peuvent être considérées comme définitives faute de concertation avec les autres pays riverains. Le *modus vivendi* qui s'est établi protège en effet les intérêts de certains États, mais demeure incapable de répondre aux problèmes communs concernant la protection et la gestion de l'eau douce dans l'ensemble des pays riverains.

Bien que les différentes tentatives de coopération aient quelque peu amélioré les conditions de la gestion des bassins étudiés, la prise de conscience du caractère commun des ressources hydrauliques, et de la nécessité de leur partage au sein d'une communauté d'intérêts, est aujourd'hui loin d'être acquise. Le défi de la sécurité nationale et internationale ne pourra être relevé que si la logique d'affrontement laisse place au rapprochement des États et à une politique de solidarité et de coopération pluridisciplinaire. L'adoption d'un cadre juridique cohérent et un partage équitable pourront alors avoir lieu, et des solutions techniques novatrices permettant de répondre aux besoins actuels et futurs pourront être trouvées. Bénéficiant de l'apport de la société civile et de la pluridisciplinarité des organisations internationales, ce cadre juridique devra permettre l'élaboration d'une stratégie régionale harmonieuse, prévoir des mesures préventives efficaces et assurer une utilisation équitable de l'ensemble des eaux des différents bassins internationaux de la région. Il devra favoriser la coopération régionale, voire internationale, principal garant de la durabilité des ressources, du respect du droit de l'accès à l'eau de chaque individu, et de la protection des bassins et de leur environnement.

Si l'action juridique est une condition préalable indispensable, elle reste en revanche inefficace si elle n'est pas associée à d'autres modes d'actions. Seul le fonctionnement simultané de l'ensemble de ces instruments de coopération – sur les plans législatif, administratif, scientifique et technique–, et la responsabilité partagée des autorités qui en ont la charge, permettront d'assurer une gestion intégrale et équitable des ressources hydrauliques internationales. La synergie de ces instruments de coopération permettra de répondre aux besoins partagés et aboutira à la reconnaissance de la valeur universelle de l'eau, véritable patrimoine de l'Humanité[23]. La récente évolution du droit international témoigne de la volonté de tenir compte, à l'aide d'une démarche pluridisciplinaire, de l'ensemble des aspects déterminants pour la préservation et la répartition des ressources hydrauliques partagées. À titre d'exemple, peut être cité le projet d'articles de la Commission du droit international de 2006 qui, établi en étroite concertation avec la communauté scientifique, intègre désormais les eaux souterraines non reliées aux eaux de surface qui n'avaient pas été prises en compte par la Convention de New York. Ce n'est que grâce aux efforts conjoints de l'ensemble des acteurs de tous les pays concernés, que l'eau pourra devenir un élément-clé du rapprochement des États et un catalyseur de la sécurité, de la stabilité et de la paix.

Orientation bibliographique

Abouali G., « Continued Control : Israël, Palestinian Water and the Interim Agreement », *in : PYIL*, 1996/97, vol. 9, p. 76

Allan T., *The Middle East Water Question: Hydropolitics and Global Economy*, Londres, I. B. Tauris, 2001.

Ascensio H., « Propos introductifs : les eaux du Jourdain comme parabole », *in* : *L'eau en droit international*, Actes du colloque d'Orléans de la Société française pour le droit international, Éditions A. Pedone, Paris, juin 2011

Ban K. M., « A climate culprit in Darfur », *in* : *Washington Post*, 16 June 2007

Bates B. C., Kundzewicz Z.W., Wu S., Palutikof J, *Climate Change and Water*, Technical Paper of the Intergovernmental Panel on Climate Change, IPCC Secretariat, The World Meteorological Organization, The United Nations Environment Programme, Geneva, 2008

Bendelac J., « Israël : l'eau à la croisée des chemins », *in : Eau et pouvoir en Méditerranée*, N° 58, L'Harmattan, Paris, 2006, p. 66

Brown O., Crawford A., *Rising Temperatures, Rising Tensions : Climat change and the risk of violent conflict in the Middle East*, International Institute for Sustainable Development (IISD), Canada, 2009

Caflisch L., « Le droit à l'eau – un droit de l'homme internationalement protégé », *in* : *L'eau en droit international*, Editions A.Pedone, Paris, 2010, p. 387

Caflisch L., « La Convention du 21 mai 1997 sur l'utilisation des cours d'eau internationaux à des fins autres que la navigation », *AFDI,* 1997, vol. XLIII, CNRS, Paris, p. 766-76

23- Caflisch L., « Le droit à l'eau – un droit de l'homme internationalement protégé », *in : L'eau en droit international*, Éditions A.Pedone, Paris, 2010, p. 387.

Caflisch L., « Réglementation des utilisations des cours d'eau internationaux », *in* : *Cours d'eau internationaux : renforcer la coopération et gérer les différends*, Salman M. A. Salman, Boisson de Chazournes L. (dir.), Actes du séminaire de la Banque mondiale, Rapport technique n° 414, Banque mondiale, Washington D. C., 1999

Caponera D. A., *Principles of Water Law and Administration : National and International*, Taylors & Francis, Londres, 2007, 2e édition

Chesnot C., *La bataille de l'eau au Proche-Orient*, L'Harmattan, Paris, 1993, p. 178

Clarke R., King J., *The Atlas of Water*, Earthscan, London, 2004

Comair F., « L'hydro-diplomatie des Pays du Moyen-Orient : Le cas de l'Oronte et de Nahr el Kabir », *in : Les enjeux méditerranéens : L'eau, entre guerre et paix*, de Charrette H. (dir.), L'Harmattan, Paris, 2004

Combacau J., Sur S., *Droit international public*, Montchrestien, Paris, 2012, 10e édition

Daibes Murad F., *A New Legal Framwork for Managing the World, a case-study from the Middle East*, IWA Publishing, London, 2005

Daoudy M., *Le partage des eaux entre la Syrie, l'Irak et la Turquie*, CNRS, Paris, 2005

European Commission, *Climate change and international security*, Council Doc. 7249/08 of 03.03.2008

Falkenmark, M., Lundqvist, J., and C. Widstrand, « Macro-scale water scarcity requires micro-scale approaches: aspects of vulnerability in semi-arid development », *in* : *Natural Resources Forum* vol.13, Academic Press, San Diego, 1989

Gerstetter C., Vidaurre R., *Will there be More Water Conflicts as the Climate Changes?*, CLICO Policy Brief n°3., Ecologic Institute, Berlin, 2012

Jouve E., *Relations internationales*, Presses Universitaires de France, Paris, 1992, 1er édition

Kharouf-Gaudig R., *Le droit international de l'eau douce au Moyen-Orient, entre souveraineté et coopération*, Bruylant, Bruxelles, 2012

Kibaroglu A., « Transboundary Water Relations in The Euphrates » *in* : *Water Law and Coopeartion in the Euphrates – Tigris Region, A comparative and Intersdiciplinary Approch*, Wolfrum R. et al., Aertinus Nijhoff Publishers, Leiden – Boston, 2013

Kirschner A. J. and Tiroch K., « The Waters of Euphrates and Tigris : An International Law Perspective », *in : Max Planck Yearbook of Unitend Nation Law*, Volume 16, Von Bogdany A., Wolfrum R. (ed.), Koninklijke Brill, Leyde, 2012, p. 381

Leben C., Verhoeven J. (dir.), *Le principe de précaution : Aspects de droit international et communautaire*, Université Panthéon-Assas (Paris II), Paris, 2002

Ludwig R., and al. , *Towards an inter-disciplinary research agenda on climate change, water and security in Southern Europe and neighboring countries*, Environmental Science & Policy, vol. 14, n° 7, 2011

Majzoub T., *Les fleuves du Moyen-Orient*, L'Harmattan, Paris,1994

McCaffrey S., *The Law of International Watercourses, Non-Navigational Uses*, Oxford University Press, Oxford, 2001

Nasser Y., « Palestinian water needs and rights in the context of past and futur development », *in : Water in Palestine Problems-Politics- Prospects*, PASIS, Jerusalem, 2003

Sohnle J., *Le droit international des ressources en eau douce*, Paris, La Documentation Française, 2002.

UNESCO-WWAP, *L'eau, une responsabilité partagée*, 2e Rapport mondial de l'ONU sur la mise en valeur des ressources en eau, UNESCO, Paris, 2006

United Nations Economic and Social Commission for Western Asia (UN-ESCWA), *ESCWA Water Development Report 2, State of Water Resources in the ESCWA Region*, E/ESCWA/SDPD/2007/6, 4 December 2007

UN-ESCWA, *Water Development Report 1: Vulnerability of the Region to Drought Order*, 24 October 2005

UN-ESCWA, Enhancing the Application of Integrated Water resources Management in the Escwa Region, High Level Briefing Session on the Application of IWRM in the ESCWA Region, 13 September 2004

UNESCO-WWAP, *Water in a changing world*, The United Nations World Water Development Report 3, UNESCO, Paris, 2009

Wolf A. T., Hamner J. H., *Trends in transboundary water disputes and dispute resolution, Water for Peace in the Middle East and Southern Africa*, Green Cross International / Ruckstuhl SA, Renens, 2000

World Bank, *West Bank and Gaza, Assessment of Restrictions on Palestinian Water Sector Development – sector note*, MENA Region, World Bank, Washington, 2009

Le bassin du Jourdain et les frontières d'Israël selon l'ONU

Source : *ONU, Département des opérations pour le maintien de la paix, carte n° 3564, rév. 2, Section carto-graphique, janvier 2004*

Les principaux barrages sur le Tigre et l'Euphrate

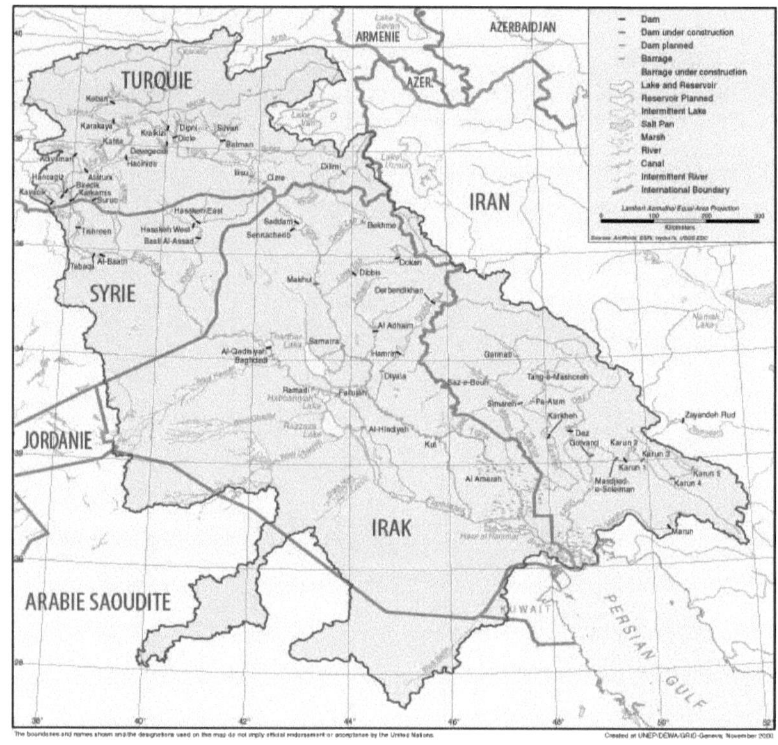

Source : *D'après le Programme des Nations Unies pour l'Environnement (UNEP), disponible sur www.grid.unep.ch/product/map/images/tigris_damb.gif, consulté le 10 octobre 2012*

Avenir du Tigre-Euphrate dans le contexte du changement climatique

Evelyne Lyons
Ingénieur civil des Mines, membre de l'Académie de l'Eau
Consultante, enseigne la politique de l'eau sous l'angle de la gestion des conflits

Dominique Fougeirol
Ingénieur civil des Mines, Responsable à l'international
de la Gestion Intégrée des Ressources en Eau chez BURGEAP-IGIP

Résumé
Un nombre croissant de publications dans le domaine de la stratégie s'intéressent aux risques d'escalades de conflits en conséquence de moindres disponibilités de ressources hydriques liées au changement climatique. Ce dernier peut en effet accroître les risques de pénurie, et donc les tensions entre utilisateurs d'une même ressource et il renforce par ailleurs les besoins de contrôle et de régularisation des écoulements, et ceci est encore cause de conflits locaux du fait de la construction nécessaire de nouveaux barrages-réservoirs. Qu'en est-il sur le bassin du Tigre-Euphrate ? Les aménagements turcs du GAP sur l'Euphrate, imposés comme un fait accompli non concerté, furent hautement polémogènes au temps de leur construction. Mais dans le contexte de changement climatique, l'engagement turc de fournir mensuellement l'équivalent de 500m3/s à la frontière turco-syrienne représente une certaine sécurité pour les pays de l'aval face aux aléas climatiques. Sur le Tigre, fleuve encore en grande partie sauvage, des aménagements supplémentaires, respectant les normes internationales, pourraient s'avérer utiles pour l'ensemble des acteurs.

Abstract
A number of publications in the strategic field deal with growing risks of conflict as a consequence of reduced water resources in the context of climatic change. The latter may in fact increase the risk of shortages, and thus the tension between users of the same resource and also reinforces the need for control and regulation of flows, and this is again because of local conflicts due to construction need for new dams and reservoirs. What about the Tigris-Euphrates hydrological basin ? The GAP developments on Euphrates, imposed by Turkey on her downstream neighbours, were highly conflictual at the time they were built. However in the context of climatic change, the Turkish commitment to let go each month the equivalent of 500 cubic meters per second at the Turkish-Syrian border contributes to a certain securitisation of the downstream countries faced with increased risks of drought. On the Tigris river, still little developed, new equipments, provided they respect international standards, could prove useful to all parties.

Introduction

Un nombre croissant de publications dans le domaine de la stratégie s'intéressent aux risques d'escalades de conflits en conséquence de moindres disponibilités de ressources hydriques liées au changement climatique[1].

En effet le changement climatique peut accroître les risques de pénurie, et donc les tensions entre utilisateurs d'une même ressource. Il renforce par ailleurs les besoins de contrôle et de ou régulation des écoulements, et ceci est encore cause de conflits locaux du fait de la construction nécessaire de nouveaux barrages-réservoirs.

Qu'en est-il sur le bassin du Tigre-Euphrate ?

I. Le Tigre-Euphrate, un bassin partagé à fort potentiel de conflit

I. 1. Un bassin partagé

L'Euphrate prend sa source dans l'Est de la Turquie et se jette dans le golfe Persique après avoir traversé successivement la Syrie et l'Irak, et formé dans ce dernier pays le Shatt-el-Arab par confluence avec le Tigre. Ce dernier fleuve a aussi sa source principale en Turquie, mais reçoit une partie de son écoulement en Irak et en Iran. Les contributions respectives des pays riverains au débit sont données dans le tableau 1 ci-dessous

Tableau 1 : Contribution respective des précipitations dans chaque pays au débit moyen du Tigre et de l'Euphrate

	Turquie	Syrie	Irak	Iran	Total
Euphrate	88%	12% (*)	0		30km3/an
Tigre	51%	0	27%	33%	52km3/an

(*) Une bonne partie de la contribution de la Syrie au débit de l'Euphrate provient de sources qui émergent en Syrie mais dont le bassin d'alimentation est situé en Turquie.

1- On trouvera dans la synthèse de P. Berthelot « Eau, changement climatique et géostratégie » parue dans le numéro d'automne 2012 de la revue « Sécurité Globale » un point sur l'état des réflexions stratégiques à ce sujet.

Tableau 2 : Contribution du fleuve à la ressource renouvelable de chaque pays

	Turquie	Syrie	Irak
Euphrate	15%	65%*	28%*
Tigre	11%	0	60%

**Parts respectives (42-58%) calculées sur la base de l'accord de partage entre la Syrie et l'Irak du débit disponible à la frontière Turquie/Syrie à partir de flux réels mesurés entre 1995 et 1999 (d'après M. Daoudy 2005)*

Ces données mettent en évidence, d'une part la prépondérance du bassin d'alimentation turc pour le Tigre-Euphrate, d'autre part la dépendance marquée de la Syrie et de l'Irak vis-à-vis de cette ressource. Le régime naturel de ces deux fleuves est très irrégulier. 55% des eaux s'écoulent durant trois mois, avril-mai-juin, suite à la fonte des neiges sur les chaînes des monts Taurus et Zagros.

I. 2. Conflictualité liée aux grands aménagements

L'Irak a longtemps été le principal utilisateur des eaux du Tigre-Euphrate. Mais depuis les années 70, la Turquie, et dans une moindre mesure la Syrie, ont développé de grands projets d'utilisation des eaux, sans qu'un accord tripartite de répartition des droits d'usage ne soit signé entre les trois pays. Une première crise avec l'Irak survint en 1974 lors du remplissage simultané des barrages de Keban (Turquie) et Tabqa (Syrie) qui coïncida avec une année de sècheresse ; une médiation conjointe de l'Arabie saoudite et de l'Union Soviétique parvint à éviter qu'elle ne débouche sur un conflit armé.

Depuis les années 80, la Turquie développe sur l'Euphrate puis le Tigre un méga-projet de développement régional dénommé G.A.P. (*Güneydogu Anadolu Projesi*) comprenant la construction de 22 barrages et 19 usines ayant pour finalité la production hydroélectrique et la stabilisation économique et politique d'une des régions les plus sous-développées du pays, le Sud-Est Anatolien dont la population se trouve être en majorité kurde. Sa pièce maîtresse, le barrage Ataturk, sur l'Euphrate, d'une capacité de 50 km^3, soit plus d'une fois et demie l'écoulement annuel naturel du fleuve, rempli à partir de 1990, a été mis en service en 1994 pour la production d'électricité.

L'Euphrate représente 65% de la ressource renouvelable de la Syrie[2] si l'on tient compte du contingent qu'elle laisse passer à l'Irak. C'est une ressource essentielle pour l'hydroélectricité, l'irrigation et l'alimentation en eau potable. Pour elle l'enjeu est majeur, vital même, d'autant que ce pays affiche la priorité d'une politique de sécurité alimentaire, et compte sur la

2- Lire à ce propos Daoudy M. (2005)

production de coton dans le bassin de l'Euphrate pour une part importante de ses exportations. Pourtant les caractéristiques de salinité de beaucoup de ses terres amènent certains experts à mettre en question le réalisme de l'ampleur des projets d'irrigation déclarés. Le gouvernement syrien met aussi en cause la pollution agricole des eaux de retour d'irrigation turques.

L'Irak fut aussi le premier des EÉtats riverains à construire un barrage sur l'Euphrate pour remettre en service un ancien réseau de canaux d'irrigation. Ce pays estime à 90% les pertes de disponibilité d'eau à partir de l'Euphrate qui résulteront de la mise en service à des fins agricoles de l'ensemble des barrages turcs et syriens. L'insuffisance du débit du fleuve induira une pollution élevée et une salinisation préjudiciable tant à l'irrigation qu'au développement programmé d'industries et de traitement d'eau du fleuve pour les populations.

I.3. Une coopération par épisodes qui n'a pas encore conduit à un accord cadre tripartite

Un accord provisoire préalable à la mise en eau du barrage Ataturk a néanmoins été conclu en 1987 entre Syrie et Turquie, cette dernière s'engageant à laisser passer 500m^3/s en moyenne chaque mois, et à compenser par un surcroît de débit le mois suivant si cet engagement n'avait pas été respecté.

Par la suite, les deux pays de l'aval Syrie et Irak, ont de leur côté convenu en 1990 de se partager proportionnellement le flux passant à la frontière turco-syrienne, la Syrie laissant passer à l'Irak 58% du débit reçu de la Turquie.

La Turquie attendait en contrepartie de l'accord de 1987 la fin de l'appui syrien à la guérilla indépendantiste kurde. Malgré l'existence de ces accords, ce n'est qu'à la fin des années 90 que les relations se sont apaisées entre les deux voisins et l'on assista, à partir de 2001, à une amélioration des relations turco-syriennes conduisant à une décennie de coopération marquée.

L'Irak avait de son côté de meilleures relations avec la Turquie, qui incluaient la réciprocité du droit de poursuite des opposants kurdes de part et d'autre de la frontière.

Après la guerre de 2003, le nouveau gouvernement irakien s'est montré intéressé par la préservation écologique des marais environnant la confluence Tigre-Euphrate, comprenant une partie de la frontière irako-iranienne. Cette zone d'importance écologique et culturelle primordiale avait été très endommagée, d'abord par la guerre Iran-Irak dans les années 80, puis par la politique de drainage voulue par le gouvernement de Saddam Hussein pour moderniser et mieux contrôler une zone d'infiltration potentielle d'opposants chiites.

II. Demain, une aggravation des tensions ?

II. 1. Les risques de pénurie

C'est le problème majeur du bassin. L'estimation des besoins futurs cumulés, associés principalement à l'agriculture, dépasse très largement la ressource renouvelable de l'Euphrate. W. Scheumann[3] estime à 1,9 km^3 le déficit pour une ressource de 31,8 km^3. Faute de réserves souterraines complémentaires, l'absence d'accord conduirait à une exploitation sauvage dans laquelle les utilisateurs amont se verraient privilégiés aux dépens des utilisateurs de l'aval.

Alors que le programme agricole du GAP sur l'Euphrate était encore loin de son achèvement, la Syrie observait déjà dans les années 90 une baisse d'un tiers du débit à la frontière turco-syrienne. L'application du double accord bilatéral conduirait l'Irak, qui recevait encore l'essentiel du débit de l'Euphrate dans les années 70 à ne recevoir plus que 9,6 km^3 annuellement (à savoir 58% des 16 km^3 garantis par la Turquie à la frontière turco-syrienne).

II. 2. Risques associés au changement climatique

La Méditerranée est une des rares zones du globe où les prévisions des divers modèles concordent pour prévoir une réduction des précipitations. Mais les données observant les tendances et les modèles de prévision des futurs climats et pluviométries manquent cruellement sur le bassin du Tigre-Euphrate ; et si elles existent, elles ne sont guère partagées. Une revue bibliographique des connaissances existant dans la région a été effectuée dans le cadre du programme Unesco/ WWAP-PCCP[4]. Selon le rapport du GIEC consacré aux ressources en eau paru en 2008, le ruissellement dans le bassin du Tigre-Euphrate devrait à l'horizon 2100 être réduit de 20% de façon générale, et de 40% localement. Certains prévisionnistes envisagent même la fin du croissant fertile[5]. Toutefois, il existe des études qui prédisent un accroissement de la pluviométrie dans le bassin du Tigre du fait de la circulation préférentielle des vents humides de la Méditerranée jusqu'aux monts Zagros (F. Rifai, 2009). Notons qu'à ressources égales, les besoins sont plus importants si le climat est plus chaud, car la demande d'eau, qu'elle soit agricole ou domestique, est fortement dépendante de la température.

Le Tigre et l'Euphrate ont toujours eu des écoulements très variables d'une année sur l'autre. Mais on peut s'attendre à un accroissement de la variabilité interannuelle, et donc des séquences de sècheresses.

3- Scheumann W., "Conflicts on the Euphrates : an Analysis of Water and Non-water Issues", in Scheumann and Schiffler (ed.) "Water in the Middle-East: Potential for conflicts, Prospects for Cooperation", Springer 1998.

4- Trondalen J. M. « Climate Change, Water Security and Possible Remedies for the Middle-East » UNESCO/WWAP/PCCP 2009.

5- Kitoh et al (2008) "First super-high resolution model projection that the ancient fertile crescent will disappear in this century" Hydrological Research Letters, 2, 1-4, the Japan Society of Hydrology and Water Resources.

D'autres risques associés au changement climatique résident dans :

- La pollution accrue des eaux du fleuve,
- La désertification causée par le surpâturage lors des épisodes de sècheresse,
- La perte de biodiversité.

III Conséquences sur les fleuves : quelles parades ?

Parmi les mesures spécifiques au bassin du Tigre-Euphrate, le rapport UNESCO-WWAP recommande une gestion prudente de l'irrigation. Ceci passe par :

- un contrôle accru des prélèvements et de l'usage d'eau d'irrigation (on pourrait imaginer un moratoire sur l'extension des périmètres irrigués, la création de nouveaux périmètres ne se faisant qu'au vu de progrès accomplis dans l'efficience de l'usage de l'eau),
- une veille préventive conjointe sur le changement climatique, et la construction de modèles associés à cette problématique,
- le monitoring qualitatif et quantitatif conjoint des fleuves aux frontières,
- une recherche commune sur l'efficience de l'eau d'irrigation et les bons choix de cultures.

Allant plus loin, il envisage de résoudre le dilemme que représente la conciliation des quatre enjeux - ,

- extension de l'irrigation en Turquie,
- extension de l'irrigation en Syrie,
- exigence d'une qualité correcte de l'eau en Irak,
- préservation de la biodiversité, par le traitement de dessalement des eaux de retour d'irrigation – à commencer par l'Euphrate à la frontière aval de la Syrie, mais cela pourrait se faire aussi entre Turquie et Syrie si le développement de l'irrigation en Turquie entraine une dégradation de la qualité des eaux de l'Euphrate ou de ses principaux affluents en Syrie. Ce projet s'appuierait sur un schéma de compensation aidé par la communauté internationale. Toutefois le coût élevé d'un tel traitement est à comparer au bénéfice à en tirer en aval pour en évaluer l'intérêt économique et le bilan environnemental.

III. 1. Conséquences sur l'Euphrate

La croissance des besoins liée à la démographie et aux projets d'irrigation pose déjà un défi significatif en termes de risque de pénurie. Le dérèglement climatique introduit une pression supplémentaire, en faisant peser sur les ressources futures de fortes incertitudes.

Changement climatique ou pas, il faudra faire plus avec moins, et tous les gouvernements semblent convaincus par cette évolution. Des gisements de productivité existent sans aucun doute. La difficulté est de financer les investissements nécessaires et de former les intervenants de terrain, à savoir les agriculteurs. Le défi de la productivité hydrique fait l'objet d'une vaste littérature à laquelle on renvoie le lecteur[6].

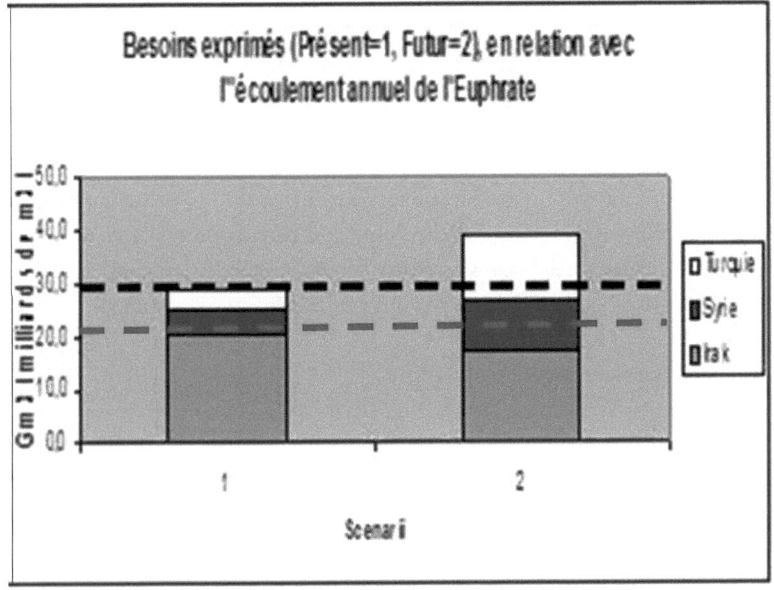

Figure 1 : *Besoins d'eau actuels et futurs, comparés aux ressources du bassin (lignes pointillées horizontales). En cas de ressource diminuée par le changement climatique, la pénurie est plus marquée (ligne pointillée inférieure). D'après jeu HydroCONCERT' Euphrate.*

Il est à noter que le changement climatique fournit un éclairage nouveau sur l'engagement turc d'assurer un débit mensuel garanti à la frontière, car cet engagement, s'il est maintenu, représente une certaine protection contre les aléas météorologiques. Les pays de l'aval ont longtemps contesté la décision de la Turquie de ne laisser passer qu'un peu plus de la moitié d'un flux estimé entre 30 et 32 km^3/an. Plutôt que 500m^3/s ils plaidaient pour un partage par tiers égaux entre les trois parties concernées, qui donnerait à la frontière turco-syrienne un débit plus proche de 700 m^3/s[7]. Dans un contexte de ressources incertaines, l'engagement turc de fournir un flux stable et prédéterminé paraît plus favorable ; en effet dans cet arrangement c'est le pays amont qui assume le risque hydrologique, y compris l'accroissement des pertes par évaporation sur la surface libre de ses retenues. Si la ressource globale de l'Euphrate diminue d'un quart à trois quarts, comme l'annoncent, très vaguement encore, les modèles prédictifs, la part garantie aux pays de l'aval semblera décidément plus attrayante.

....

6- Rapports UNESCO-WWAP, FAO-IWMI, PNUD, Conseil Mondial de l'Eau, Global Water Program...

7- D'après DAOUDY (2005).

De plus la capacité des barrages turcs permet une régulation interannuelle, et donc de faire face aux épisodes de sècheresse. C'est ce qui s'est passé en 2005. Alors que de nombreux experts prédisaient un conflit armé en cas de sècheresse prolongée, on a vu la Turquie laisser passer d'avantage d'eau du barrage-réservoir Ataturk pour venir en aide aux pays de l'aval, durement touchés.

Un autre impact prévisible du réchauffement global est un moindre stockage naturel hivernal de l'eau sous forme de neige en montagne utile à la recharge des nappes, associé à un accroissement du ruissellement hivernal pouvant induire une réduction du volume d'eau régularisé naturellement. Toutefois, le débit de l'Euphrate étant d'ores et déjà totalement régulé par les barrages turcs, cette différence n'interviendrait qu'en amont de ceux-ci.

III. 2. Conséquences sur le Tigre

Contrairement à l'Euphrate, le Tigre disposerait encore, en tenant compte des programmes d'utilisation de l'eau prévus par les divers pays riverains, Iran compris, d'une certaine disponibilité de ressources qui pourrait atteindre 5 à 10 km^3/an en moyenne interannuelle selon le contingent que l'on souhaite réserver pour les besoins écologiques des marais et du golfe Persique[8].

8- Calculs effectués en appui du jeu HydroCONCERT' Euphrate.

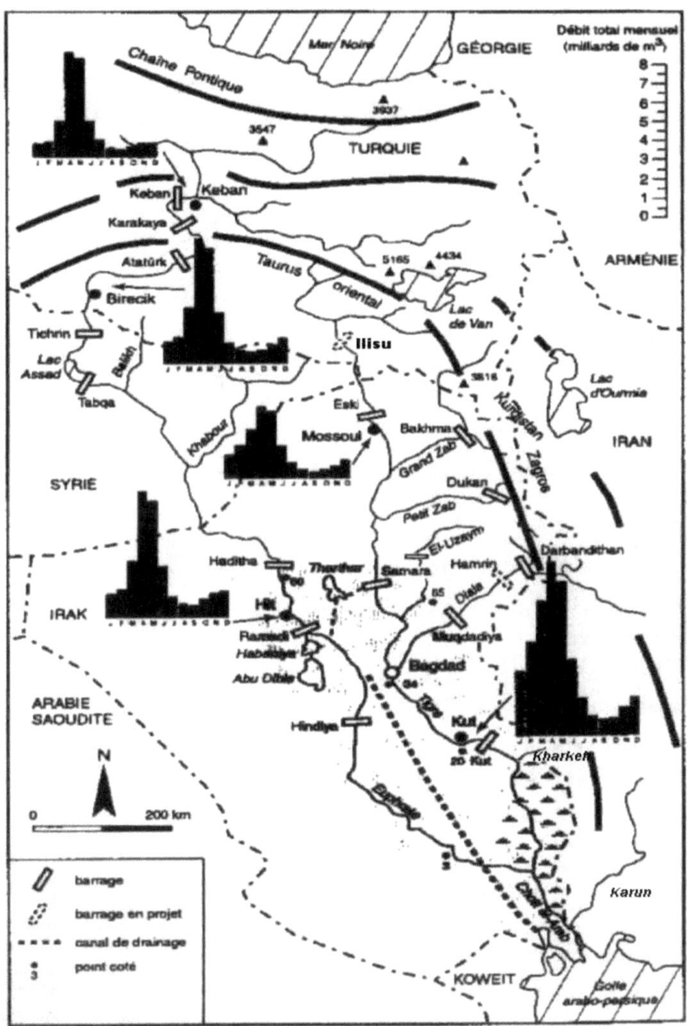

Figure 2 : *Carte des basins du Tigre et de l'Euphrate, débits naturels et aménagements d'après G. Mutin (2000).*

Il s'agit d'un fleuve encore sauvage dans sa partie Nord. Les principaux ouvrages de régulation dans le Nord irakien, à savoir le barrage d'Eski Mossoul (11 km^3 sur le Tigre qui écoule à ce niveau 20km^3/an), et Bakhma (3,3 km^3 sur le grand Zab qui écoule 12 km^3/an) sont actuellement hors d'usage pour des raisons tant techniques que politiques. Ouvrage majeur de contrôle des eaux dans le Nord de l'Irak, Eski Mossoul (anciennement barrage Saddam), est actuellement inutilisable pour un motif technique, à savoir des fuites dans ses fondations gypseuses. L'insécurité juridique liée à une nouvelle constitution très décentralisée rend difficiles les nouveaux projets d'infrastructures en raison de conflits d'autorité et de responsabilité entre structures gouvernementales d'une part, et entre autorités centrales et régionales[9]. Néanmoins, le lancement des travaux de réhabilitation de cet ouvrage était annoncé en 2011. Le barrage de Bakhma, en construction sur le grand Zab, en plein pays kurde, aurait été détruit lors des affrontements de 1991. Dans la partie médiane de l'Irak, les affluents rive gauche du petit Zab (7 km3/an), la Diyala (6 km3/an) et plus récemment l'Adhaim (appelé aussi El-Uzain), sont équipés. Au Sud, parmi les rivières débouchant dans la partie aval ou le delta, l'Iran contrôle la Karkheh (6,3 km3/an) et aménage activement la Karun (25 km3/an), autre fleuve débouchant dans le delta du Tigre-Euphrate[10].

32 km^3/an sur les 52 km^3/an que compte le Tigre au total s'écoulent donc librement actuellement, avec les conséquences suivantes :

- des inondations graves et fréquentes à Mossoul et Bagdad,
- un faible débit estival, donc une limitation des cultures d'été dans le Nord du pays,
- une pollution urbaine et industrielle plus concentrée en été.

Faut-il développer des équipements supplémentaires de régulation pour stocker les eaux hivernales et de printemps jusqu'à l'été, tout en évitant les crues destructrices ?

En Turquie, le programme d'aménagement du GAP n'en est qu'à ses prémisses sur le Tigre. La construction du barrage d'Ilisu, dans des gorges du Tigre proches de la triple frontière turco-syro-irakienne, d'une capacité de 10 km^3 et à finalité essentiellement électrique, en serait la pièce maîtresse. Ce barrage contrôlerait 20% du débit global du Tigre.

L'opposition au barrage se fonde sur des arguments écologiques, sociaux et culturels. Un rapport contestait également l'utilité de sa production énergétique, mettant en avant les pertes liées au transport d'électricité depuis les installations existantes, qu'il serait plus avantageux de réduire plutôt que de se lancer dans la création d'un nouvel équipement productif. Un programme d'aménagement alternatif consistant en 5 ouvrages mineurs au lieu d'un grand a également été proposé par la *Middle-East Technical University.* Par deux fois, le Conseil d'Etat turc s'est prononcé contre la construction du barrage d'Ilisu, et la société civile turque et internationale combat pour classer la ville de Hasankeïf, menacée de submersion, au patrimoine mondial de l'humanité avec l'UNESCO.

Les gouvernements des pays aval ne se sont guère prononcés publiquement par rapport à cette construction. Or dans la mesure où les Turcs ne projettent que peu de surfaces irriguées[11] à l'aval de leur barrage, la régularisation du

....

9- Communication de Mr Al Janabi, ambassadeur de l'Irak auprès des organisations internationales, à Rabat 17 dec. 2010.

10- Ces chiffres proviennent des documents ESCWA (2013) et PNUE (2000).

11- Projet de Cizre : 121 000ha, d'après brochure GAP.

débit liée à une exploitation électrique pourrait fournir des ressources estivales supplémentaires à l'aval de la frontière turque. La Syrie, notamment, pourrait s'en servir pour réalimenter les affluents en rive gauche de l'Euphrate, à partir de son accès frontalier au Tigre. Quant à l'Irak, une augmentation du débit estival pourrait venir en complément des effets du barrage reconstruit d'Eski Mossoul en dégageant de l'eau pour l'irrigation, en contribuant à diluer la pollution du Tigre, ou peut-être même en diluant la pollution saline du bas Euphrate moyennant transfert. Les options d'usage et de répartition devraient évidemment être chiffrées, discutées et négociées.

Ce projet se heurte surtout à l'opposition kurde. L'arrêt de la construction de barrages faisait partie du récent accord de non agression entre le gouvernement turc et la guérilla kurde du PKK (mars 2013).

Comment le changement climatique pèsera-t-il sur les besoins d'aménagements ? Il est probable que celui-ci réduira la couverture neigeuse hivernale, et donc l'intensité des crues de printemps liées à la fonte des neiges à l'origine des inondations les plus ravageuses. D'où une moindre prégnance de l'enjeu des inondations. En ce qui concerne la régularisation pour soutien des étiages d'été, il est difficile d'affirmer quoi que ce soit avant de savoir dans quel sens évolue la ressource du Tigre : va-t-on vers une diminution ou une augmentation des débits annuels, et vers quelle répartition saisonnière des apports ? D'autres effets du changement climatique notés dans d'autres régions mais non encore prouvés ici, tels qu'une plus grande fréquence de pluies exceptionnelles occasionnant des crues éclairs, et l'augmentation de la variabilité interannuelle des écoulements, plaident en faveur d'un renforcement des infrastructures de contrôle.

Il est possible que de nouveaux aménagements du bassin du haut Tigre soient souhaitables à l'avenir, pour l'intérêt de l'ensemble des Etats concernés. La question principale aujourd'hui face au projet d'Ilisu est d'adopter des variantes ou arrangements plus acceptables localement du point de vue social, écologique et archéologique, conformément aux exigences démocratiques.

Conclusion

Ces considérations confirment, s'il en était besoin, que le lien entre changement climatique, tension sur les ressources, et tension géopolitique, est loin d'être univoque et déterminant, et qu'il faut inclure dans l'analyse de chaque cas une vision précise des enjeux, les tendances du système naturel local, l'existence d'infrastructures de contrôle et les accords existants autour de leur gestion.

Les équipements turcs sur l'Euphrate, hautement polémogènes à l'époque de leur réalisation en raison de leur caractère non concerté et du changement de rapport de force qu'ils induisaient, pourraient jouer dans le contexte du changement climatique un rôle important de sécurisation collective.

A propos du Tigre, il faut se garder de reprendre tels quels les argumentaires développés successivement pour chacun des barrages de l'Euphrate. En effet les circonstances sont différentes notamment en termes d'influence stratégique de l'amont, de pertes d'eau par évaporation, et d'impact sur l'aval. A moyen terme un programme de renforcement des ouvrages de contrôle du Tigre, réalisé en appliquant les normes internationales les plus exigeantes sur le plan social et environnemental, pourrait sécuriser les ressources hydriques et bénéficier à l'ensemble des acteurs.

Nous plaiderons surtout en faveur d'une intensification des efforts de recherche collaborative en météorologie et en hydrologie, afin d'améliorer les connaissances analytiques et prédictives. Déjà des universitaires irakiens, syriens et turcs réunis au sein de la structure ETIC (*Euphrates-Tigris Initiative for Cooperation*) tentent de rassembler leurs données pour mettre à la disposition de leurs décideurs des indications utiles à la prise de décision concertée. Ces efforts, qualifiés de « diplomatie parallèle[12] » par les promoteurs de l'initiative eux-mêmes, méritent un soutien accru.

Bibliographie

DAOUDY M., « Le partage des eaux entre la Syrie, l'Irak et la Turquie. Négociation, sécurité et asymétrie des pouvoirs. » CNRS Editions, Paris 2005, 269p.

KOLARS J.F., MITCHELL L., « Problems of International River Management : the Euphrates Case » in A.K. Biswas (ed.), *International Waters of the Middle-East : From Euphrates-Tigris to the Nile.* Oxford Univ. Press, Bombay, 1994, p. 44-94.

RIFAI F.: "Impact of Riparian Collaboration in the Tigris-Euphrates region", Séminaire RIOB, Beyrouth, oct. 2009.

MUTIN G. : « L'eau dans le monde arabe », Ed. Ellipses 2000.

UNEP-PNUE « The Mesopotamian Marshlands : Demise of an Ecosystem». 2000.

SCHEUMANN W., « Conflicts on the Euphrates : an analysis of Water and Non-water Issues. » *In Scheumann, Schiffler (ed) "Water in the Middle-East, Potential for Conflicts, Prospects for Cooperation."* Ed. Springer 1998.

TIEN-DUC N, « La guerre de l'eau aura-t'elle lieu ? » Ed. Johanet, 2004, 249p.

ESCWA : « Inventory of shared Water Resources in Western Asia». Rapport Ref : ESCWA/SDPD/2013.

SEMIDE, Système Euro-Méditerranéen d'Information sur les savoir-faire dans le Domaine de l'Eau, Portail international, ETIC, Euphrates-Tigris Initiative for Cooperation, janvier 2011.

12- Pour "*diplomacy track two* » voir la reference (SEMIDE, ETIC, 2011).

Gestion de l'eau potable en Tunisie transitoire : refonte du pacte social et redéfinition d'un service

Laurence A. Morin
Doctorante en sciences politiques
à l'Université du Québec à Montréal

Résumé
Le secteur de l'eau potable en milieu urbain en Tunisie a connu au cours de l'été 2012 des difficultés sectorielles, que la conjoncture politique est venue aggraver. L'héritage socio-historique, l'influence du régime autoritaire, la libération de la parole et l'espace public en pleine redéfinition nous mènent à un éclatement des exigences envers la société nationale de gestion de l'eau potable en Tunisie. Notre étude s'intéresse à la redéfinition des services d'eau potable en milieu urbain en Tunisie, qui sont au cœur de la reconstruction du pacte social. Cet article explorera les enjeux d'une société nationale de gestion des eaux dans un pays en stress hydrique, où les tarifs sont des questions d'une extrême sensibilité et où l'eau est perçue comme un dû plutôt qu'un bien.

Abstract
Throughout summer 2012, water sector in Tunisia faced serious complications that caused a three day water service interruption in industrial and touristic regions during an extended period of hot weather. While some blamed the laxity on the part of the government, the latter accused the national water distribution utility for negligence and disorganization. This paper examines the contextual and political factors that amplified the crisis and blurred its solving. Given the new freedom of expression taking place in Tunisia and the explosive social climate, this paper will also explore how a structural water management problem turned to be conjunctural and converted into a political crisis

Introduction

La phase transitoire que connaît la Tunisie depuis maintenant deux ans entraîne son lot d'impacts sur la Société Nationale d'Exploitation et de Distribution des Eaux (SONEDE). L'été 2012 a connu des coupures d'eau que plusieurs, à commencer par les médias, ont interprété comme une démonstration des dysfonctionnements du gouvernement de transition. En pleine crise de confiance, ce gouvernement est intervenu en limogeant trois directeurs centraux de la SONEDE pour faire bonne figure et assurer qu'il a le plein contrôle de la situation. Ces interventions politiques, qui ont d'ailleurs complexifié la crise, s'ajoutent aux défis structurels du service : hausses inattendues de la demande liées à l'immigration récente, besoins d'extension du réseau et de financement du service... Comment peut donc évoluer la situation de gestion de l'eau potable en Tunisie dans un environnement institutionnel aussi instable ?

La compréhension de cette problématique nécessite la mise en exergue des facteurs socio-politiques du présent et de l'ancien régime, la prise en considération des nouvelles exigences conjoncturelles, et la revue de certains fondements du service encore jamais remis en cause. Dans cet article, nous mettrons d'abord en évidence l'évolution et les particularités du paysage institutionnel du secteur de l'eau potable. Nous exposerons ensuite la crise sectorielle de juillet 2012 pour mieux expliciter les tensions qu'engendre le contexte transitoire sur le service. Enfin, nous conclurons avec un bref regard sur les incohérences d'un système qui compose avec les dynamiques de l'émergence et de la transition. Nous apporterons un éclairage sur les contradictions qui envasent actuellement le service dans des polémiques à cent lieus des réels enjeux.

I. Aux origines d'un service

> *« ... Cette ville aurait été unique en son genre dans tout l'Orient et l'Occident, n'était la pauvreté de ses ressources hydrauliques »*
> Al-Abdari, explorateur andalous du VIIIe siècle, à propos de la faible disponibilité de l'eau à Tunis (Daoulatli, s.d.)

Les sécheresses répétées, l'aridité du climat et la variabilité des précipitations en Tunisie compliquent singulièrement l'approvisionnement en eau potable depuis aussi longtemps qu'elle est considérée comme un bien collectif pris en charge par les autorités compétentes. Cela nous ramène aussi loin que l'époque romaine[1], où l'eau occupait une place prépondérante

1- Bien que l'époque punique (carthaginoise) ait introduit une gestion collective des eaux usées par un système de rigoles, c'est surtout à l'époque romaine que s'est développée la conception des services d'eau potable comme bien collectif avec la mise sur pied d'un système d'aqueduc.

dans l'organisation et l'aménagement des villes. Historiquement, la gestion de l'eau potable en Tunisie a été menée en regard des besoins locaux. Les grands tournants politiques, tels le début du protectorat français (1881), les deux guerres mondiales, et l'indépendance du pays (1956), ont à chaque fois modifié la répartition démographique, entraîné une hausse des besoins en eau potable, et imposé une forte pression sur la reconfiguration du réseau.

On assiste à la construction des premiers grands barrages avec l'arrivée du protectorat français. Bien que ces constructions ne s'inscrivent pas encore dans une stratégie globale de gestion des ressources, il s'agit des premières grandes infrastructures destinées à renforcer l'adduction de la capitale, principal pôle de développement économique de l'époque. Pendant le protectorat, les mutations à caractère démographique et géographique dans la capitale[2] font naître le besoin d'accentuer la mobilisation de la ressource. La nouvelle administration coloniale reconfigure alors l'aménagement hydraulique selon trois axes prioritaires : l'industrialisation, l'irrigation et les besoins domestiques.

Création d'une Régie d'État et arrivée de la SONEDE

Après la Seconde Guerre mondiale, la Tunisie est toujours sous protectorat français et alors que la demande en eau potable a ralenti pendant le conflit, la reprise de l'activité économique et l'explosion de la demande en eau potable requièrent l'extension du réseau dans plusieurs centres urbains du pays. C'est ainsi qu'une Régie Économique d'État est créée en 1947 dans le but de centraliser l'administration des services d'eau potable et d'alléger la charge financière des municipalités. Les services de distribution d'eau potable continuent d'être gérés localement, mais la nouvelle structure se superpose aux autorités locales en gérant les installations et effectuant les travaux d'entretien et d'adduction de l'eau potable. Un processus d'uniformisation du service prend alors forme avec l'entrée en fonction de cette régie[3]. Des efforts concentrés dans le milieu urbain engendrent une avancée considérable : en 1953, le taux de raccordement du monde urbain s'élève à 75 %[4].

Parallèlement, la même année, 65 %[5] de la population du pays réside en milieu rural, où les méthodes d'approvisionnement se limitent aux citernes privées et aux puits. En raison de moyens limités et d'objectifs nationaux centrés sur le développement des centres urbains où réside le potentiel économique, le monde rural est jusqu'alors demeuré complètement en marge des évolutions du secteur[6].

....

2- La ville est en pleine expansion en raison de la création de nouveaux quartiers européens, la population double, et les barrières de commerce avec l'Europe sont levées (Touzi, p. 110, 2009).

3- Touzi, p. 123, 2009.

4- Touzi, p. 124, 2009.

5- *Ibid.*

6- *Ibid.*

Suite à l'indépendance du pays en 1956, la prise en charge par le nouvel État du développement économique du pays nécessite des investissements d'envergure dans le secteur de l'eau potable. La Régie Économique d'État n'arrive pas à combler la demande en eau des secteurs en expansion et le nouveau gouvernement formule donc une demande de soutien financier à la Banque Mondiale, qui pose comme condition que la structure en charge du service soit autonome financièrement. C'est ce qui a conduit à la création de la Société Nationale d'Exploitation et de Distribution des Eaux, la SONEDE. Instituée sous la tutelle du Ministère de l'Agriculture et des Ressources Hydrauliques[7], la SONEDE a ainsi vu le jour en 1968 comme « établissement public à caractère industriel et commercial, doté d'une personnalité civile et d'une autonomie financière »[8]. Elle détient le monopole du service sur l'étendue du pays, service qu'elle a le droit de concéder partiellement[9].

La structure et le mandat de la SONEDE ont été déterminés par les besoins d'extension du réseau requis pour soutenir les plans de développement de l'État tunisien. Comme le monde rural représentait une lourde responsabilité pour la SONEDE, c'est la Direction du Génie Rural et de l'Exploitation des Eaux (DGGREE), chapeautée par le Ministère de l'Agriculture, qui en obtient la charge.

Grandes orientations du secteur

Vers le début années 1970, l'État adopte une stratégie de développement national qui mise sur le développement des pôles économiques (principalement le tourisme et l'industrie) pour stimuler l'activité économique de l'ensemble du pays. À l'exception du grand Tunis, ces pôles se concentrent dans les grands centres du littoral, ce territoire à l'Est du pays qui présente l'énorme désavantage d'être pauvre en ressources hydriques. Afin de solutionner les problèmes que posent la disparité spatiale et la variabilité temporelle de la ressource, l'État fait du secteur de l'eau un secteur stratégique pour faciliter la réalisation de son développement national. Une nouvelle politique hydraulique est élaborée et intégrée au plan de développement économique de l'État.

Cette stratégie se concrétise par une mobilisation accrue des eaux et leur transfert vers les centres de développement économique. L'ambitieux programme de construction de barrages et leur interconnexion a été mis en place à l'échelle du pays : l'eau de surface en abondance au nord-ouest est ainsi transférée vers le littoral, soit le Sahel, Sfax, le Cap Bon de même

7- Soulignons qu'au moment de sa création, la SONEDE était sous la tutelle du Secrétariat d'État au Plan et à l'Économie Nationale. Elle fût transférée sous la tutelle du ministère de l'Agriculture en 1975 (Touzi, p. 126, 2009).

8-République Tunisienne. Loi no 68-22 du 2 juillet 1968, portant création de la Société Nationale d'Exploitation et de Distribution des Eaux. 1968.

9- *Ibid.*

que vers Tunis, afin de combler les besoins de l'activité touristique, de la consommation domestique et de l'agriculture irriguée.

Jusqu'au milieu des années 1980, les politiques hydriques sont orientées vers la gestion de l'offre. Cette approche a permis une augmentation significative du taux de raccordement en milieu urbain ainsi que la construction de grandes infrastructures hydrauliques. De la fin des années 1980 jusqu'au milieu des années 2000, la SONEDE unit ses efforts à ceux de la Direction du Génie Rural pour le raccordement en milieu semi-urbain, puis rural[10]. Suite à la réalisation des objectifs de raccordement, la SONEDE se penche sur la gestion de la demande et l'amélioration de la qualité des eaux et quatre stations de dessalement des eaux saumâtres voient le jour pendant cette dernière période[11]. Malgré les limites qualitatives et quantitatives[12] de la ressource, le développement du secteur se chiffre aujourd'hui par un taux de branchement de 100 % en milieu urbain, de 93,8 % en milieu rural[13] et par une infrastructure hydraulique qui mobilise 90 % des ressources en eau utilisables[14], selon les chiffres de la SONEDE. D'après la Banque Mondiale et les experts nationaux, ces réalisations ont permis au secteur d'atteindre un niveau de performance parmi les plus notoires dans le monde en développement[15].

Système de gestion partagée et solidarité nationale

Le raccordement à l'eau potable de la population tunisienne se base sur un système de gestion partagé entre la SONEDE et la Direction du Génie Rural qui intègre un principe de solidarité nationale. Ce principe issu de la politique sociale, mise de l'avant par l'État au début de la période post-indépendance, s'exprime par deux mesures d'application précises. D'une part, un mécanisme de péréquation tarifaire est appliqué entre les usagers de la SONEDE. La structure tarifaire est établie selon cinq niveaux de consommation, desquels découlent cinq tranches tarifaires. De cette manière, les grands consommateurs subventionnent en quelque sorte l'accès au service des plus démunis.

D'autre part, la solidarité nationale se fonde sur un mécanisme de péréquation territoriale. La structure de tarifs uniformisée à l'échelle du pays prévoit une répartition nationale des coûts d'approvisionnement. Les charges

10- Touzi, p. 133, 2009.

11- Kerkennah (1984), Gabes (1995), Zarzis (1999) et Jerba (2000) ; Seddik, 2009.

12- Les eaux souterraines de plus en plus saumâtres posent surtout problème aux opérateurs d'eau potable en milieu rural ; l'intrusion saline de l'eau due à une surexploitation s'explique par l'utilisation continue des ressources en eau souterraine ; ministère de l'Agriculture, SONEDE, 2001.

13- En milieu rural, 49,4 % de l'approvisionnement est assuré par la SONEDE, et 44,4 % par le Génie Rural. (SONEDE, 2013).

14- Séminaire MEDELEC, 2000.

15- Banque Mondiale, p. 2, 2009 ; Touzi, p. 137, 2009.

d'investissements sont partagées entre tous les usagers de la SONEDE, et la localisation géographique n'influe donc pas sur les tarifs. Comme les investissements ruraux compromettraient l'autonomie financière de la SONEDE, ils sont en grande partie subventionnés par l'État.

Officiellement, le Génie Rural a à sa charge les agglomérations de moins de 2500 habitants (à moins que la densité de population en milieu rural permette d'assurer une rentabilité minimale ; dans ces cas, la SONEDE en assume la responsabilité). Ainsi, en milieu rural dispersé, la Direction du Génie Rural entreprend la construction des infrastructures et l'exploitation est ensuite déléguée à des associations d'usagers appelées Groupes de Développement Agricoles (GDA). L'approvisionnement y est assuré par des fontaines publiques, contrairement aux branchements individuels opérés par la SONEDE et les usagers des GDA ne sont pas compris dans le principe de péréquation tarifaire mentionné ci-haut[16]. En bref, la gestion de l'eau potable en milieu rural s'avère assez complexe, de par l'intervention d'une multiplicité d'acteurs et la répartition des tâches multiniveaux.

Structure organisationnelle de la SONEDE dans le cadre de l'évolution de l'État tunisien

La structure de la SONEDE est restée relativement inchangée depuis sa création et bien que l'État ait largement modifié son rôle et ses orientations depuis les dernières décennies, les arrangements institutionnels entre la SONEDE et son ministère de tutelle n'ont pas connu l'équivalent de ces transformations. La SONEDE a été fondée dans un contexte de consolidation des pouvoirs de l'État tunisien pour la concrétisation des objectifs de développement social et économique. L'État de cette époque était un développeur, centralisateur, planificateur. Dans son VIe Plan de développement économique et social (1982-1986), l'État tunisien énonce ses premières intentions de réduire son champ d'action dans différents secteurs de l'économie[17]. Plus tard, les orientations statuées dans le Xe Plan quinquennal entraînent des impacts significatifs sur les finances de la SONEDE. L'objectif prioritaire de réduction de l'endettement de l'État oblige les entreprises publiques à améliorer leur capacité d'autofinancement.

Il est important de mentionner à ce stade que la SONEDE, autonome financièrement, se doit d'équilibrer ses finances, mais ne détient pas l'autorisation de fixer elle-même ses tarifs. Ceux-ci sont établis suite à une

....

16- Les questions relatives aux gains d'équité au profit de l'efficacité qu'engendrent les mécanismes de péréquation ont été largement discutées par Touzi (2009) et par Barraqué, Touzi et Treyer (2010).

17- « Chaque fois que c'est possible, faire et n'entreprendre directement que là et où stratégiquement, sa présence est nécessaire », VIe Plan de Développement Économique et Social, cité par Alaya, H., p. 9, 1984.

proposition de la SONEDE à son conseil d'administration, qui est présenté à son ministère de tutelle, et doit être ultimement approuvé par le ministère des Finances et le Premier ministre. Enfin, soulignons que la sélection et l'attribution du financement des programmes et projets concernant les ressources hydriques sont sous la responsabilité du Ministère du Développement et de la Coopération Internationale.

Les défis du secteur en 2013

Les facteurs qui compliquent actuellement la gestion du service se rapprochent singulièrement de ceux qui ont ponctué l'évolution du secteur au cours des derniers siècles. La consommation, dont la croissance est évaluée 3,5 % par année selon les chiffres de la SONEDE, a connu une hausse de 13 % à l'été 2012[18] suite à une vague d'immigration libyenne dans le littoral tunisien, occasionnée par les troubles politiques récents du pays. Le réseau de transfert des eaux du Nord est maintenant saturé. Conçu pour assurer le passage de 600 000 m3 par jour, il alimente actuellement 640 000 m3 quotidiennement[19]. Si des événements non anticipés venaient à se produire, le réseau qui fonctionne au-delà de sa pleine capacité serait alors susceptible de ne pas pouvoir combler la demande.

Quant à la situation financière de la SONEDE, elle est certainement plus précaire aujourd'hui qu'à l'époque de sa création. Cela s'explique par un gel des tarifs de 2005 à 2010. À plusieurs reprises pendant cette période, l'entreprise publique a demandé une révision des tarifs, qui n'a pas été accordée par son ministère de tutelle. Depuis, la société d'État n'arrive plus à couvrir ses dépenses. Conjointement, il semblerait que plusieurs facteurs, tels que l'augmentation du prix des matières premières et des salaires, ou l'arrivée à terme de prêts pour l'investissement dans les projets de dessalement, aient également contribué à accentuer le déficit de la SONEDE.

Ainsi, en raison de ses déséquilibres budgétaires successifs, la société d'État n'a pu investir le nécessaire sur les grands projets de production, de renforcement du réseau et sur les travaux d'entretien. Malgré les ajustements de tarifs mis en place depuis 2010, l'évolution actuelle des tarifs en termes réels ne permet pas à la SONEDE de rattraper l'inflation, ni de couvrir les coûts réels de distribution à ses abonnés. En plus de sa situation déficitaire récente, une autre composante vient compliquer la gestion actuelle du service : l'instabilité politique du pays. La section suivante démontre comment s'articule le produit de tous ces facteurs.

....

18- Données ; entrevue SONEDE.

19- 340 000 vont à la SONEDE, et 300 000 sont réservés pour l'irrigation (données issues d'entrevues, SONEDE 2012).

II. L'eau en période transitoire

Plusieurs constats émergent quant à l'effet sur le service d'eau potable du désordre socio-politique qui règne depuis le départ de l'ancien président Zine El-Abidine Ben Ali. En effet, on observe une multiplication des actes de vandalisme des infrastructures, de gaspillage, de cas de consommation abusive, de perçage de conduits, et de prélèvements illégaux, ces deux derniers cas le plus souvent effectués dans le milieu rural à des fins d'irrigation.

Ces dommages sont perpétrés sous un État de droit affaibli, où le non-respect des lois est parfois réprimé, parfois pas. Le sabotage de l'équipement du service à petite échelle s'ajoute aux pratiques hors réseaux déjà présentes pendant l'ère de Ben Ali. Celles-ci consistent en le débranchement partiel du réseau par de gros consommateurs industriels, touristiques ou domestiques au profit de leur propre approvisionnement par forages et puits non raccordés, tel que l'ont exposé Verdeil et Bennasr (2009). Néanmoins, pendant la très grande instabilité qui a suivi le départ de Ben Ali, autrement dit pendant la période de « révolution », jamais l'eau n'a manqué dans la capitale ni dans les grandes agglomérations du pays desservies par la SONEDE[20].

Les services d'eau potable dans une situation d'instabilité ne sont donc pas voués au chaos ; cependant, ils ne sont pas imperturbables. Nous verrons au cours de la prochaine section comment les tensions engendrées par l'instauration du climat généralisé de suspicion et d'instabilité ont compliqué les efforts de l'entreprise publique pour résoudre les limites sectorielles qui ont fait surface au cours du passé récent de l'entreprise.

Crise de l'eau

Le 9 juillet 2012 survenait une coupure d'eau dans les gouvernorats de Nabeul, Sousse, Monastir, Mahdia et Sfax, soit dans la région du littoral tunisien. Cette coupure d'eau historique a été causée par un délestage que la Société Tunisienne de l'Électricité et du Gaz (STEG) a dû effectuer en raison d'une saturation du réseau, alors que trois de ses centrales étaient en réparation. La consommation d'énergie venait d'atteindre un sommet, notamment en raison de l'utilisation des climatiseurs pendant cette période de chaleurs intenses. Ces causes contingentes ont mené à l'arrêt de la production à la station de pompage qui alimente cette région en eau potable, et la mise à sec des réservoirs pendant que la consommation battait son plein.

Deux jours plus tard, soit le 11 juillet, la situation se répète. Elle est hautement problématique pour tous, mais spécialement pour certains hôtels et hôpitaux de la région qui auraient manqué d'eau pendant plus de quarante-huit heures[21]. C'est alors que la bisbille et les spéculations fusent : pourquoi,

20- Selon les témoignages recueillis.

21- À notre connaissance, cette information n'a pas été confirmée par la SONEDE, mais il y a convergence de l'information médiatique à ce propos.

à deux reprises, la même station de pompage a-t-elle subi une panne, si le délestage d'une station résulte du choix de la STEG ? Qui dit même station, dit même zone affectée, mêmes habitants et commerçants coupés du service, populations des zones concernées d'autant plus irritées, et critiques virulentes qui émanent de toutes parts... Combinée à l'instabilité politique que connaît actuellement le pays, la situation a attisé les tensions, multiplié les rumeurs, accentué la méfiance.

Esquisse d'un environnement transitoire

Le nouveau contexte socio-politique se caractérise entre autres par la manifestation de récriminations et d'insatisfactions qui prennent leur origine dans le passé dictatorial, ainsi que dans les attentes non-résolues de la population envers le gouvernement transitoire. Cette période est à la confluence d'une crise de confiance envers les institutions qui s'est formée au cours de l'ère benalienne, et d'un sentiment d'insécurité qui a bondi depuis janvier 2011. Conjugués à la nouvelle liberté d'expression, ces phénomènes constituent la trame de fond du climat d'instabilité. L'ère où était interdite toute expression de critique, mécontentement ou désapprobation de la rhétorique gouvernementale a cédé la place à un contexte aux antipodes du passé. Le contenu des médias sociaux et des médias classiques est désormais sans limite.

La libération de la parole apparaît comme un vecteur de prolongement et d'amplification de la crise de confiance. Si l'on en juge à la teneur du contenu des médias de masse, le complot, le sabotage, et l'implication de membres du RCD[22], sont soupçonnés publiquement dans tout événement contingent. Parallèlement, le gouvernement actuel, qui s'est fait élire avec des promesses de redressement des indicateurs économiques, et surtout celui de l'emploi, peine à trouver des chiffres à son avantage, tellement l'état de l'économie se détériore. Il cherche à résoudre un problème structurel, soit la marginalisation d'un trop grand segment de la population des politiques de développement et de l'activité économique, avec une stratégie au caractère composite qui mise entre autres sur la lutte à la pauvreté, la charité, sans remettre en cause les véritables fondements de l'économie[23].

Rappelons également que la «Troïka», soit le gouvernement de coalition[24], est transitoire. Cela limite ses possibilités et le cantonne dans des objectifs définis, tels la rédaction de la Constitution, dont la sortie est perpétuellement

22- Rassemblement Constitutionnel Démocratique, parti du président déchu Ben Ali.

23- Hibou, 2013.

24- Le gouvernement de coalition est composé du parti religieux, Ennahda, qui regroupe une majorité de sièges, et de deux autres partis : Ettakatol un parti social-démocrate, et le Congrès Pour la République (CPR) présidé par le président de la ligue tunisienne des droits de l'homme. Le président de l'Assemblée constituante, le président de la république et le premier ministre proviennent respectivement d'Ettakatol, du CPR et de Ennahda (informations en date du 1er avril 2013).

retardée, et la venue des prochaines élections, qu'il ne cesse ne reporter. Quoiqu'il en soit, le gouvernement de transition se perd dans le manège politique parce qu'il s'acharne sur des questions identitaires et pratique activement un politique d'attentisme, pendant que les sauts d'humeurs et actes de violence attribués au mouvement salafiste se multiplient dans l'impunité. Les dirigeants de la troïka aux commandes de l'État tentent tant bien que mal de s'imposer et de gouverner[25], même si c'est le dirigeant du principal parti religieux qui semble tirer les ficelles du jeu politique. Pendant ce temps, les épisodes d'intimidation contre les milieux culturels, politiques et libéraux retentissent périodiquement, et la détresse sociale atteint des niveaux jamais connus[26].

Prolongement de l'impasse

Bien embourbé dans un véritable cafouillage politique, le gouvernement de transition n'a pas trop su comment gérer le problème tantôt technique, puis politique engendré par les coupures d'eau de l'été 2012. Le gouvernement a adopté une tactique de gestion de crise qu'on pourrait qualifier de « pyrotechnique » de par l'effet qu'elle a eu sur la situation. Le chef du gouvernement provisoire a laissé entendre que ces événements relevaient possiblement des directeurs centraux « qui n'ont pas été à la hauteur des tâches qui leur ont été assignées » ou encore, du « sombre héritage de la SONEDE »[27].

Une commission d'enquête a été ordonnée par le Ministère de l'Agriculture dans les jours qui ont suivi pour faire lumière sur le déroulement des événements, afin de «déterminer si ces coupures d'eau sont indépendantes de la volonté de l'établissement concerné ou causées par faute préméditée ou négligence»[28]. Avant même que ne soient complétés les travaux de ladite commission, le ministre de l'Agriculture posait déjà son diagnostic. D'abord, la Direction centrale de la Production de la SONEDE est la principale responsable, puisqu'elle ne s'était pas préparée adéquatement à la surconsommation estivale[29]. De plus, la Direction des Études aurait failli à sa tâche en ne réalisant pas les études nécessaires sur l'accroissement des besoins en capacité de stockage, les dernières remontant à il y a plus de six ans[30].

....

25- En février 2013 le premier ministre annonçait sa démission, suite à l'échec de sa tentative de former un gouvernement de technocrates.

26- Le 14 mars 2013, on chiffrait à 164 le nombre d'individus qui se sont suicidés par immolation depuis le tout premier qui déclencha la révolution, en décembre 2010 (C.R, 2013 ; Moussaoui, 2013).

27-Tunis Afrique Presse (TAP), 18 juil. 2012 ; Tajine, S., 2 août2012 ; African Manager, 2 août 2012.

28- 19 juillet, *Journal Le Temps*.

29-Ben Hamadi,S., 3 août 2012.

30- *Ibid.* ; TAP, 2 août, 2012.

Les études sur les prévisions de la consommation auraient aussi manqué, puisque la consommation a connu une hausse d'environ 12-13%, contrairement au 3,5 % anticipé[31]. Quant à la Direction de l'Exploitation de la SONEDE, elle n'est pas intervenue pour régler les problèmes de 74 000 compteurs bloqués dans la région de Sfax[32]. Finalement, le ministre évoque aussi les tarifs de l'eau trop bas comme étant une autre cause de la surconsommation estivale[33]. La situation connait son apothéose lorsque les directeurs de la production, de l'exploitation et des études de la SONEDE sont limogés par le Ministre de l'Agriculture le 20 juillet, soit 16 jours avant que ne soit complété le rapport de commission d'enquête, rendue publique le 5 août.

Soulèvement médiatique et réponse aux accusations

Au lendemain de ces « complications hydro-politiques », les réactions dans les médias ont été vives : on a crié au sabotage, au complot, à l'implication d'anciens « rcdistes », à l'implication des femmes des cadres, à la médiocrité de ces derniers[34]et à l'entartrage des conduits[35] . Les informations, souvent inexactes et mal référencées, se multipliaient. De plus, l'UGTT[36], l'une des deux principales centrales syndicales du pays, est intervenue publiquement pour questionner la part d'implication du Ministère de l'Agriculture dans cette crise, ainsi que la crédibilité de la commission d'enquête. Elle a également demandé la création d'une réelle enquête sur la sécurité hydrique du pays, et a même évoqué l'instrumentalisation de la crise à des fins d'introduction de la privatisation du secteur.

Des cadres de la SONEDE ont quant à eux publié un rapport expliquant les réelles causes des coupures, et répondu à toutes les accusations portées contre les directeurs limogés[37]. Ils remettent eux aussi en doute l'impartialité et l'indépendance de la commission d'enquête[38], expliquent les facteurs conjoncturels[39] venus compliquer la crise. De plus, ils demandent au ministre de revoir sa décision de révoquer les trois directeurs centraux, et au

....

31-Ben Hamadi,S., 3 août 2012.

32- *Ibid.*

33- *Ibid.*

34-Khezami, 14 août 2012.

35- Khezami, 23 juillet 2012.

36- Union Générale Tunisienne du Travail.

37- Cité dans « Les cadres de la SONEDE répondent au ministre de l'Agriculture et révèlent les véritables causes des perturbations de l'approvisionnement en eau ». Tunisie Numérique, 8 août 2013.

38- Le président de l'enquête était jusqu'à tout récemment le directeur général des ressources hydriques au ministère de l'Agriculture et principal responsable des ressources hydraulique sur l'ensemble du pays (Youssef, B., 8 août 2012), ce qui semble poser un important conflit d'intérêt.

39- La forte immigration libyenne dans la région de Sfax et l'impact sur les consommations d'eau, les coupures électriques «sans préavis», et la hausse des températures.

gouvernement d'intervenir dans le déficit de la SONEDE pour le bienfondé du service. Ils terminent en soulignant le caractère national de la ressource, et insistent sur l'importance de préserver la gestion de celle-ci en régie publique.

Retour sur la crise : quelles conclusions

La déresponsabilisation du Ministère de l'Agriculture par rapport aux défaillances du secteur sous sa supervision, ses accusations contre l'entreprise publique sous sa tutelle, et le lynchage de trois directeurs centraux ont conduit la crise à son paroxysme. En plus de ne pas être légale[40], la mise à l'écart de cadres avec plusieurs décennies d'expérience par un gouvernement de moins de 2 ans d'âge s'avère une solution surprenante alors qu' il est en quête de stabilité, d'efficacité et de crédibilité. La rapidité d'exécution de la commission[41] et l'empressement de la sortie du ministre n'ont fait que précipiter la fermeture du dossier, plutôt que d'en ressortir des conclusions constructives.

De plus, la non-réalisation d'un projet de renforcement du réseau, pourtant à l'étude depuis plus de cinq ans, a peu ou pas été évoquée. L'État pointe du doigt la SONEDE en l'accusant de n'avoir pas complété les études relatives à ce projet. La SONEDE rétorque que le manque de financement a obligé à retarder ce projet[42], et que les risques reliés à cette mise en attente ont été rapportés à maintes reprises au gouvernement.

Le règlement de comptes entre l'État et la SONEDE sur la scène publique a amené tous les acteurs liés à cette problématique à contourner les questions de fond relatives à la question de la gestion des eaux. Le gouvernement en place a renforcé l'image d'une classe politique désintéressée par ces enjeux, et prouvé son incapacité à remédier aux problèmes structurels laissés par l'ancien régime. En étouffant l'affaire, et en mettant le blâme sur l'opérateur du service, l'État perpétue l'idée que le secteur de l'eau n'est nullement problématique, et que seules des erreurs de mauvaise gestion peuvent être la source de problèmes du secteur. Dans ces conditions, et considérant le lien institutionnel qui lie la SONEDE au ministère de l'Agriculture, comment anticiper la gouvernance du service d'eau potable en Tunisie ?

40- Selon la loi, le ministre de l'Agriculture n'est pas habilité à mettre un terme aux fonctions d'un cadre sans le traduire devant un conseil de discipline, et ces derniers auraient eu le droit de se faire défendre par un avocat de leur choix. Aussi, « la révocation du personnel ne relève pas des compétences du ministre », selon des cadres de la SONEDE en défense à ceux qui ont été limogés ; Tunisie numérique, 8 août 2012.

41- La commission avait un délai de 15 jours (Darghouth, 30 juillet 2012; entretiens) pour rendre au ministre un rapport qui avait pour mission de mener « une enquête approfondie et globale sur les circonstances et les motifs de ces perturbations» ; TAP, 12 juillet 2012.

42- D'après nos entretiens avec des experts du milieu, pour enclencher le projet de renforcement du réseau il faut que l'étude du projet soit complétée, ce qui n'a pu être fait puisque la SONEDE est en déficit financier, phénomène causé par le gel des tarifs, décision qui relève du gouvernement.

III. Réflexions sur la continuité d'un service en contexte transitoire

Délégitimisation de l'opérateur et effets sur le service

La phase transitoire a révélé les inadaptations du service par rapport aux besoins actuels. Avec l'effet médiatique, la SONEDE est non seulement perçue comme incapable de gérer le service et d'assurer sa continuité en période de haute chaleur ou de hausse de la demande ; elle est soupçonnée d'être mal intentionnée. Telle une fausse nouvelle ensuite démentie qui fait quand même son tort, les critiques non fondées ont un effet rémanent sur l'image et la crédibilité l'entreprise publique. Les travaux réalisés par Ostrom[43] à propos des arrangements institutionnels vont en ce sens. Bien que ses recherches sur l'efficacité des services d'eau soient portées à l'échelle locale, elle avance que les membres d'un groupe donné, ayant une méfiance envers les autorités locales en raison de leur incapacité à répondre à leurs besoins, auront peu ou pas confiance en les initiatives de changement menées par ces autorités.

La conception d'un groupe à propos de sa relation avec une structure institutionnelle, son degré d'inclusion dans celle-ci et sa capacité à y intervenir définiront le caractère constructif et productif de leur interaction mutuelle. Dans ce cas qui nous occupe, la confiance des usagers de la SONEDE serait donc centrale dans l'acceptabilité des réformes initiées par celle-ci. Cette période de redéfinition, ou plutôt de chamboulements, - car la Tunisie semble encore enlisée dans la recherche de consensus plutôt que dans la définition de ses nouvelles orientations- est critique pour les services d'eau. Cette période de remous pourrait potentiellement amener de nouvelles opportunités, endogènes ou exogènes au secteur. La situation actuelle est donc porteuse de changements de toute nature.

Héritage d'un régime autoritaire et incohérences du système

Les dynamiques imprévisibles de la transition ont accru la lourdeur des problèmes malgré la maturité du secteur. Tout porte à croire que le poids des contradictions s'aggravait mais se contenait dans le cadre du précédent régime avec l'interdiction des critiques et du débat. L'héritage du gouvernement Ben Ali a conditionné les citoyens à bénéficier d'une eau peu chère. Bien que cela ne puisse être confirmé en toute certitude, la volonté de ce gouvernement de préserver la paix sociale avec un gel des tarifs d'eau potable de 2005 à 2010 semble plausible. Tel que l'énonce Verdeil au sujet de la persistance des états autoritaires dans le monde arabe (2010), de bas tarifs peuvent se présenter comme une forme de régulation sociale avantageuse pour un tel type de gouvernement. Les émeutes du pain survenues en 1984[44] ont sans doute

43- Ostrom, 1999.

44- Suite à la décision du gouvernement de hausser le prix du pain de 100 % dans le cadre d'une série de mesures d'austérité économique, des émeutes ont amené le gouvernement à déclarer l'état d'urgence et à les annuler.

démontré la sensibilité des services de base, et le potentiel de remous social qu'une hausse des tarifs pourrait engendrer.

On voudrait de la SONEDE qu'elle réponde aux besoins, et surtout, qu'elle ne soit pas source de contestation sociale. Financièrement, elle est pourtant coincée entre les besoins à court terme de maintenance du réseau et de satisfaction de la demande, et ceux à long terme en matière de réhabilitation, d'extension du réseau et autres larges projets d'investissement. Il en résulte que les projets à long terme sont constamment retardés, bien qu'ils soient tout aussi nécessaires dans l'atteinte des objectifs du service. Ces retards accumulés commencent à se faire ressentir, particulièrement avec des situations non-anticipées telles les coupures d'électricité ou l'immigration libyenne dans les régions du littoral. La période de transition vient alors amplifier les dysfonctionnements du secteur accumulées au cours d'un passé plus ou moins récent.

Par ailleurs, les limites structurelles du secteur qui découlent de sa configuration institutionnelle et, son financement endogène limité en raison de décisions politiques sont des dossiers qu'il apparaît sensible de réouvrir en pleine crise sociale et politique. Tel que nous l'avons exposé, la période transitoire porte avec elle les craintes et incertitudes reliées aux débats publics. Est-ce que cette période représente malgré tout le moment opportun de repenser le dispositif institutionnel et idéologique du service public urbain le plus sensible ? Est-ce que le contournement de ces questions représenterait une occasion manquée de réconcilier l'État, les usagers et l'opérateur des services d'eau potable, et d'harmoniser la dynamique de leurs actions ?

Pendant ce temps, il n'en demeure pas moins que la recomposition politico-économique attire indubitablement les intérêts privés multinationaux pour, entre autres, certaines portions agglomérées des services publics, tel que l'a relevé, entre autres, le syndicat national de l'UGTT dans un communiqué[45]. Le parti au pouvoir, avec les orientations économiques qu'on lui connaît[46], décidera-t-il de préserver le caractère public des services d'eau potable ?

Conclusion

Les événements dépeints jusqu'ici démontrent que les coupures d'eau en période transitoire sont l'expression à la fois des conditions d'instabilité et des difficultés historiques non résolues du système de gestion de l'eau potable tunisien. Toutefois, avec le haut degré de rétention d'information qui a historiquement été la norme en Tunisie, rien ne peut être affirmé en toute certitude. Le bien-fondé des discours et l'analyse rétrospective sont

45- Communiqué paru le 9 août dans Tunisie Numérique; Youssef B. 2012.

46- Le parti au pouvoir est connu pour mener ses politiques économiques selon une idéologie autant sinon plus néo-libérale que son prédécesseur.

difficiles à décortiquer. Les seules certitudes sont les faits et défis qui se posent présentement au secteur.

Pour que la SONEDE puisse affronter les complexités du contexte transitoire ainsi que celles d'un pays en émergence, il apparaît indispensable qu'elle cesse d'être l'outil d'un gouvernement en quête de légitimité, et que tout le service bénéficie d'un financement adéquat. Considérant que l'eau potable est le plus sensible de tous les secteurs, actuellement en plein remous, la recherche d'un consensus dans ce domaine s'avèrerait très prometteur et poserait les bases d'un début de réconciliation entre l'État et la population tunisienne, qui attend toujours l'accalmie depuis ce premier printemps arabe.

Bibliographie

Actes de séminaire

Kamel, F. « L'eau potable en Tunisie ». Séminaire Production combinée d'eau et d'électricité : *MEDELEC*, Djerba, ; 2000. p. 17p.

Articles de journaux

(s.a) « Exclusif Tunisie : La cadres de la SONEDE répondent au ministre de l'Agriculture et révèlent les véritables causes de l'approvisionnement en eau ». *Tunisie Numérique*, 8 août 2012.

(s.a) « Limogeage de 3 directeurs centraux de la SONEDE », *Africain Manager*, 2 août 2012.

(s.a.) « Ouverture d'une enquête pour déterminer la responsabilité des coupures de l'eau potable ». *Le Temps*, 19 juillet 2012.

Ben Hamadi, S. « 74 mille compteurs bloqués dont 20 mille à Sfax ». *Le Temps*, 3 août 2012.

C.R. « Adel Khedhiri, 164e Tunisien à s'immoler par le feu depuis Mohamed Bouazizi ». *Tuniscope*, mars 2013.

Darghouth, S. « La crise de l'eau qui nous interpelle tous : Urgence de s'attaquer aux problèmes de fond du secteur de l'eau », *La Presse*, 30 juillet 2012.

Khezami, M. « Mystère à la Sonede ». *La Presse*, 23 juillet 2012.

Khezami, M. « Que la lumière chasse l'obscurité ». *La Presse*, 14 août 2012.

Moussaoui, R. « Messaoud Romdhani : La Tunisie est au bord de la dépression ». Humanité.fr, http://www.humanite.fr/monde/messaoud-romdhani-la-tunisie-est-au-bord-de-la-dep-518226. Consulté le 3 avril 2013.

Tajine, S. « Tunisie : Entre canicule et pénurie d'eau », *Business News,* 2013.

Tunis Afrique Presse (TAP). « Tunisie - 3 directions centrales mises en cause dans les perturbations de distribution des eaux ». *Business News*, 2 août 2012.

TAP. « Tunisie : Une enquête sera ouverte pour déterminer la responsabilité des coupures de l'eau potable ». *Tunisie-Radio, Babnet,* 18 juillet 2012.

TAP. « Enfin une enquête sur les coupures d'eau ». *Spotmag,* 12 juillet 2012.

TAP. « Nouvelle commission pour enquêter sur les perturbations dans la distribution de l'eau ». *Business News,* 12 juillet 2012.

Youssef, B. « Tunisie : L'UGTT dénonce la tentative du ministre de l'Agriculture de faire de la SONEDE un bouc émissaire et les manoeuvres pour sa privatisation », *Tunisie Numérique,* 9 août 2012.

Article de livre

Ostrom, E. « Design Principles in Long-Enduring Irrigation Institutions » dans : *Polycentric Governance and Developement: Readings from the Worshops in Political Theory and*

Political Analysis , Éditions McGinnis, M.D., University of Michigan Press; 2000, p. 541p.

Articles de périodique

Alaya, H. « Une analyse du VIe Plan » Revue *Tunisienne d'Économie* 1984, n° 1, p. 5-28.

Barraqué, B., Touzi S. et S. Treyer. « Eau des villes : Repenser le service en mutations. Le service de l'eau potable en Tunisie ». Revue *Tiers Monde,* n° 203, juillet-septembre 2010, p. 61-80

Bennasr, A, Verdeil, E . « Gestion publique de l'eau potable, développement urbain durable et Majels-s (citernes d'eau pour la pluie) à Sfax en Tunisie », *Flux.* 2009 avril-septembre 2009 (76/77), p. 38-50.

Diaz, J. « Irak, Afghanistan... quel sens pour la "reconstruction" ? », *Chaire Raoul Dandurand* ; 2012.

Halimi, Serge. « Islamistes au pied du mur », *Le Monde diplomatique,* mars 2013.

Hibou, B. « Pourquoi l'économie tunisienne ne redémarre pas », *Tunisie Watch,* WordPress ; 2013

Seddik, S. « Expérience tunisienne dans le domaine de dessalement des eaux » Revue *HTE* ». Mars - juin 2009, n° 142.

Touzi, S., Barraqué, B., Treyer, S. « Le service de l'eau potable en Tunisie ; Le modèle de régulation tarifaire face aux défis futurs ». Revue *Tiers Monde.* 2010, n° 203(juillet septembre 2010), 20p.

Verdeil, É. « Les services urbains en réseau dans les pays arabes : diversités des réformes libérales et lde leurs effets territoriaux », *Géocarrefour* 2010, 85(2), 11p.

Entrevues
SONEDE, 17 août 2012

Publications officielles

Banque Mondiale, « Réflexion Stratégique sur l'Eau Potable et l'Assainissement en Tunisie ». Banque Mondiale, Département du Développement durable, Bureau Régional Moyen Orient et Afrique du Nord 2009.

Daoulatli, A. « L'alimentation en eau de Tunis sous les Hafsides (XIIIe-XVIe siècles) » pour : SEMIDE. Système Euro Méditerranéen de l'Information sur les savoir-faire dans le Domaine de l'Eau, Institut National du Patrimoine : Ministère de l'Agriculture et de l'Environnement, s.d.

Ministère de l'Agriculture. « Étude du secteur de l'eau potable en milieu rural », ministère de l'Agriculture, SONEDE ; avril 2001.

Plan Bleu.« L'efficience d'utilisation de l'eau et approche économique ». Plan Bleu ; 2011.

République Tunisienne. « Loi n° 68-22 du 2 juillet 1968, portant création de la Société Nationale d'Exploitation et de Distribution des Eaux ». 1968.

SEMIDE. Système Euro Méditerranéen de l'Information sur les savoir-faire dans le Domaine de l'Eau. « La Société Nationale d'exploitation et de Distribution des Eaux », ministère de l'Agriculture et de l'Environnement ; 2012.

SONEDE. « SONEDE, Chiffes clés » : République Tunisienne, ministère de l'Agriculture, http://www.sonede.com.tn/index.php?id=12, consulté le 12 janvier 2012.

UNESCO.; Buckley, S. ; Sawsen, C. ; Bechir, O. « Étude sur le développement des médias en Tunisie ». Programme International pour le Développement de la Communication. 2012.

Thèses et mémoires

Romdhane, S. « L'enjeu de l'eau à Sousse, Tunisie : la production sociale d'un déficit ». Université Paris-Est Créteil Val de Marne ; 1984, 251 p.

Touzi, S. « La nécessaire évolution des impératifs d'équité et d'efficacité dans la gestion de l'eau potable en Tunisie » : Universite Pascal Paoli De Corse ; 2009, 300p.

Le partage de l'eau souterraine dans le monde arabe : quelles réalités ?

Raya Marina Stephan
Juriste, experte en droit de l'eau et consultante internationale

Résumé
Le monde arabe, situé dans une zone aride et semi-aride, est une des régions de notre planète où l'eau se fait de plus en plus rare. Les ressources de surface sont quasi inexistantes dans certains États bien que leur sous-sol recèle d'importantes réserves en eau douce, qui ne reçoivent aujourd'hui presqu'aucune recharge. De plus, ces importants aquifères, comme celui du Grès nubien, s'étendent au-delà des frontières politiques. À ses côtés, le système aquifère du Sahara Septentrional, partagé entre l'Algérie, la Lybie et la Tunisie représente également une source importante d'eau douce pour ces pays. Les caractéristiques de ces aquifères, transfrontaliers et non renouvelables, appellent de la part des États riverains une coopération en vue d'une gestion qui soit la plus durable possible. Cet article a pour objectif de présenter un aperçu général des aquifères transfrontaliers dans le monde arabe, tout en s'attachant à étudier plus précisément les deux systèmes aquifères cités plus haut.

Abstract
Located in an arid and semi-arid zone, the Arab world is one of the scarcest regions of our planet, where water is increasingly rare. Surface waters are virtually non-existent in some States though their underground holds important reserves of freshwater and which receives today no recharge. Moreover, these important aquifers, like de Nubian Sandstone, extend beyond the political borders of the concerned States. At its sides, the North Western Sahara Aquifer System, shared between Algeria, Libya and Tunisia represents also an important source of freshwater for these countries. The characteristics of these aquifers, transboundary and non-renewable, call from the riparian countries for a cooperation in view of the most sustainable management. The objective of this paper is to present a general overview of transboundary aquifers in the Arab world, while focusing more on the two above mentioned aquifer systems.

Introduction

Situé dans une zone aride et semi-aride, le monde arabe est une des régions de la planète où l'eau est la plus rare, et où le taux d'eau disponible par habitant est un des plus bas[1]. Parmi ses ressources en eau se trouvent trois grands fleuves qui sont le Nil, l'Euphrate et le Tigre (dont l'origine se trouve à l'extérieur de la région), et des fleuves plus mineurs tels que le Jourdain, le Nahr el Kabir et l'Oronte. Le monde arabe compte aussi sur ses réserves en eau souterraine puisque certains pays comme la Libye, la Tunisie ou les États de la péninsule arabique ne disposent pratiquement pas d'eau de surface et dépendent donc d'autres ressources pour répondre à leurs besoins en eau. Comme l'eau de surface, l'eau souterraine ne connaît pas de frontière et est souvent enfermée dans des réservoirs partagés entre au moins deux États. Ainsi la majorité des États de l'Afrique de Nord et du Moyen-Orient partagent des aquifères, d'eau renouvelable ou non, suivant les régions et leurs formations géologiques. Les régions septentrionales du Maghreb et les régions littorales du Levant comptent de nombreux aquifères de petite ou moyenne taille, alimentés par les pluies hivernales et les infiltrations de cours d'eau[2]. Cependant ailleurs le sous-sol désertique recèle d'immenses aquifères, dont les eaux sont non-renouvelables ou fossiles[3]. Il s'agit de la nappe albienne dans le Sahara algérien se prolongeant jusqu'à l'ouest de la Libye, l'aquifère des grès de Nubie en Libye orientale et en Égypte (s'étendant jusqu'au Soudan et au Tchad), et les aquifères de la péninsule Arabique. Cet article traitera des cas de ces grands réservoirs d'eau du monde arabe, en particulier les deux premiers puisqu'ils font partie des rares cas de coopération transfrontalière sur un système aquifère partagé. Il commencera par traiter de la problématique des aquifères transfrontaliers à l'échelle globale et de son évolution. Il dressera ensuite le tableau de la situation dans le monde arabe avec l'examen des grands systèmes aquifères mentionnés ci-dessus, et confrontera les pratiques actuelles aux nouvelles donnes internationales, mais également régionales.

I. Les systèmes aquifères transfrontaliers dans l'évolution du droit international

En décembre 2008, l'Assemblée générale des Nations unies a adopté la Résolution 63/124 relative au droit des aquifères transfrontaliers[4] qui inclut

1- Making the most of scarcity : accountability for better water management results in the Middle East and North Africa, MENA development report, Banque Mondiale 2007.

2- Mutin Georges, Le monde arabe face au défi de l'eau, Enjeux et conflits, Lyon, France, Service Général des Publications Lyon 2, 2007.

3- Un aquifère est considéré non renouvelable lorsque le taux de renouvellement de l'eau est très faible alors que son stock est considérable, d'après Margat Jean, Les eaux souterraines dans le monde, BRGM, UNESCO, 2008.

4- Le terme employé dans la Résolution est « transfrontières ». Pour la cohérence dans l'article, le terme « transfrontalier » sera employé tout le long.

en son annexe le projet d'articles sur le même sujet préparé par la Commission du Droit international (CDI). Dans cette résolution, l'Assemblée générale relève l'importance du droit des aquifères transfrontaliers dans les relations entre États, et elle « encourage les États concernés à conclure des accords bilatéraux ou régionaux appropriés pour gérer convenablement leurs aquifères transfrontaliers en tenant compte des dispositions du projet d'articles ». En 2011, l'Assemblée générale réitère cet encouragement dans sa Résolution 66/104 et indique que le projet d'articles sera à nouveau examiné à sa soixante-huitième session (2013) pour décider, notamment de sa forme finale. Si une Résolution de l'Assemblée générale des Nations unies n'a pas de force contraignante pour les États membres, la Résolution 63/124 n'en demeure pas moins une étape importante dans l'évolution du droit international de l'eau et de la reconnaissance internationale de la spécificité des aquifères transfrontaliers. Elle représente aujourd'hui le seul instrument disponible pour les États pour la gestion de leurs aquifères transfrontaliers, et elle sert de référence en la matière[5]. En effet la Convention sur le droit relatif aux utilisations des cours d'eau internationaux à des fins autres que la navigation du 21 mai 1997[6], dite Convention de New York, qui jusqu'à récemment était la seule convention globale concernant l'eau douce, ne couvre les aquifères transfrontaliers que de façon très limitée[7]. De plus cette Convention, préparée par la Commission du droit international pendant plus de vingt ans, a été surtout conçue en pensant aux eaux de surface[8], la préoccupation des eaux souterraines n'est apparue que plus tard, alors que le travail s'achevait. Le projet d'articles annexé à la Résolution 63/124 inclut les mêmes principes généraux du droit international de l'eau qui figuraient déjà dans la Convention de New York et qui sont aujourd'hui bien établis. Ces principes sont : le principe de

5- Les quatre États du système aquifère Guarani (Argentine, Brésil, Paraguay, Uruguay) s'y sont référés dans leur accord signé le 2 août 2010.

6- Cette Convention n'est pas encore entrée en vigueur. À ce jour elle a recueilli trente ratifications, trente-cinq sont nécessaires pour son entrée en vigueur. Il est à noter que la Libye et la Tunisie, deux États que ce papier évoquera plus longuement plus bas, ont ratifié cette Convention, alors que les eaux de surface y sont quasiment inexistantes. La Convention ne peut s'appliquer au système aquifère que ces deux États partagent.

7- La Convention de New York définit un cours d'eau comme « un système d'eaux de surface et d'eaux souterraines constituant, du fait de leurs relations physiques, un ensemble unitaire et aboutissant normalement à un point d'arrivée commun; ». Selon cette définition un aquifère ne relève du champ d'application de la Convention que s'il est relié à un système d'eau de surface et qu'il débouche sur le même point d'arrivée. En réalité ces deux conditions sont rarement remplies, ce qui fait que la majorité des aquifères transfrontaliers ne relèvent pas du champ d'application de cette Convention.

8- La CDI ayant reconnu que son travail pour la préparation du projet d'articles relatif aux cours d'eau internationaux laissait hors de son champ d'application de vastes ressources en eau partagées, a ajouté à son programme de travail un sujet concernant les ressources naturelles partagées, dont les aquifères transfrontières sont une sous-composante. C'est ce travail entrepris en 2003 qui a abouti au projet d'articles annexé à la Résolution 63/124.

l'utilisation raisonnable et équitable, l'obligation de ne pas causer de dommage significatif, et l'obligation générale de coopérer. Le projet d'articles comprend également des articles plus spécifiques aux aquifères transfrontaliers relatifs notamment à la protection et préservation des écosystèmes, aux zones de réalimentation et de déversement, à la prévention, réduction et maîtrise de la pollution, et à la surveillance. Les États sont ainsi appelés à échanger des données et des informations sur leur système aquifère, à mettre en place un dispositif de surveillance (conjointement ou séparément et dans ce cas les États doivent échanger les données recueillies) et surtout à signer des accords de coopération sur tout ou partie de l'aquifère partagé et mettre en place des mécanismes conjoints de coopération et de gestion.

Le cadre international applicable aux aquifères transfrontaliers a été récemment enrichi. En effet, au mois de février 2013 suite à l'entrée en vigueur d'un amendement de 2003, la Convention sur la protection et l'utilisation des cours d'eau transfrontiers et des lacs internationaux (1992) de la Commission économique des Nations unies pour l'Europe est devenue une convention globale ouverte à tous les États de la planète. Cette Convention à l'origine régionale est en vigueur depuis 1996, et compte trente-neuf États parties. Elle couvre toutes les eaux transfrontalières sans aucune distinction. La Convention comprend des règles de procédure en particulier sur la surveillance. Elle est régie par le principe de l'utilisation raisonnable et équitable, le principe de précaution et du développement durable. En Europe, diverses conventions sur des fleuves internationaux s'y réfèrent telles que la Convention concernant la coopération pour la protection et l'utilisation durable du Danube (1994), la Convention d'Albufeira sur la coopération et l'utilisation durable des eaux des bassins hydrographiques luso-hispaniques (1998) ou la Convention pour la protection du Rhin (1999), mais également depuis peu le deuxième accord sur l'aquifère du Genevois (2007)[9]. En application de cette Convention, un groupe de travail a été constitué et a préparé un « Projet de dispositions type sur les eaux souterraines transfrontières ». Ce document a été soumis à l'approbation des parties à la dernière réunion qui s'est tenue à Rome en novembre 2012[10]. Ce document est largement inspiré du projet d'articles de la CDI, avec une différence notable. En effet le Projet de dispositions type évoque « les eaux souterraines transfrontières » alors que le projet d'articles se réfère aux « aquifères transfrontières ». Cette différence n'est pas anodine. En effet l'aquifère se définit comme « une formation géologique

9- Cet accord est signé entre d'une part la Communauté de communes de l'agglomération annemassienne, la Communauté de communes du Genevois, la commune de Viry et, d'autre part le Conseil d'Etat de la République et Canton de Genève. Il représente l'accord le plus complet en matière de gestion conjointe d'un aquifère transfrontalier.

10- Ce document peut être consultable sur:
http://www.unece.org/fileadmin/DAM/env/water/mop_6_Rome/Official_documents/ECE_MP.WAT_2012_L.5_f.pdf

perméable contenant de l''eau superposée à une couche moins perméable et l''eau contenue dans la zone saturée de cette formation »;, l''aquifère est donc le contenant et le contenu (l''eau). *Le champ d'application du projet d'articles est donc plus large que l'eau souterraine, puisqu''au-delà de l''eau elle-même il couvre la formation géologique. Ceci correspond aux exigences d'une bonne gestion de l''eau souterraine, qui inclut la prise en compte de la formation géologique également.*

Ce rapide aperçu permet d'apprécier le cadre existant auquel peuvent se référer les États pour établir une coopération autour de leurs aquifères transfrontaliers. Le monde arabe reposant en grande partie sur de tels systèmes pour son approvisionnement en eau, la partie suivante s'attachera à l'étude des grands systèmes évoqués plus haut, et des mécanismes de coopération existant.

II. Les grands systèmes aquifères du monde arabe

Comme cela a été souligné précédemment, les grands systèmes aquifères du monde arabe sont représentés par ceux de la péninsule arabique, celui s'étendant de l'Algérie à la Libye, et celui couvrant la Libye, l'Égypte, le Soudan et le Tchad. Ces deux derniers aquifères (ou plutôt système aquifère car ils sont composés de plusieurs aquifères interdépendants) font partie des exemples très souvent cités, car en nombre restreint, de coopération transfrontalière exprimée par un accord interétatique sur un aquifère transfrontalier. En effet en matière d'aquifères transfrontaliers, seuls quatre exemples d'accords interétatiques[11] peuvent être cités :

- l'aquifère du Genevois entre la Suisse et la France
- l'aquifère du Guarani (Argentine, Brésil, Paraguay, Uruguay)
- le système aquifère du Sahara Septentrional (SASS) (Algérie, Libye, Tunisie)
- le système aquifère du Grès Nubien (Égypte, Libye, Soudan et Tchad).

Ces deux derniers systèmes aquifères feront l'objet d'une présentation plus détaillée, portant principalement sur la coopération entre les États riverains.

A. La péninsule arabique

Les systèmes aquifères de la péninsule arabique sont complexes, et s'étendent dans le sous-sol de tous les États de la péninsule, parfois jusqu'à la Jordanie, la Syrie et même l'Irak. La majeure partie se trouve dans le territoire de l'Arabie Saoudite comme le montre le tableau ci-dessous.

11- Il arrive évidemment que les eaux souterraines soient mentionnées dans un accord relatif à un système d'eau de surface. C'est le cas de la Convention sur le Danube (1994), celle sur le Rhin (1999), ou également le Protocole pour le Développement Durable du lac Victoria (2003). Cependant l'objet principal de ces accords reste le fleuve ou le lac, les eaux souterraines n'étant mentionnées qu'à titre accessoire.

		ESCWA member countries												
	Shared Aquifer Systems	BAH	EGY	IRQ	JOR	KUW	LEB	OMA	PAL	QTR	SAU	SYR	UAE	YEM
ARABIAN PENINSULA	Saq Ram				•						•			
	Wajid										•			•
	Wasia Biyadh Aruma (S): Tawila-Mahra / Cretaceous Sands										•			•
	Wasia Biyadh Aruma (N): Sakaka-Rutba			•							•			
	U er R' Dammam (S): Rub' El Khali							•			•		•	•
	U er R' Dammam (Center): Gulf	•								•	•			
	U er R' Dammam (N): Widyan-Salman			•		•					•			
	Tawil-Quaternary: Wadi Sirhan Basin				•						•			

Tableau *des systèmes aquifères transfrontaliers de la péninsule arabique (Al-Mooji Y., présentation orale, semaine de l'eau*, Beyrouth, février *2013)*

Ces réserves en eau que recèle le sous-sol du désert arabique ont été estimées à 2,175 milliards de m3, et se trouvent à 300 m et plus de profondeur[12]. L'eau qu'ils contiennent est de qualité variable, et nécessite dans la plupart des cas un traitement afin de pouvoir être consommée. Cependant il s'agit souvent de l'unique source d'eau dont l'exploitation ne peut être que minière du fait de son caractère fossile a servi pendant des années à développer l'agriculture dans les États de la péninsule arabique en application d'une politique visant l'autosuffisance et la sécurité alimentaire et qui semble aujourd'hui connaître de légers changements. L'utilisation de l'eau fossile de ces aquifères semble réservée à l'agriculture alors que les autres besoins en eau en forte croissance sont comblés par un recours systématique au dessalement. Malgré la forte interdépendance entre les États, aucune forme de coopération n'existe et ce malgré la baisse irréversible du niveau de l'eau.

12- D'après Abdulrazzak, Mohamed (1997) Freshwater Resources in Arid Lands. "The future of freshwater resources in the Arabian peninsula" UNU Global Environmental Forum V Report. http://archive.unu.edu/unupress/unupbooks/uu02fe/uu02fe06.htm;

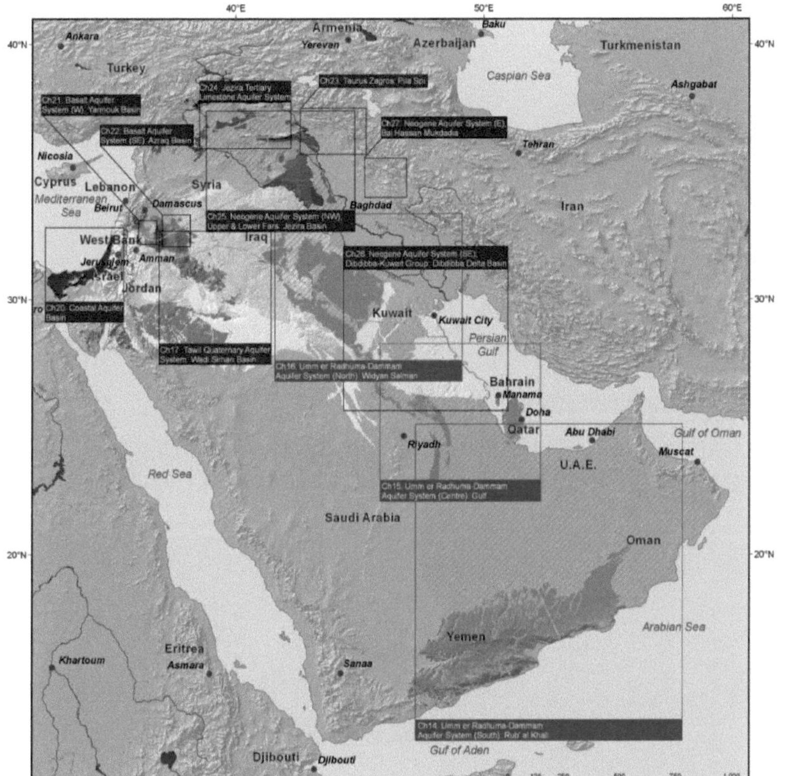
40°E
50°E
60°E
40°N
30°N
20°N
Ankara
Turkey
Armenia
Yerevan
Baku
Azerbaijan
Turkmenistan
Caspian Sea
Ashgabat
Tehran
Iran
Nicosia
Cyprus
Lebanon
Mediterranean Sea
Beirut
Damascus
Syria
Baghdad
Iraq
West Bank
Jerusalem
Israel
Amman
Jordan
Kuwait
Kuwait City
Persian Gulf
Bahrain
Manama
Doha
Qatar
Abu Dhabi
U.A.E.
Gulf of Oman
Muscat
Riyadh
Red Sea
Saudi Arabia
Oman
Arabian Sea
Yemen
Eritrea
Asmara
Khartoum
Sanaa
Djibouti
Djibouti
Gulf of Aden
Ch14. Umm er Radhuma-Dammam Aquifer System (South): Rub' al Khali
Ch15. Umm er Radhuma-Dammam Aquifer System (Centre): Gulf
Ch16. Umm er Radhuma-Dammam Aquifer System (North): Widyan Salman
Ch17. Tawil Quaternary Aquifer System: Wadi Sirhan Basin
Ch20. Coastal Aquifer Basin
Ch21. Basalt Aquifer System (W): Yarmouk Basin
Ch22. Basalt Aquifer System (SE): Azraq Basin
Ch23. Taurus Zagros: Pila Spi
Ch24. Jezira Tertiary Limestone Aquifer System
Ch25. Neogene Aquifer System (NW): Upper & Lower Fars: Jezira Basin
Ch27. Neogene Aquifer System (E): Bai Hassan Mukdadia
Ch28. Neogene Aquifer System (SE): Dibdibba-Kuwait Group: Dibdibba Delta Basin

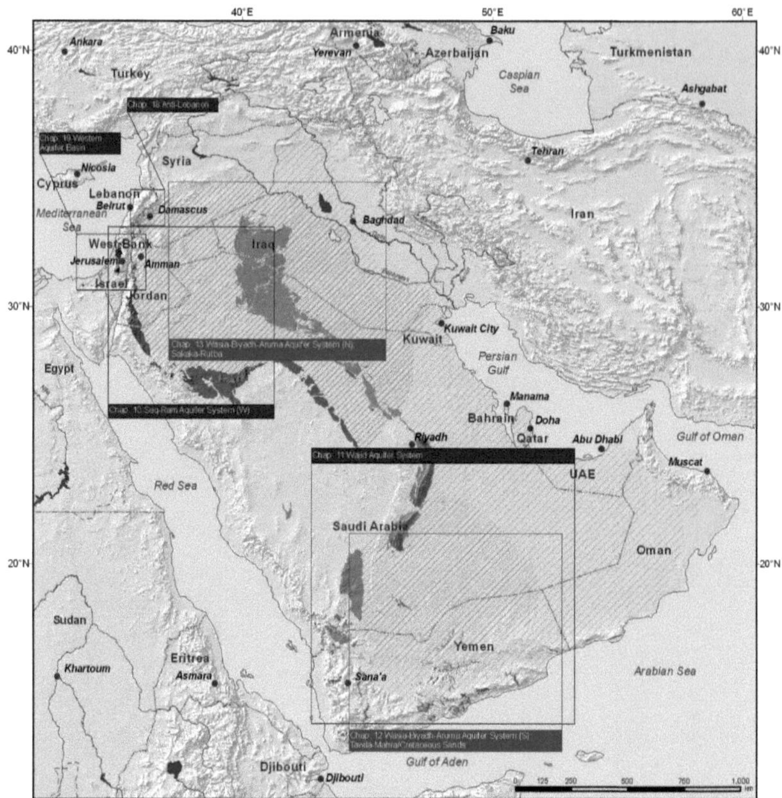

Cartes *des systèmes aquifères de la péninsule arabique (Al-Mooji 2013*[13]*)*

B. Le Système aquifère du Sahara septentrional

Le Système Aquifère du Sahara septentrional (SASS) couvre une superficie totale de plus de 1 000 000 km^2, répartis de la manière suivante : 700 000 km^2 en Algérie, 80 000 km^2 en Tunisie et 250 000 km^2 en Libye. Ses réserves théoriques sont estimées à 60 millions de km^3. Les prélèvements ont connu une augmentation considérable au cours des trente dernières années et sont estimés aujourd'hui à 2.5 km^3 (soit 2,5 milliards de m^3/an). La recharge du système (1 milliard de m^3/an) est faible comparée à son volume, si bien que ce système est considéré comme non-renouvelable. Le SASS représente la seule source d'eau pérenne pour environ 5 millions d'habitants. Le développement de son exploitation entraine déjà par certains endroits la disparition de l'artésianisme, le tarissement des exutoires naturels, l'accroissement excessif des profondeurs du fait de la baisse de niveau de la nappe et la salinisation des eaux (notamment par l'intrusion d'eau marine).

....

13- Al-Mooji Youssef, Inventory of shared water resources in western Asia, Présentation orale, Quatrième semaine de l'eau, Beyrouth, 2013.

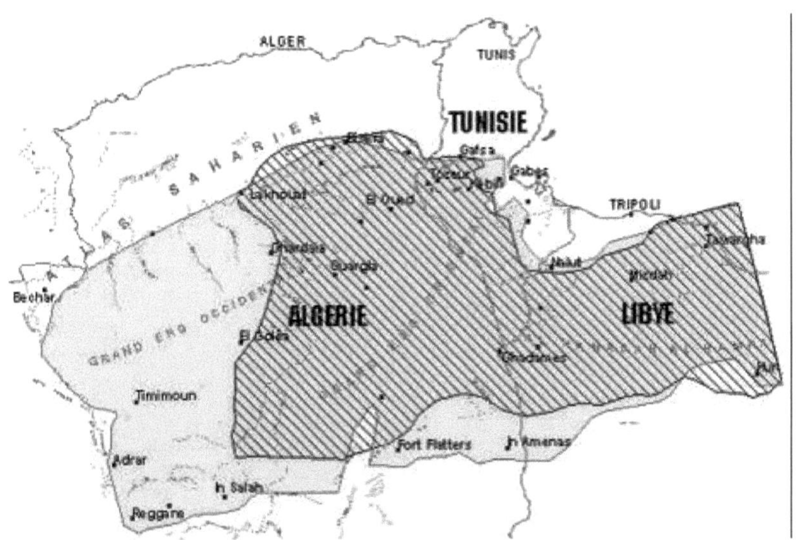

Figure 1 : *Les deux grands systèmes aquifères du SASS (OSS 2008)*

Les études de caractérisation scientifique du SASS ont débuté dans les années 1960, d'abord de façon bilatérale entre l'Algérie et la Tunisie, la Lybie s'y associant ultérieurement. Des commissions bilatérales ont progressivement été mises en place, telles que le Comité technique sur l'eau et l'environnement entre l'Algérie et la Tunisie, le Comité technique sur les ressources en eau entre l'Algérie et la Libye et la Commission sectorielle de l'agriculture entre la Tunisie et la Libye. Dès 1998, les trois États s'associent dans un projet commun, qui se décline en trois phases :

- Phase 1 (1999-2002) : approfondissement de la connaissance de la ressource, création d'une base de données et d'un modèle mathématique permettant la réalisation de simulations et de prévisions.
- Phase 2 (2003-2006) : réalisation de sous-modèles, diagnostic sur les pratiques agricoles et surtout mise en place d'un mécanisme de concertation au niveau institutionnel.
- Phase 3 (en cours) : l'objectif principal est de produire des recommandations opérationnelles pour une gestion durable du système aquifère.

La mise en place du mécanisme de concertation entre les trois États s'est faite en deux étapes. En 2002, les directeurs généraux des institutions en charge des ressources en eau dans chacun des trois pays (L'Agence Nationale des Ressources Hydrauliques pour l'Algérie, la General Water Authority pour la Libye et la Direction Générale des Ressources en Eau pour la Tunisie) ont approuvé une déclaration commune et ont adopté un premier schéma d'une structure technique de concertation temporaire ainsi que ses attributions. Cette première déclaration a été suivie par une deuxième déclaration signée par les ministres en charge des ressources en eau en 2006, créant ainsi la structure permanente appelée « Mécanisme de Concertation Permanent pour le Système Aquifère du Sahara Septentrional » (figure 2). Le mécanisme de concertation est entré en fonction officiellement le 1er juillet 2008. La tête de l'unité de coordination est assurée sur une base tournante pour une durée de deux ans, elle est actuellement sous la responsabilité de la Libye.

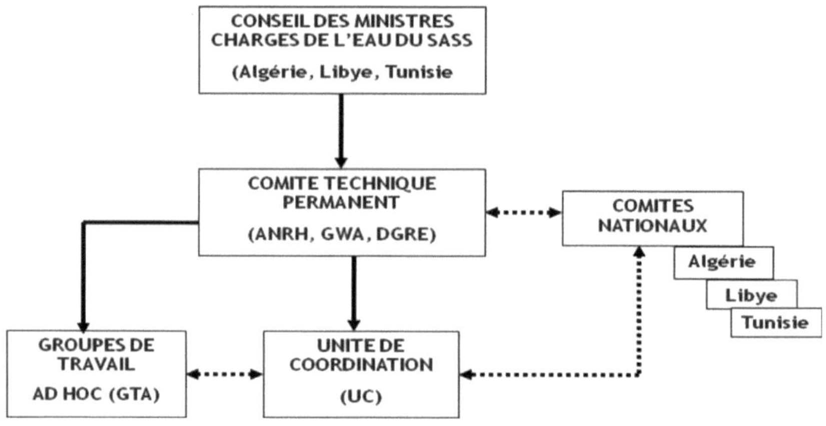

Figure 2 : *Structure du mécanisme permanent de consultation du SASS (D. Latrech, présentation orale, Tripoli 2008)*

La composition du Mécanisme de concertation est la suivante :

- Un Conseil des ministres chargés de l'eau dans les trois pays ;
- Un Comité de pilotage composé des structures nationales en charge des ressources en eau, agissant en tant que points focaux nationaux. Le comité se réunit en session ordinaire une fois par an, et en session extraordinaire à la demande de l'un des trois pays ; la réunion dudit comité se tient alternativement dans chacun des pays ; la présidence du comité est assurée par le pays hôte ;
- Des comités nationaux élargis à d'autres institutions nationales autres que celles chargées de l'Hydraulique (Agriculture, Environnement,...), aux usagers et aux ONG ;
- Des groupes de travail nationaux et régionaux composés d'ingénieurs et techniciens nationaux
- Une Unité de Coordination animée par un coordinateur placé à l'OSS et agissant en étroite concertation avec les membres du comité de pilotage

- Le mécanisme de concertation a pour principale mission d'offrir un cadre d'échange et de coopération entre les trois pays par :
- La production d'indicateurs sur la ressource et de la demande en eau ;
- L'élaboration de scénarios de gestion des ressources en eau pour le développement dans le bassin ;
- Le renforcement et l'actualisation des bases de données communes par l'échange de données et d'informations ;
- Le développement et la gestion de réseaux communs d'observation du système aquifère

Ce mécanisme de concertation construit sur une structure souple permet à ce jour de renforcer la coopération entre les États riverains du SASS et la confiance mutuelle entre les équipes techniques nationales. Ce dernier facteur est très important dans la construction d'un mécanisme de coopération. S'il ne représente pas un outil de prise de décision en commun, ce mécanisme permet par la mise à jour continue de la base de données commune et du modèle du système aquifère l'élaboration de scénarios sur lesquelles les décisions de gestion au niveau national peuvent se baser. Les décideurs nationaux dans chacun des États disposent ainsi d'une connaissance globale de la situation à l'échelle de l'aquifère, dépassant le cadre de leurs frontières nationales. Basée sur le succès de la coopération technique préalable à sa mise en place, ce système a fonctionné efficacement, et ne semble pas avoir été perturbé par les récents changements politiques en Tunisie et en Lybie. Il repose avant tout sur la compétence et le travail des experts techniques des États impliqués, dont le rôle est primordial, celui des politiques ayant été important au moment de la prise de décision. Les changements politiques intervenus n'ont pas affecté la continuité des experts techniques en place impliqués dans le fonctionnement et le développement des outils mentionnés ci-dessus.

Représentant un premier pas plutôt réussi dans la construction de la coopération entre les États du SASS, et pour parfaire cette coopération, il est attendu de ce mécanisme qu'il atteigne l'étape suivante et évolue en un mécanisme de gestion conjointe.

C. Le système aquifère des Grès Nubiens

Le système aquifère des Grès nubiens est un grand système aquifère transfrontalier, formé d'une série d'aquifères interconnectés, s'étendant sur environ 2 000 000 km^2 sur les territoires de la Libye orientale, de l'Égypte, du nord-est du Tchad, et du Nord du Soudan.

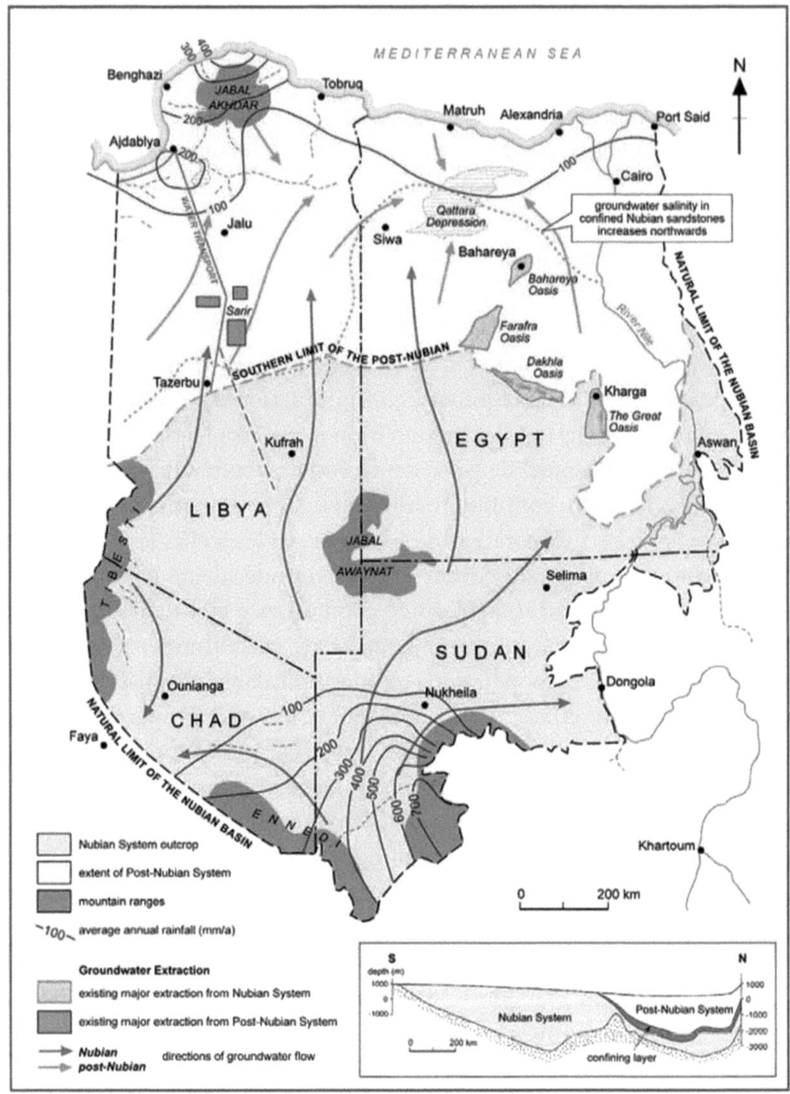

Figure 3 : *Schéma du système aquifère des Grès Nubiens (Bakhbakhi 2006*[14]*)*

La quantité d'eau totale stockée dans ce système aquifère est estimée à 540 000 km^3. Cependant, seuls 15 340 km^3 [15] serait exploitable (soit moins de 3% de l'eau stockée). On estime les extractions actuelles à 2,17 km^3/an.

....

14- Bakhbakhi Mohamed Nubian Sandstone Aquifer System, in Foster S. & Loucks P.(ed) Non-renewable groundwater resources, UNESCO-IHP, 2 2006.

15- Partie 1 Constat préliminaire, Analyse générale, Vers une gestion concertée des aquifères transfrontaliers, A savoir n°3, Agence Française de Développement, 2010, http://www.afd.fr/home/publications/travaux-de-recherche/publications-scientifiques/a-savoir

L'eau du système aquifère est principalement pompée en Égypte et Libye, les utilisations au Soudan et surtout au Tchad restant assez mineures. En Égypte, le système aquifère représente la principale source en eau pour la partie ouest du pays, notamment pour l'irrigation. En Libye, il permet d'alimenter le « Great Man-Made River » et ainsi que la zone côtière où est concentrée la majorité de la population.

Comme dans le cas du SASS, le système aquifère est un des rares systèmes aquifères de par le monde qui dispose d'un accord interétatique entre ses États riverains Ainsi une Autorité Jointe pour l'Étude et le Développement de l'aquifère du Grès Nubien a été d'abord créée entre l'Égypte et la Lybie en 1991. L'accord représentant la "Constitution de l'Autorité Jointe pour lÉtudee et le Développement de l'aquifère du Grès Nubien » est signé entre ces deux États en 1992. Le Soudan en devient membre en 1996, et le Tchad en 1999.

L'accord de 1992 est un texte qui comme son nom l'indique crée l'Autorité Jointe et fixe ses règles de fonctionnement. La principale disposition de cet accord est celle détaillant le mandat et les responsabilités de l'Autorité dont les compétences comprennent trois volets :

- **Scientifique** : collecte de toute information, données et résultats d'études, toute étude requise pour la détermination des caractéristiques complètes de l'aquifère
- **Gestion** : développer des programmes et plans pour l'utilisation de l'eau, proposer une politique commune pour le développement et l'utilisation des ressources en eau, et exécuter cette politique, adopter des bases scientifiques pour la gestion de l'aquifère et rationner la consommation des eaux de l'aquifère dans les pays membres
- **Formation, dissémination**

Pour le reste l'accord comprend des règles administratives et de procédures quant au fonctionnement de l'Autorité (siège, bureaux régionaux, composition, réunions du conseil d'administration, aspects financiers).

D'après l'accord l'Autorité dispose d'une compétence et d'un rôle assez large pour la gestion du système aquifère. En ce sens l'accord représente une bonne première base pour développer la coopération entre les États du Grès nubien. Cependant l'accord apparaît plutôt comme un accord institutionnel, fixant les règles de fonctionnement d'une commission jointe entre les quatre pays. Ainsi l'accord ne fixe aucun objectif, aucune vision ou stratégie relative à la gestion de l'aquifère, pour la coopération entre les États et ne fait référence à aucun principe de gestion l'eau. A ce jour l'Autorité n'a fait preuve d'aucun fonctionnement efficace ou actif. En effet en dehors de la période des projets sur le Grès nubien[16], l'Autorité n'a que très partiellement remplie son mandat.

....

16- Le premier projet sur le NSAS *Regional Strategy for the Utilization of the Nubian Sandstone Aquifer System (1998-2002) était executé par le CEDARE (*Centre for Environment &

Entachée dès sa création d'un mode de fonctionnement bureaucratique et lourd, contrairement à l'option institutionnelle qui a été choisie dans le cadre du SASS, elle n'a pu s'imposer à l'échelle du système aquifère, au-delà des barrières étatiques. En effet ses membres, particulièrement l'Égypte et la Lybie, pour lesquelles le Grès nubien représente un enjeu fondamental, n'ont pas su dépasser les considérations purement nationales dont ils sont porteurs. Les révolutions dans ces deux pays ne semblent pas encore avoir atteint l'Autorité Jointe, et y avoir amené plus de transparence, et d'esprit de réelle coopération. D'un autre côté la coopération entre les États du Grès Nubien a néanmoins connu certains progrès du fait des projets internationaux, et non pas de l'action de l'Autorité elle-même. Si à la suite du premier projet l'Autorité est restée plutôt inactive, celui-ci a permis d'améliorer la connaissance scientifique du système aquifère et a posé des jalons qui ont pu être exploités lors du second projet. Au moment de la mise en œuvre de ce dernier, les États ont réussi à élaborer en commun un plan d'action stratégique[17], reflétant leur vision partagée pour une gestion commune du système aquifère avec une implication totale de l'Autorité. Lors d'une cérémonie de signature officielle le 18 septembre 2013, les Ministres en charge de l'eau dans les quatre États ainsi que l'Autorité se sont engagés à mettre en œuvre les actions identifiées dans le document. La signature officielle du plan d'action stratégique représente ainsi un pas supplémentaire dans l'établissement d'une dynamique de coopération sur le système aquifère du Grès nubien, et son aval à un niveau étatique marque un accord des États sur une vision commune et les actions nécessaires pour y parvenir. Cette coopération se trouvera réellement renforcée lors de la mise en œuvre concrète de ces avancées.

Conclusion

Les deux accords de coopération décrits ci-dessus répondent ainsi aux exigences du droit international et à son évolution en la matière. Ils représentent en quelque sorte des cas pionniers, le nombre d'accords interétatiques sur des aquifères transfrontaliers étant très limité. Si dans le cas du SASS, la coopération, certes restreinte à l'heure actuelle, à la mise à jour du modèle et de la base de données, peut être considérée comme un succès. En effet le mécanisme mis en place semble tourner sans ambages ni blocage majeure, et les trois États concernés sont à l'heure actuelle engagée dans la troisième phase d'un projet. La coopération étant un processus qui se construit, il est à espérer que le mécanisme de concertation en place représente les premiers

Development for the Arab Region & Europe) , et le second projet Formulation of an Action Programme for the Integrated Management of the Shared Nubian Aquifer (2006-2011) était exécuté par l'Agence Internationale de l'Énergie Atomique.

17- Ce document peut être consulté sur le lien suivant http://www.iaea.org/newscenter/pressreleases/2013/sap180913.pdf

jalons d'une coopération plus poussée qui mènerait une gestion conjointe. Le système semble avoir fait ses preuves car il n'a pas été réellement affecté par les révolutions arabes, les techniciens engagés dans ce processus ont pu continuer à accomplir leur travail malgré les bouleversements politiques. Le cas du Grès nubien est différent. Si effectivement, l'accord créant l'Autorité Jointe a été signé à une époque où seul l'accord sur l'aquifère du Genevois existait pour un aquifère transfrontalier, la coopération n'a pas vraiment fait ses preuves et est demeurée limitée, pour plusieurs raisons : le manque de moyens financiers dont a besoin l'Autorité, mais également le choix d'une construction institutionnelle lourde avant la mise en place d'un réel système coopératif, et certainement une absence de transparence et un attachement aux prérogatives nationales. Certes des progrès ont été accomplis, mais dans le cadre de projet sous l'impulsion d'organisations et de bailleurs de fonds internationaux. Entre deux projets, l'inertie de l'Autorité Jointe n'a pu qu'être constatée. Les révolutions arabes, qui ont touché l'Égypte et la Lybie, deux des principaux acteurs pour ce système aquifère, et qui tendent vers une meilleure gouvernance n'ont pas encore atteint l'Autorité Jointe. Ces révolutions n'en sont qu'à leur étape préliminaire, et il reste encore du chemin pour que leurs buts soient atteints. L'étude de ces deux cas, le SASS et le système aquifère du Grès nubien, ne doit pas cacher le cas d'autres systèmes aquifères plus mineurs pour lesquels aucune coopération n'existe tel que l'aquifère basalte entre la Jordanie et la Syrie, ou le Disi entre la Jordanie et l'Arabie Saoudite. Le Conseil des Ministres arabes de l'Eau a adopté lors de sa deuxième session en 2010 une Résolution invitant le Centre d'Études de l'Eau et de la Sécurité Hydrique Arabe[18], l'ESCWA[19] en coopération avec l'ACSAD[20] et SIWI[21] le texte d'un instrument sur les eaux partagées dans le monde arabe. Une première ébauche de texte a été préparée et est soumise à diverses consultations, d'experts et d'officiels. Cette décision montre la prise de conscience, du moins à une première étape, de la nécessité de créer une coopération entre les États du monde arabe partageant une ressource en eau. Si un tel cadre voit le jour sous la forme d'une convention régionale ou autre, il convient de ne pas perdre de vue que les pays arabes partagent également des ressources en eau avec des États non-arabes, et en ce cas le recours au droit international à l'échelle globale sera nécessaire.

18- Ce centre relève de la Ligue des États Arabes et est basé à Damas.

19- Economic and Social Commisstion for Western Asia.

20- Arab Center for the Study of Arid Zones and Dry Lands.

21- Swedish International Water Instittute.

The social construction of water management at the intersection of international conflict : The Case of Al Auja[1]

Julie Trottier
Directrice de recherche CNRS

Résumé
La recherche sur les conflits concernant l'eau distingue généralement les conflits internationaux, au sein desquels on ne dépeint que les États comme protagonistes, des conflits locaux, au sein desquels on désigne des parties prenantes comme acteurs, sauf que cette « indépendance » peut se révéler fictive. Lorsqu'un bassin ou un aquifère est partagé entre plusieurs États riverains, les conflits locaux peuvent se révéler enchevêtrés avec les conflits internationaux. La recherche sur les conflits relatifs à l'eau a aussi tendance à présenter les discours scientifiques concernant l'eau comme un savoir qui ne serait pas localisé, alors que le « savoir indigène » est au contraire souvent présenté comme une façon différente de connaître l'environnement et sa gestion. Cet article remet en question cette distinction et examine le savoir scientifique comme un savoir situé dans un processus social. Il permet aussi d'examiner le rôle joué par le nationalisme dans les évaluations que font les scientifiques et d'identifier la construction de systèmes de droits d'eau locaux comme un processus complexe et historiquement situé. Cet article explore le cas d'Al Auja, un village palestinien de la vallée du Jourdain pour démontrer les aspects multi-échelles des conflits concernant l'eau.

Abstract
Research on water conflicts usually distinguishes international conflicts, depicted as involving states alone, from local conflicts, described as involving stakeholders, but this "independence" between international and local water conflicts can sometimes be a fallacy. When a basin or an aquifer is shared with another riparian state, local conflicts may be enmeshed in international ones. Another enduring feature of research on water conflicts is the presentation of scientific discourses concerning water as knowledge that is not situated, though the "indigenous knowledge", is usually presented as a different way of knowing the environment and its management. This article questions this distinction and examines scientific knowledge as situated knowledge. This allows examining the role that nationalism plays within scientists' assessments of water systems and allows also identifying the construction of the local water rights system as a complex, historically situated process. This article focuses on Al Auja, a Palestinian village in the Jordan Valley, to demonstrate the multiscalar aspects of water conflicts.

1-Ce travail a été rendu possible par le financement accordé par l'Agence Nationale de la Recherche dans le cadre du programme Agrobiosphère au projet TERRE-EAU, Projet ANR-12-AGRO-0002.

Conflicts concerning water have generally been treated either as an international issue involving states alone, or as a very local issue involving "stakeholders". Such treatment has usually portrayed "local water conflicts" as completely independent of "international water conflicts". The "local" literature has rarely interacted with the "international" literature. While the latter dwelt on international law and negotiations, the former sometimes tackled the manner water management was embedded in local society. More often, though, water conflicts at the local level were explored by engineers in a very practical fashion. This dichotomous approach to water conflicts has often prevented progress on their understanding, and consequently on their resolution. This is especially true in the case of the Israeli-Palestinian water conflict.

When treated at the international scale, the literature on water conflicts has dwelt heavily on international law. (Vinogradov, Wouters et al. 2003) States are usually presented as the sole actors making decisions and much effort has been invested in quantitative approaches to measure the parameters that may or may not propel riparian states to wage war for water. (Wollebaek Toset and Gleditsch 2000) Interstate war is usually portrayed as the only form a conflict over water can take. And the stake is systematically portrayed as a quantity of water to be allocated a given state, as if water in rivers or aquifers were a pie that had to be divided into fixed portions among the riparian states. The Israeli-Palestinian water conflict has thus overwhelmingly been depicted as one conflict pitting two protagonists, Israel and the Palestinian Authority for fixed allocations of water. (Beaumont 2000; Amery 2001; Beaumont 2001; Weinthal, Vengosh et al. 2005; Phillips, Attili et al. 2007) This approach is reductive as the multiscalar aspects of water conflict have been demonstrated (Trottier 1999; Trottier 2000; Trottier 2008) When the possibility of interactions between domestic factors and international decisions concerning water has been considered, it has usually been treated through a quantitative approach, where various parameters such as friendship or hostility were measured quantitatively along a common scale. (Giordano, Giordano et al. 2002) Rarely have these complex social, economic and political interactions been the object of detailed ethnographic studies once the conflict over water was identifies as having an international scale.

Those who tackled water management at the local level have been much more likely to turn to detailed ethnographic approaches. (Mabry 1996) Yet, studies of local water conflicts have most often targeted very practical objectives of water management. In this case, they have tended to draw on stakeholder approaches while often neglecting to consider the origin of the concept of stakeholder itself. Produced by the business management literature, the classic definition of a stakeholder is "any group or individual who can affect or is affected by the achievement of the organization's objectives".

(Friedman and Miles 2006) The discourse of participation that emerged in the business literature built on this concept of the stakeholder. A corporation with a given project identified the stakeholders according to its plans. They were not expected to self-identify. The form of participation was constructed so as to channel the stakeholders towards options the corporations wanted. Stakeholders were not supposed to decide upon the form of their participation as this would have imperiled the corporation's objectives. (Whitman 2003) Such an approach suited water engineers who sincerely believed they were bringing the "best" possible water management to the populations whose "participation" they sought as they identified them as "stakeholders". Certain that the approach to water they were promoting was the best possible form of management, such engineers usually had no problem with a concept of participation such as appears in the business management literature, where the structure of the participation constrains immensely what stakeholders can and cannot do.

This article argues that this supposed separation between "international" and "local" water conflicts can sometimes be a fallacy. One may indeed consider local water conflicts independently from any international interaction in Iceland, an island where no aquifer or surface water is shared internationally, but such a hermetic separation becomes much more troubling in many other cases. Whenever a basin or an aquifer is shared with a riparian state, "local" conflicts are often enmeshed in "international" ones in many ways.

This article focuses on the case of Al Auja, a Palestinian village of 5000 inhabitants and a spring bearing the village's name, to demonstrate the multiscalar aspects of water conflicts. In Al Auja, local water conflicts among Palestinians cannot be contemplated independently from the conflict opposing Israel and the Palestinians. This article explores the manner academics have studied Al Auja in the past. They either fell in the trap of reducing the conflict over Al Auja spring to an issue of water sharing between Israel and Palestine, or in the trap of considering the technical system alone at the local level, without exploring the ramifications between the local and international conflicts. This has led to the present dramatic situation of Al Auja, a once abundant spring that provided 9.2 million cubic meters of water a year and nearly disappeared in 2011, to remain unsolved. Understanding the conflict is a pre-condition to elaborate a viable solution. This article examines why a very skewed understanding of the water conflict has predominated so far, and details the manner the proposed FOEME water accord could allow the situation to improve dramatically.

An enduring feature of the literature on water conflicts is the presentation of the scientific discourse concerning water and water management as knowledge that is nonsituated. This is often opposed to 'indigenous' knowledge , which is then presented as a different way of knowing the environment and its management. This article argues that this distinction is a fallacy. All forms of knowledge are situated, practical, dispositional, flexible and social (Lowe 2006) (p. 19) The context of modernity arose from the belief that scientists could make authoritative statements by virtue of the procedural rules they followed to produce their knowledge. (Bauman 1987) Critical thought studies dispelled this idea in the second part of the 20th century. Reason was shown to be constructed and to systematically embed values and power relations. (Foucault 1969) The transformation of a scientific claim into a scientific fact depends, indeed, on the scientific method, but it also depends on a host of social, economic and political interactions. (Latour 1987) The term co-construction was coined to describe the manner societies construct nature through their scientific discourses while, in turn, this construction of nature transforms society. (Jasanoff 2004)In the specific field of water sciences, Espeland demonstrated the manner models, based on rational choice theory, necessarily distorted the values of those the modelers sought to represent. They necessarily transformed substantive values into instrumental values. (Espeland 1998) Curiously, while Espeland's seminal book *The Struggle for Water* won acclaim from anthropologists and sociologists, receiving several awards, it was largely ignored by the academic literature on water. This article integrates the scientific knowledge produced on Al Auja spring as situated knowledge.

As a consequence of the belief, on the part of water scientists, that their knowledge is nonsituated, the role played by nationalism, within their assessments of water systems, has rarely been examined. Nationalism is a social construct that involves identity and the perception we have of the legitimate organization of state and society. Nationalism necessarily skews the perception technoscience produces of 'sound water management' because a property regime is a social construction that involves identity and the perception of the legitimate organization of society. As nationalism remains unexamined, many assumptions concerning the manner water is managed remain unchallenged. This has weakened the literature on water severely, especially the literature on water conflicts. For example, Alatout demonstrated how Zionist hydrologists put forward a discourse of water abundance before the creation of Israel, and later put forward a discourse of scarcity once independence from British rule was achieved, all on the basis of the same data. (Alatout 2008) Another example can be found in the case of the controversy that arose in 1986 within the Transactions of the Institute of British Geographers. This case will be examined in some detail, for both authors clearly put forward flawed arguments that could have been dispelled by fieldwork. The latter was not undertaken because the unexamined assumptions underlying each piece of work did not allow the authors to identify the construction of the local water rights system as a complex, historically situated process. Instead, hypotheses rooted in either Palestinian or Israeli nationalism went unchallenged. Part of their exchanges dealt with Al Auja and its spring. This article confronts this controversy with the results emerging from field work in Al Auja. This allows us to locate nationalism within previous scientific arguments and to illuminate the distortions this induced.

The 1986 controversy opposing Ron and Rowley

The exchanges between Ron and Rowley in 1986 through the Transactions of the Institute of British Geographers are the stuff that make for deep seated academic passions. Rowley was replying to an article Ron had published the previous year in the same journal, on the development and management of irrigation systems in mountain regions of the Holy Land. (Rowley 1986) In the same issue, Ron replied to Rowley's comment. (Ron 1986) Both authors abandoned scientific caution at some point in their argument as they made a leap of faith, idealizing the occupation in the case of Ron and Palestinian society in the case of Rowley. Each of their discourses is tainted by a nationalism which leads them to project inappropriately a homogeneity on the social construction of human interactions with water. This homogeneity, as will be seen in the next section, does not resist scrutiny.

Rowley criticized Ron's paper of 1985 as being incomplete and biased. He made two main points. First, he argued that qanats were either developed 'recently' by Arabs, or at least maintained and re-developed in Arab villages in the recent past, rather than constructed in antiquity by Jews as was detailed in Ron's paper. Second, he criticized Ron's paper's silence concerning the impact of deep bore wells in the West Bank on local Arab water sources. Rowley gave technical details of the manner a well extracting water at a rate higher than that at which it enters, can create a cone of depression as far as 16 km away. He detailed the manner this affects qanats and noted that by December 1983, Israel had drilled 37 wells in the Jordan Valley, pumping 38 to 42 million cubic meters a year for the settlements. He then used Al Auja spring as an example, describing it as having had a flow of 11 million cubic meters before drying up in August 1979 after the sinking of three Jewish wells. Although he noted that the spring still had an intermittent flow, he argued that the dying banana plantations in Al Auja attested to the serious lack of water. Further on, he added that "At Yitav, in the Yatir settlement block south of Hebron, on the old site of Na'aran, two Israeli deep bore wells apparently led to the massive depletion of the Auja Foqa and El Auja Tahta wells. The failure of irrigation at the two Arab settlements led to the abandonment of banana and citrus groves in 1979 with an estimated loss of 1£3 million at that time." (Rowley 1986)(p.358)

Ron published a ferocious reply to Rowley's comment on his 1985 article. First, he argued spring flow tunnels must be distinguished from qanats. The former, hewn in solid rock, are stable, requiring minimal maintenance while the former rapidly fill up when they fall into disuse because they are constructed in alluvial material that collapses or erodes over time. (Ron 1986) He deplored Rowley's mistaking spring flow tunnels for qanats, examples of, he said, cannot be found in the Holy Land by virtue of the nature of its soil. He further maintained that no spring flow canal had been used in the area since the 6th century as opposed to what Rowley argued. Second, Ron denied any negative impact of Israeli wells on Arab springs and wells. He specifically focused on Al Auja spring and made a series of points. Yitav, he pointed out, is located near El Auja, not at the Yatir settlement block south of Hebron. El Auja spring had indeed dried up in the summer of 1979 but resumed its flow in December 1979, a chart of the spring flow from 1955 until 1980 detailed this. The three deep bore wells near Al Auja spring were drilled to depths of 192-244 meters, to the confined aquifer of the lower Cenomanian formation, he argued, while the aquifer feeding the Auja spring was a phreatic aquifer of the upper Cenomanian. Both these aquifers were separated by a thick aquiclude formation which, he argued, meant they could not interact.

This exchange is worthy of analysis for several reasons. Both authors show a great attention to technical details. Yet, both allow themselves leaps of faith at some point in the technical argument. Rowley attributes the drying up of Al Auja spring to the Israeli wells, a technical possibility, without showing data proving there is interference between them. Similarly, Ron claims the impermeable layer of soil separates completely both aquifers, also a possibility, without showing any data proving there is no interaction between them. Both would have improved their article with field work. Rowley would have located Yitav correctly on the map and would not have presented Al Auja as distinct from Auja Foqa and Auja Tahta had he carried out field work in the village. The latter two are two sections of Auja village. It is likely he wrote on the basis of what his interviewees told him, thereby falling in the trap of transmitting a narrative, a phenomenon that has often taken place when researchers come to the West Bank. (See for example (Rouyer 2000)) Had he carried out field work in El Auja village, Ron would have realized that the compensation he supposes his state will make for any adversely affected Arab well or spring is a practical impossibility because the local water users still do not have the means to prove scientifically the cause of the decreased flow. Both authors privileged an informant as more reliable than another. Rowley has his leap of faith when he obviously trusted information given to him by Palestinian sources, probably farmers, fellow academics, or activists. He carried out his field work in October-November 1986. (Rowley 1990) So, his account of El Auja becoming intermittent since 1979 relies most probably on eye witness accounts he collected in 1986. Rowley has his leap of faith when he trusts the research he quotes, carried out by Tahal Water Planning. This state company in charge of water development for Israel could hardly be called a neutral party.

Neither authors dwelled in great depth on the social construction of these technological choices. Ron wrote "The fact that Israel does not do this [drill cheaper, shallower wells that would water from the saturated aquifer of the upper Cenomanian], but chooses instead to spend large sums of money on vast geo-hydrological research and deep bore drilling to find and utilize waters considered lost to the Dead Sea, is precisely because of a decision made by Israel not to damage or use water sources utilized by the Arab inhabitants. The Israeli Water and Agriculture Headquarters on the West Bank has issued a written guarantee that should spring or well water supply be damaged in any way in an area where Israeli drilling is carried out, Israel will compensate the Arab fellahin and re-supply them with water, so that they continue to receive the full amount of water which the spring or well would have supplied." (Ron 1986) (p.367) This clearly shows his faith in his state institutions. It also shows his ignorance of Al Auja's water management. Fellahin are peasants. The water right holders in Al Auja are land owners who often rent out their land to sharecroppers. Ron goes on to explain the salinisation of the wells used in the fields around Auja as entirely brought on by their Arab users: "The facts indicate that in the Jericho area, in the Jordan Rift Valley, a perched sweet groundwater lens exists above the salty base (Golani, 1970). During the 1950s, local Arab inhabitants began digging many private shallow wells, at a rate of about 10 million m3 per year from the beginning of the 1960s. This caused the formation of a cone of depression and salinization of the sweet water by the salty water located underneath the lens in the young sediment fill (Golani, 1970; Gutman, 1980)." (p. 367)

One can only wish that both authors had taken as much pain to understand the historical and social construction of the management of Auja spring as they took to understand the technical issues they describe. This might have allowed a few generalizations to be avoided. Each seems to promote his favourite society as the more egalitarian one. Rowley described "Even within the established native economy inter-village rivalry and competition over water resources often result in the construction of a criss-crossing, at different levels, of transverse kharezin, working back from neighbouring Arab villages and irrigated areas. However, the fundamental feature was that such competition was generally between similar fellahin-peasant villages. The intrusion of Zionist settlers has altered this." To which Ron replied "The Jewish agricultural settlements in the Jordan Rift Valley are based on an equal division of land and water rights. Each settlement is planned around 80 family units; each unit consists of 30 dunums of land plus 30000-35000 m3 of water per annum. In the Arab sector the division of land

and water rights is different. There, a major portion of agricultural resources of land ownership, water resources and water drilling is concentrated in the hands of a minority." Both Ron and Rowley projected a homogeneity on the social group they considered to be a better steward of the environment. "The Palestinians" in Rowley's account appear as an undifferentiated group of similar peasants. "The Israelis" in Ron's account appear as undifferentiated high minded egalitarians who divide the land evenly among them and respect the resources of their Arab neighbours by deploying neutral, exact science, and by consenting expensive investments.

The focus on technical details, and on numbers also characterizes Nofal, Dudeen and Rabi's description of Al Auja spring management in 2003. (Nofal, Dudeen et al. 2003) Their article depicts water management here as if it was a static process. Their description is rife with numbers: 886 ha are irrigated around Al Auja village, 9.2 million cubic meters per year for the spring is equivalent to 1052 cubic meters per hour, the catchment area is about 62 km2, the average annual rainfall in the Jericho area is about 200mm.... However, it is quite lacking in ethnographic depth concerning the construction of this water property rights system. It only states "(t)hese rights were fixed long ago on the basis of land ownership at that particular point in time." (Nofal, Dudeen et al. 2003) (p.229) The authors also seem to have neglected field work in this case. Although their paper was presented at a conference in 2003, they mention the fee paid annually for a water hour in 1993, a figure which could have been updated by a field visit. Field work would also have allowed them to quote the correct number of water right hours, 362 over a period of 8 days, not 384 which, as they themselves state, they simply calculated in the following manner 2 (canals) * 24 (hours in a day)* 8 (days rotation)= 384. Their calculation neglected to take account of the uptake from the main canal before it bifurcates into two canals. Moreover, the numbers they list in their paper are presented as static. Yet, most have evolved already since 2004, when the paper was published. The population of Al Auja is no longer 3000. The flow of the spring is no longer 9.2 millions cubic meters. One can wonder at the focus of the literature on numbers which cannot be static when the most important scientific questions do not concern the numbers themselves but rather the mechanisms driving their increase or reduction.

Finally, nationalism also impregnates the paper by Nofal, Dudeen and Rabi as they conclude: "The following conclusions can be drawn with relevance to the exhibited material:

- Palestinians have not yet obtained their rightful shares from their national and international water sources.
- The imposed restrictions by Israelis on the water availability and use for Palestinians have limited the possibility of developing adequate water participatory management.

- The groundwater user cooperatives need more institutional capacity buildings (sic) and they need proper bylaws and regulations.
- The proposed water institutional setup by Palestinian Water Authority can't be implemented under the current Israeli occupation."

Actually, nothing in the material of their article allows them to conclude to any of these points, quite independently of their being valid or not.

El Auja – the social construction of a communal property regime at the intersection of international struggle

Constructing a property regime is a process linked to the construction of legitimacy. Who is legitimately entitled to the resource? For which purposes? This sense of legitimacy is enmeshed with identity. It is important to understand the process whereby this sense of legitimacy was constructed. The capacity of communal property regimes to evolve is one of the key factors explaining their resiliency. (Mabry 1996) (Trottier 2007) Understanding the historical process whereby a social group has constructed its management system allows us to understand its priorities and the options it considers viable for itself when it has to change. This, of course, is deeply linked to identity.

Proudon claimed that all property was theft. Sharecroppers in Al Auja respect the property rights over water of the local landowners. They do not believe it is theft; rather, they consider this property rights system over water as quite legitimate. As for any property regime, this system is unequal. It favours some families and leaves others relatively destitute. So, why are landless sharecroppers in Al Auja not adopting a Proudon like attitude? This would be helpful to the Palestinian Authority as its water law, promulgated in 2002, states that water is a public property. The Al Auja population adheres quite unanimously to its local property rights system for reasons which can only be understood when considering the construction of this system over time in relation to the various identities developed within the Al Auja community.

The following description of Al Auja's construction of its water rights system emerges from visits and interviews carried out among Al Auja's inhabitants in September 2011. As with any form of oral history, several testimonies contradicted each other somewhat. What emerged from them was the perception local people have of their own identity and of their property regime concerning Al Auja spring. It allows us to understand why they consider this property rights system to be legitimate and why some options that are proposed to them seem to them simply unacceptable. Significantly, no one interviewed in Al Auja in September 2011, except for the mayor of the village, knew the existence of the Palestinian water law of 2002.

The region has known several population displacements over the past century. Each group arriving in Al Auja developed its identity through several processes. The local society is still organized on the basis of extensive family organization. Marriages, for example, usually take place within the same *hamulah*. There are few marriages between the population descending from those who moved here in 1948 and that descending from those who moved here in 1967. Identity in Al Auja is a multi-layered process where family lineage plays an important role. Six social groups can be clearly distinguished as relating to land and water:

- Descendants of old bedu families that owned land in the area before the 1890s,
- Descendants of Jerusalemite families that bought land in the area in the 1890s,
- Descendants of 1948 refugees,
- Descendants of 1967 displaced people,
- Inhabitants who purchased land in the past 10 years (including corporations),
- Settlers

Descendants of old bedu families that owned land in the area before the 1890s

Nojom and Beni Ka'ib (who are Ka'abna), Romaneen , Fraejat, Jrhood families arrived to the area maybe over 200 years ago. The Ka'abna family name indicates the origin of the family, a region presently located in the north of Saudi Arabia and the south of Jordan. By the end of the 19th century, they raised sheep and led a semi-nomadic way of life. They built houses close to the spring but occupied them only during the winter. They left with their sheep to live in the mountains during the summer. They cultivated wheat and built the first dirt canal leading from the spring before the 1890s in order to irrigate fields close to their houses. They had oral agreements to share the grazing land, but no written deeds. These agreements were sufficiently official to allow them to sell tracts of land at the end of the 1890s.

Descendants of Jerusalemite families that bought land in the area in the 1890s

These include the Husseini, Nashashibi, Nusseibeh, Dajani , Murkerker and Kutub families. They purchased land in the area for cheap prices in the last decade of the 1890s. One story says that an immense tract of land was bought in exchange for a horse. Another, in exchange for a meal. But most was purchased with money. These landowners registered their land with the British authorities in 1936s. When they built houses, these were only holiday homes for winter time which is milder here than in Jerusalem. These absent landowners invested in agriculture. They hired a *Natoor* who lived on the land with his family and hired seasonal workers to work in the fields.[2] These workers came from a great variety of places, including Gaza, and usually returned home during the summer when there wasn't work in the fields.

Descendants of 1948 refugees

In 1948, a wave of refugees arrived in Al Auja from all parts of what used to have been the British Mandate over Palestine. Often, these were people who had worked here as laborers and logically sought refuge in a place they already knew. They built houses some distance east of the older village, downstream along the irrigation channel, in the part of the village called Auja a- Foqh. They didn't receive water rights from the spring for they did not purchase farm land linked to water rights. Members of that social group now either work as sharecroppers on land owned by the first two social groups or work as labourers in the nearby Israeli agricultural settlements. Between 1948 and 1967, as many as 15000 to 16000 people lived in Al Auja. This provided cheap labour to the Jerusalemite land owners.

Descendants of 1967 displaced people

These are composed of two main families (Saaideh and Atayat). Both came from the Jiftlik area. The Saaideh owned 10000 dunums for which they have a land deed dating from Jordanian times in the 1920s. This land was declared military exclusion zone and the family was forced to relocate. They purchased land to build houses in what is now called Uja A-Tahta, east from Auja a-Foqh, where the houses of the 1948 refugees stand. Landowners themselves, they entered into sharecropping agreements on land that was owned by the first two social groups described earlier. Such agreements granted them land and the water rights linked to it in exchange for supplying the landowner with half of the crop. The recent disappearance of Al Auja spring has forced them to seek salaried activities in various fields now. Inhabitants of that group, who arrived in Al Auja only in 1968, still remember seeing hyenas and wolves in the area, which they describe as a 'forest' with cedar and tamarisk trees.

New land owners over the past 10 years

-Some land was sold to corporations over the past 10 years. The company Sonokrot, purchased by Padico in 2011, set up poultry farming, for example.

Settlers

Over the area of the municipality, two pieces of land are being farmed by settlers, who hire local villagers as laborers. Settlement agriculture is still

2- This definition of the role of *natoor* has evolved. This describes the role of a *natoor* a century ago.

doing well in 2011 because it is supplied with Mekorot water. As Ron detailed in his clash with Rowley, the settlements are supplied from the Auja-Naraan well field, which, he claimed was not affecting Al Auja spring.

Construction of the legitimacy of the water sharing

As is usual within all property regimes, the legitimacy of the existing property regime is established on the local history as it is transmitted among the inhabitants.

First, water from the spring simply flowed in the wadi, where it was difficult to use it for irrigation. Then, a dirt channel was constructed by the original bedu families. They practiced a 15 day rotation of water turns to flood plots for cultivating wheat. They also built a water mill to produce wheat flour. Later, between 1901 and 1951, the Jerusalemites who purchased their land, developed the stone channels over about 2 kilometers to prevent water from flowing in the valley and to develop irrigation in fields further downstream, progressively constructing an accompanying water rights system whereby water was channeled alternately to various plots according to a time rotation. Landowners thus became simultaneously water right holders. They built stone pools to contain the water they received during their water turn, creating a stock they would draw from to irrigate until their turn came back. In 1952, the Jordanian government cemented the channel from the old dam to El Auja spring. This work included the construction of a canal leading water to a turbine to generate electricity. But the turbine was never installed. Al Auja was put on the grid in 1981 and people then did away with generators.

Today, the spring is divided into 362 water hours over a period of 8 days. Most of these hours entitle the water right holder to half a spring flow as the flow is divided at some point into two canals of similar capacity. But a minority of these hours entitle the water right holder to the full spring flow as the uptake takes place before the bifurcation. A water user association exists, which collected yearly fees to maintain the canal. When it was last collected before the spring dried up, the fee amounted to 10JD/yearly hour. This entire system entered a crisis over the past five years. In 2009, the spring flowed only for 90 days. In 2010, it flowed for 60 days and in 2011, it flowed for 16 days. In 2011, the draught had lasted five years already. It cannot account entirely for the disappearance of the spring however, for similar rainfall dropped in the 60s to the same level as in the first decade of the 2000s, yet this did not lead to the disappearance of the spring in the 60s. (Rimmer 2011)

Sharing a spring on the basis of a time rotation is a widespread management system in the area. (Trottier 1999) This allows distributing the resource evenly in times of abundance as well as in times of scarcity. Of course it does not distribute equal shares to every villager. Some water right holders have over ten hours of water every 8 days. Others only have ten minutes. And some of the inhabitants of the village have none. As inheritance has split up the land into ever smaller plots, dividing it among the sons of a deceased land owner, so has it split the water rights linked to that land. Sometimes, land was sold without its accompanying water rights. This has created a stock of water right hours that can be rented by sharecroppers or by those landowners who cultivate the land themselves. Al Auja inhabitants subscribe to the legitimacy of their water rights systems for several reasons . Their sharecropping arrangements depend on the maintenance of these water rights, whether they are sharecroppers or landowners. They consider this form of sharing water is equitable because it distributes evenly abundance in times of good flow and scarcity in times of low flow, thanks to the 8 day rotation, even though within this evenness, water shares vary among the villagers. Refugees and displaced people who treasure the title deeds to their land which was either declared military exclusion zone or became inaccessible as it lies inside Israel, will not challenge the legitimacy of the land deeds held by local land owners. Most importantly, this water rights system was constructed locally over time.

The continuous evolution of property rights systems is pivotal in explaining their resiliency. (Boelens and Doornbos 2001) This includes not only their internal rules, but also the social interactions in which they have been progressively embedded. During interviews in the field, this emerged clearly from the manner villagers' positionality located "before" in their account of water management:

For example

Mr A., born in 1974, belongs to a family that moved to Al Auja in 1968. Upon the start of the occupation in 1967, his family spent a few months in Jordan before coming back for one year on the 10000 dunums of land they owned in the region of Jiftlik. Their land was then declared 'closed military zone' and they had to leave it. They came to Al Auja initially as sharecroppers on an old landowner's land. Later, they bought land without water rights. Mr A.locates 'before' in the 1920s and perceives one group of old landowners as those who owned land in Al Auja in the 1920s.

Mr. B.belongs to an old Jerusalemite family that bought land here in the 1890s. He locates 'before' in the 1890s when local bedus with oral claims to the land sold their land to wealthy Jerusalemites. These land owners registered their ownership of the land to obtain deeds in 1936, during the British period. Mr. B. owns land with water rights and chairs the El Auja spring association. He collects the fees from those who have water rights on that spring and organizes the cleaning of the channels.

The mayor belongs to the Romaneen family. This is an old bedu family that owned land here before the Jerusalemites purchased land in the 1890s. Bedus in the nineteenth centuries herded sheep and had a semi-nomadic lifestyles. They spent the winter in the area and took their sheep to the mountains during the summer. Abu mohammed owns land with water rights, but no water reaches it now. Abu Mohammed locates 'before' at an undertermined time before 1967.

This variety of ways of locating "before" contributes to explaining why Al Auja inhabitants adhere to a property rights system where 67% of water rights (in terms of hours within the 8 day rotation) are owned today by Jerusalemite families.

Technical change cannot be perceived as a progress from inefficiency to efficiency, as a straight road to progress. (Garb 2004) Changes in water related technology always occur within social interactions with water that keep evolving. (Horden 2004) Several political changes occurred in Al Auja over the last 120 years, accompanied by large population movements. The population fluctuated greatly, reaching at one point a peak of 15000-16000 inhabitants before decreasing to its present 5000 inhabitants. The crops that were developed changed over the years because the land owners and those that worked the land were embedded in different economic and social contexts that evolved greatly in the period between the 1890s and now. Each of the technical changes carried out to use El Auja spring therefore needs to be contextualized within this history in order for us to understand which social groups gained from them and which social constructions of legitimacy emerged concerning water management, concerning the property regime water was submitted to.

The bedus raised sheep in the 19th century. They also grew wheat, which is why they built the first earth canal and devised a 15 day rotation for water turns, in order to flood their wheat fields. They cultivated the fields close to their houses, which have now gone back to desert land. When the Jerusalemite investors purchased land in the 1890s, they aimed to develop sedentary agriculture, so they developed the rock channels between 1901 and 1951. They grew vegetables in the winter and citrus all year long. The aroma of the Al Auja citrus was famous, but the sharp drop in citrus price spurred a switch to bananas in the 1930s and 1940s. This crop, brought in specifically by the Jerusalemites, consumes much water, but it allowed them to earn revenue during the summer when they couldn't grow vegetables. And the spring was providing plenty of water. It peaked at 2300 cubic meters/hour in winter. Now, only 50 dunums of bananas are left, cultivated by two farmers who have an artesian well that is not overly saline. The rapid disappearance of the spring over four years has led one farmer to cultivate herbs: thyme, basil, rosemary, over 250 dunums, 200 of which are in tunnels using net in summer and nylon in winter. Most have abandoned cultivation over most of their land, whether sharecropped or owned. Al Auja fiels, once covered with banana trees, evoked in 2011 a picture of the American dust bowl from the 1930s.

The environmental conditions faced by the inhabitants changed over this period. The area that was covered with cultivated fields in 2005 had been covered by trees until the middle of the 20th century and teemed with animals such as hyenas. Finally, the surrounding technology impacting the aquifer, deployed by actors external to Al Auja, also evolved greatly over that period. Two distinct well fields were developed, which can potentially affect the flow of the spring: The Auja-Naaran well field where the wells are operated by the Israeli Mekorot and the Ein Samia well field where the wells are operated by the Jerusalem Water Undertaking, the Palestinian water utility based in Ramallah.[3] (Rimmer 2011) In the Auja-Naraan field, a first well was drilled in 1964 by the Jordanian authorities. Between 1976 and 1980, 8 more wells were drilled either close to the spring or in a nearby area, all drawing from the Ma'ale Efraim basin. (Rimmer 2011) In the Ein Samia field, a first well was drilled in 1964 and a second one in 1965 and 1966 under Jordanian rule. Between 1980 and 2000, three further wells were drilled, the latest one funded in 1999 by GTZ, the German aid agency. (Rimmer 2011)

In 2011, the PA built a new earth dam designed to collect rainwater and the spring water in case it flowed again. It has the capacity to hold 700 000 cubic meters of water. Built by the Palestinian ministry of agriculture, this dam is supposed to be managed according to the 2002 Palestinian water law. This law states that water is a public property whereas Al Auja villagers have treated their spring according to a communal property regime up to now. According to the ministry, water is supposed to be sold to farmers who would be billed according to the volume they consume. None of the farmers interviewed in this study agreed with this form of management. All considered that they needed to calculate the volume their water hours used to give them. This volume was their right and they shoudn't pay for it, they said. In September 2011, the municipality maintained that the new system for charging water by the volume was going to be put in effect. The dam being completely dry, this discourse didn't have to be confronted to the reality of a blunt and unanimous refusal by the villagers. The position of the municipality might have reflected the composition of its village council.

3- The name Jerusalem Water Undertaking may be misleading. It was created at the time Jordan ruled the West Bank, as a utility that was supposed to supply Ramallah, East Jerusalem and Bethlehem with drinking water. Initially set up in Ramallah, it has progressed south towards East Jerusalem but had not yet reached the old city by the time the 1967 occupation stopped its progress. The JWU is therefore a Palestinian utility essentially supplying Ramallah and its surroundings with drinking water.

Of its nine members, only 3 belonged to old landowning families. The rest belonged to refugee families. But, as refugees enter sharecropping agreements, it is more likely that the position of the municipality reflected the discourse of the ministry and, once the dam holds water, this position might change to accommodate the local property rights system.

In September 2011, the villagers had not paid for five years their fees to the municipality for the drinking water that is provided through the reticulation network. Initially built in 1982 and rehabilitated in 2011 by the PWA with ANERA funds, the reticulation network is supplied by Mekorot. The drinking water consumed in the village thus does not originate from Al Auja spring. Although it charges 3.5 NIS per cubic meter, Mekorot does not bill Al Auja villagers directly. It bills the Palestinian Authority for the water it supplies Palestinian municipalities. As Israel collects the custom duties over products entering the Palestinian territories, and hands it to the Palestinian Authority, it deducts from these funds whatever debts the P.A. has towards it, such as the water bill for the water supplied by Mekorot.

The municipal council is unable to fine water consumers who do not pay their domestic water bill because "they cannot sue everyone" said an interviewee. Yet, when someone tampers with a water meter, the council manages to inflict a fine. "Because it is only suing one person at a time in this case", said the interviewee. The inability of the municipality to recover fees for the domestic water does not bode well for its capacity to set up a new water property rights system based on the 2002 Palestinian water law if the PA built dam fills with water over the winter. Water still flows in the reticulation network of Al Auja, albeit intermittently, independently of consumers paying their water fees. Ironically, this is a direct result of the international institutional set up which was designed to force the Palestinian Authority into an institution that would collect fees. As Israel levies custom duties directly, it can pay Mekorot, which maintains the water supply. This allows the internal conflicts between local villagers and the PA to go unsolved.

We thus have local water conflicts and an international water conflict deeply enmeshed in one another in the case of Al Auja spring. A cursory observation of the situation, where settlements have lush agriculture next to dried up Palestinian fields leads many to incriminate Israeli's grabbing Palestinian water. Yet, hydrological data as it exists at the moment cannot demonstrate that the disappearance of Al Auja spring is due to the wells that were drilled in either the Auja-Naraan or the Ein Samia well field. (Rimmer 2011) However, the same hydrological data cannot exclude an interaction between the upper unconfined aquifer and the lower, confined aquifer. Most crucially, hydrological data shows us that rainfall in the 60s was similar to that of the 2000s. Yet, the spring did not disappear in the 60s. So, we cannot blame the recent draught for the disappearance of the spring. This is typically a situation where environmental decisions must be made in the face of uncertainty.

Social science accepts that valid knowledge can be produced through various means because all knowledge is situated. Local residents in Al Auja incriminate the pumping from the most recent well for the disappearance of their spring. The basis for their argument is that the spring flowed again during the time abstraction was interrupted when the pump broke down in that well. Morevoer, next to the spring lie remains of an old well from Jordanian times. It is blocked but one can hear the water flowing below the ground. So, locally, residents incriminate the most recent well, used by the PWA, but drilled in that location because of a permission granted by the Joint Water Commission where decisions can only be made on the basis of agreement between Israelis and Palestinians. In other words, the well could only be drilled there because Israel agreed that it be located there.

Solving the water situation in Al Auja cannot be carried out at the local scale only. Much opposes the PWA and local villagers. Locally, the Palestinian water law of 2002 has never been heard of. A communal property regime is used to manage the spring water, a phenomenon that is not supposed to occur according to the law. Locally, villagers have refused paying for the domestic water supplied by the municipal network for five years. Locally, villagers incriminate a PWA operated well for the disappearance of their spring. Yet, each of these issues is enmeshed with the Palestinian-Israeli conflict. The Palestinian water law was written in English by foreign consultants who did not build on the local property rights systems that had been devised by Palestinians over time to manage 70 % of the water they were consuming by the time the Oslo Accords were signed. (Trottier 1999) It was written to suit both Israel, through the Joint Water Committee which gave a veto right to Israel over any development of water in the Palestinian territories, and the international community, by inserting principles deemed to be of universal value – such as the public property of water - but which were not the ones governing water property regimes locally. Villagers have refused to pay for the domestic water fees for a complex set of reasons. But their refusing to pay has not made a difference on their supply of domestic water. This is because of the status the Oslo Agreements gave the PA, which is very close to that of thrust territories, where Israel collects custom duties and deducts fees owed to Mekorot before passing the remainder to the PA. Villagers incriminate the most recently drilled well. Even though it is operated by the PWA, it was located there because Israel wanted it at that place.

This multiscalar aspect of water conflicts is usually glossed over in the case of Palestinian water. Authors such as Nofal & al. prefer to conclude that Israel is not giving its fair share of water to the Palestinians and to keep the problem at the international scale. But what would happen if a negociation between Israel and the PA allocated simply more water to the Palestinians? Would Al Auja spring flow again? There is no reason it would as the pumping that seems to affect it is Palestinian. In fact, the profound enmeshment of local and international water conflicts in Israel and Palestine, as it is very well illustrated by Al Auja spring, precludes any solution that would only treat the conflict as an international or as a local one. We need to dispel the unexamined assumptions that clouded the work of Ron, Rowley and Nofal & al, which was examined earlier. We must not let nationalism lead us to project a fictional homogeneity upon any of the social groups involved in these conflicts. We must accept that no social group has proved so far to be a perfect steward of the environment. We must accept that property regimes are constructed over time by the water users within their interaction with the environment in specific economic and historic contexts. We must accept that there is no "one size fits all" sound water management that can be parachuted on a people. We must accept that decisions will be made while great uncertainty prevails concerning the hydrological facts.

How the FOEME water proposal would treat a case such as Al Auja

In November 2011, Friends of the Earth Middle East launched its campaign "Water peace cannot wait" and started promoting a novel approach to the water conflict between Israel and the Palestinians. Initially designed as a clause fitting in an overall peace treaty between two states, Israel and Palestine, this proposal can also act as a stand alone treaty between Israel and the Palestinian to manage the water they share before comprehensive peace can be reached. A few hypotheses were made concerning what a final peace would resemble when the proposal was drafted. Among them, it was assumed that a border resembling the Green Line would separate the two states and that most settlements would be dismantled. (Brooks and Trottier 2010) FOEME's campaign thus does not constitute an attempt at "normalization", i.e. an acceptance of the settlements in the West Bank.

It is worth exploring the manner a case such as Al Auja would be treated if the FOEME proposal was signed by Israel and the P.A. This proposal is useful because it recognizes the scientific uncertainty involved in managing water and the informal institutions which have hitherto managed most of the water used by the Palestinians through communal property regimes. It therefore proposes to manage water on the basis of continuous monitoring of quality and quantity of water extraction and of aquifers. And it proposes an integrative institutional set up that builds on existing management forms. This minimizes the creation of new institutions and ensures that the proposal can be implemented in practice.

The pivotal process in the FOEME proposal

The proposal recognises the degree of scientific uncertainty which renewable flows in aquifers are subject to. (paragraph 14) The bulk of the shared water flows in karstic aquifers, which are especially difficult to apprehend for hydrologists. The pivotal process that is proposed is therefore the extraction of shared ground water on the basis of continuous joint monitoring and in quantities and flow patterns that are continuously modulated. (paragraph 14) The institutional structure it proposes to achieve this 1. It grants a role to natural scientists, as the Office of Scientific Advisors that it proposes would be charged with establishing a maximal seasonal abstraction for each well tapping shared water in Israel and in Palestine, based on information about the state of the aquifer as supplied by agencies in the Water Authority of Israel and the PWA of Palestine. (paragraph 14a) This, of course, breaks with the present situation where the Joint Water Committee, composed of an equal number of Israeli and Palestinian representatives, determines the maximal abstraction of Palestinian wells but has no authority to determine the maximal abstraction of Israeli wells. But, more crucially, the role played by the scientists in determining these abstraction rates is tightly circumscribed within the institutional structure that is proposed. Paragraph 14b deserves some attention before this institutional structure is examined in detail:

'14b. When pumping from a well exceeds allowable extraction rates or has an adverse effect elsewhere in the aquifer, the institution operating that well or the adversely affected institution will contact the relevant authorities in the government of the Party within which the well lies. This action is required regardless of whether the said institution is national or local and whether it operates via a public, communal or private property regime. Those authorities will follow their own procedures to resolve the issue, including cooperation with the relevant authority in the other Party. However, if such procedures have been exhausted and found inadequate to resolve the issue, the following additional procedures will be implemented by the relevant institutions:

14b(i): The institution operating the well causing the negative impact will be required to cease pumping from that well or to reduce pumping to a rate that avoids the said impact.

14b(ii): In cases when the well is partially or exclusively used for domestic consumption, the institution responsible for managing the well will receive assistance from its State if required to ensure the minimum household requirement (as defined in the Introductory Notes) for the entire population normally served by that well. Such assistance can include securing water from other wells, whether State, private or communal wells through appropriate procedures. Uses at levels greater than that of the minimum household requirement should also be considered, but assistance from the state is not required.

14b(iii): In cases when the well is used for both domestic consumption and for irrigation, the institution responsible for managing the well will decide upon the new allocations from the reduced flow. In case this is a communal institution, it will negotiate the rate of reduction of the flow with the relevant ministry. It will also suggest and give priority to options to mitigate any harm caused by reuced flow to the community that relies on that institution for its water so that farmers can save as much of their crops as possible according to their priorities. If necessary, the institution will receive assistance from its State in order to ensure the minimum household requirement for the entire population served by that well. Such assistance can include securing water from other wells, either state or communal wells, through appropriate procedures.

14b(iv): In cases when the well is used only for irrigation, the institution responsible for managing the well will decide upon the new allocations from the reduced flow. In case this is a communal institution, it will negotiate the rate of reduction of the flow with the relevant ministry. It will also suggest and give priority to options to mitigate any harm caused by reduced flow to the community that relies on that institution for its water so that farmers can save as much of their crops as possible according to their priorities.

14b(v): In cases when a State cannot assist the relevant institution to ensure the minimal household requirement, appropriate authorities from the other Party will assist it to meet this requirement.'

Accommodating Widely Differing Institutions

Paragraph 14 obviously applies to both parties equally, as does the rest of the FOEME proposal. Its translation into everyday practice, however, will vary radically from one side of the Green Line to the other. The distinctions brought up by paragraph 14 would not make much sense to most Israeli water scientists. Indeed, all water users in Israel are submitted to water licences that are issued annually by the ministry and stipulate the amount of water allocated to them. Moreover, no communal institution managing water exists in Israel, where all water is managed through a public property regime. However, most of the water used by Palestinians to this day is not managed according to the public property regime described in the Palestinian water law. This is a reflection of the legal pluralism that exists in the Palestinian territories. Paragraph 14 caters for this situation, as it includes in the process State, private and communal wells. The three possible situations respectively catered to in paragraphs 14b(ii), 14b(iii) and 14b(iv) also reflect the variety of situations on the Palestinian side. Indeed most Palestinian wells have a much smaller abstraction rate than the state operated Israeli wells. They are owned and managed mostly according to communal property regimes and, sometimes, private property regimes although the lack of attention paid to them has often meant they are usually referred to in the literature as 'private wells'. In villages, especially in the north west of the West Bank, these wells are normally used by villagers both for domestic consumption and for irrigation.

The priority to a minimum provision of domestic water that is reflected in 14b(ii) and 14b(iii) is not controversial within the Israeli and Palestinian populations. Feitelson (2002) had already noted the progress of the 'water as human right' discourse in Israel, whereby every human being is entitled a minimal daily provision of domestic water. The introductory notes referred to in 14b(ii) define the Minimum Household Requirement as 50 litres of water per person-day, of which no less than 20 litres must be potable and the other 30 litres of sufficient quality for other household uses. This is not controversial between the parties, which allows 14b(v) to be realistic. It locks Israel and Palestine in an obligation of mutual help in order to ensure this minimum domestic provision. This requirement of mutual help is especially crucial in order to avoid in the future the scramble for foreign funds to develop large water infrastructure within a blind supply management approach. Later, in paragraph 16, this requirement ensures that all attempts at demand management are made by both parties before international funds are sought to increase supply of water. Supply management, which still predominates in the region, is an approach to water that does not question the demand for the resource. It treats the demand as an incompressible human right that must be satisfied via technological development. The richer a population becomes, the higher the demand for water will rise, until the curb flattens after a certain income level, because it is an economic term that describes the quantity aggregated buyers will purchase at any given price. The mere appearance of a few industries may increase the demand significantly even when the population at large does not grow richer. Demand management, however, considers that water resources are not incompressible and treats the demand as the result of social and economic processes that can be acted upon. Demand management therefore targets these processes in order to reduce water consumption as much as possible. The mutual obligation of help between the two parties allows them to switch to demand management whereas the provisions of the Oslo agreements had locked them in supply management.

Although article 14 appears essentially repressive at first sight, it paves the way for the translation into practice of the principle of subsidiarity. It respects the present functioning, within legal pluralism in Palestine, according to which farmers within a communal property regime determine among themselves the allocations of their resource. (paragraph 14b(iv)) It also gives these institutions a voice in negotiating the rate of reduction of the flow so that they can save what crops can be saved and alter their crop patterns in order to mitigate the harm done by the reduction in abstraction. Most importantly, paragraph 14b specifies a crucial conditionality: 'When pumping from a well exceeds allowable extraction rates or has an adverse effect elsewhere in the aquifer...' Determining whether abstracting water from a well has an adverse effect elsewhere in the aquifer requires an involvement from natural scientists. The modernity paradigm would normally place these scientists at the disposal of the state, asking them in effect to play the role of enlightened despots who would determine who should cease pumping and who could continue, relying on the arm of the state to enforce their scientific decisions. The FOEME proposal proposes instead an institutional set up whereby any institution managing a well or a spring, whether public, private or communal, can enlist scientists in order to demonstrate that they are negatively affected either by some form of land use or by the abstraction of another well. This article satisfies the requirements of international law while also recognising the variety of situations which legal pluralism entails in order to make the goals achievable in a practical manner. Moreover, it fragments power over water along several axes. The old saying according to which 'power corrupts' guided the authors throughout and they endeavoured to design an institutional set up that would not concentrate power over water either along national lines or along the divide between scientists and lay persons. Finally, as the FOEME proposal allows institutions managing wells and springs to request a change in land use that affects them negatively, it proposes an institutional design that allows true Integrated Water Resources Management (IWRM). This principle has been widely advocated in water communities but has rarely been implemented in reality for want of appropriate institutions. (Fischhendler 2008)

The Institutional Structure Proposed by The FOEME proposal

The FOEME proposal proposed the establishment of four main bodies: a Bilateral Water Commission (paragraph 21a), an Office of the Scientific Advisors (paragraph 21b(iii)), a Water Mediation Board(paragraph 21c) and a Local Water Management Board (paragraph 21d). The Bilateral Water Commission was proposed to replace the current Joint Water Committee. As opposed to the current JWC, however, the BWC would have final management responsibility for all shared water, whether in Israel or Palestine, including granting permits for drilling, granting permits for water withdrawals, wastewater collection and treatment, controlling releases of effluent and ensuring that they are treated to an appropriate level of quality. The Office of Scientific Advisors, headed by two Senior Scientific

Advisors, would report to the BWC and serve as links to information and analyses in their respective governments as needed by the BWC. The Water Mediation Board would be created in parallel with the BWC in order to promote mediation or arbitration processes for those issues that cannot be resolved within one of the other authorities or by other water management bodies dealing with shared water. It would not have judicial authority, but would seek positions that are acceptable if not optimal for communities and institutions that bring issues before it. The Local Water Management Board would initially report to the relevant ministry in each of Palestine and in Israel for administrative purposes only, and would have a life of three years. Its initial task would be to identify and register local water management institutions deploying communal or private property regimes so they may be recognised in future processes in managing shared water for which they are responsible. Its second task would be to ensure that these institutions have the means to approach the Water Mediation Board with equity and, where the circumstances so require, provide assistance such as translation, literature searches, etc. Within three years, the two administering ministries would develop a process to transfer responsibility for the Local Water Management Board to the local institutions, including provisions for election of members and for self-financing.

The removal of a national label upon respective quantities of water means that the Water mediation board would propose compromises negotiated on the basis of priority of uses, impact on the environment and impact on the community using the water, independently of the nationality of the users. As Israel has now embarked on an extensive desalination policy, it is now aiming at ensuring its supply of domestic water through desalination of sea water. (Sanders 2009) This has transformed Israeli priorities. The importance given to the quality of water released in the environment by Palestinian users, who are located upstream from Israel aquifer wise, has grown in comparison with the importance given to the quantity of water available to Israel from the same aquifers. This transformation has not occurred on the Palestinian side, where the concern with accessing a minimal quantity of water still outstrips by far any concern with the quality of water released in the environment. The institutional set up proposed in the FOEME proposal would allow an increase in the quantity of water used by the Palestinians and a simultaneous increase in the quality of water they release in the environment. Indeed, Palestinians presently have a much lower per capita consumption of water than Israelis so a well by well, spring by spring reallocation of water based on uses, present consumption and importance of the use for the community, would increase, overall, the relative Palestinian consumption in the short term. Similarly, the Water Mediation Board would unavoidably be appealed to by actors demanding from these same Palestinian institutions that they improve the quality of the water they release in the environment. The fact these negotiations would occur at the lowest institutional level would ensure that the smallest scale, cheapest measures would be adopted by the smallest scale institutions which actually have the social capital to devise rules and implement them. (Ostrom 1990; Ostrom 1992)

Applying the FOEME proposal to Al Auja

Supposing the FOEME proposal had been concluded as an accord between Israel and Palestine, the following scenario would be likely. The Local Water Management Board would recognize the existence of the Al Auja spring users association and would recognize the communal property regime it has constructed to manage water. Once this institution was recognized officially, it could go to the Water Mediation Board to lay its case, blaming the wells of the Auja-Naaran and Ein Samia fields for the disappearance of Al Auja spring. The fact that some of these wells are operated by Mekorot and others by the PA would be irrelevant. The Local Water Management Board would assist the Al Auja spring association in having relevant, independent, hydrological studies carried out. Once the scientific studies would be completed, the level of uncertainty may or may not persist as these aquifers are rather complex. The Mediation Board would then propose a negotiated solution on the basis of the principles guiding the agreement: economic efficiency, equity, sustainability, implementability and subsidiarity. If it requested the JWU to decrease the pumping from a well in the Ein Samia well field, it could simultaneously propose for an alternative to provide the needed drinking water that would be guided by the principle of subsidiarity. It could propose, for example, a decrease in the irrigation carried out in the settlements and an attribution of that volume of water to the PWA to make up for a reduced abstraction in the Ein Samia well field. This would not be proposed on the basis of national labels, but rather on the basis of the principle of equity. Loss of irrigation water has a much more harmful effect on the Al Auja villagers than on the settlers. The first have less alternatives for generating a revenue. It would also be proposed on the basis of priorities set in the proposal: priority in uses goes to drinking water. As the PWA wells are entirely devoted to drinking water, requiring them to reduce their abstraction needs to be accompanied with an accompanying measure to provide them with an alternative at the most local level.

Conclusion

Nationalism has tainted most analyses of the Israeli-Palestinian water conflict. It has led most scientists to make assumptions concerning local management that did not resist scrutiny once field work is carried out. The

FOEME proposal may seem novel, yet it is based on experiences around the world where nationalism interfered less with the analysis of water conflicts. South America, for example, provides us with many examples of attempts at recognizing local property rights systems. This experience shows the difficulties inherent in this process. For example, placating the legal categories of national law upon these systems necessarily betrays them and this recognition, if it fixes them once and for all, deprives them of their capacity to evolve, which is key to their resiliency. (Boelens 2009)

Opponents to the FOEME proposal fear a deadlock in the interactions between the BWC and the Mediation Board. That is indeed a risk. But the other proposals presently on offer to solve the Israeli-Palestinian conflict over water are treating it only along its international dimension. The case of Al Auja, as would many other cases in the West Bank and the Gaza Strip, illustrates that local water conflicts cannot be dissociated from the international conflict and that attributing a fixed quantity of water to each of Israel and a future State of Palestine cannot possibly solve the prevailing, dramatic situation.

List of References

Alatout, S. (2008). "'States' of scarcity: water, space, and identity politics in Israel, 1948-59." Environment and Planning D-Society & Space 26(6): 959-982.

Amery, H. A. (2001). "Water, War and Peace in the Middle East: Comments on Peter Beaumont." The Arab World Geographer 4(1): 49-52.

Bauman, Z. (1987). Legislators and Interpreters On modernity, post-modernity and intellectuals. Cambridge, Polity Press.

Beaumont, P. (2000). Water for Peace in the Middle East: The Sacrifice of Irrigated Agriculture in Israel? V. in: The Arab World Geographer, no 2, 2000, pp.97-112, Julie.

Beaumont, P. (2001). "Water for Peace in the Middle East: Further Observations and Reflections." The Arab World Geographer 4(1): 58-62.

Boelens, R. (2009). "The Politics of Disciplining Water Rights." Development and Change 40(2): 307-331.

Boelens, R. and B. Doornbos (2001). "The battlefield of water rights: Rule making amidst conflicting normative frameworks in the Ecuadorian highlands." Human Organization 60(4): 343-355.

Brooks, D. B. and J. Trottier (2010). A Modern Agreement to Share Water Between Israelis and Palestinians: the FoEME Proposal. Jerusalem, Friends of the Earth Middle East.

Espeland, W. (1998). The Struggle for Water, Politics, Rationality and

Identity in the American Southwest. Chicago, The University of Chicago Press.
Feitelson, E. (2002). "Implications of shifts in the Israeli water discourse for Israeli-Palestinian water negotiations." Political Geography 21(3): 293-318.
Fischhendler, I. (2008). "Institutional Conditions for IWRM: The Israeli Case." Ground Water 46(1): 91-102.
Foucault, M. (1969). L'archeologie du savoir. Paris, Gallimard.
Friedman, A. L. and S. Miles (2006). Stakeholders. Theory and Practice. Oxford, Oxford University Press.
Garb, Y. (2004). "Constructing the Trans-Israel Highway's Inevitability." Israel Studies **9**(2): 180-217.
Giordano, M., M. Giordano, et al. (2002). "The geography of water conflict and cooperation: internal pressures and international manifestations." The Geographical Journal 168(4): 293-312.
Horden, P. (2004). Water in Mediterranean History. Managing Water Resources Past and Present. J. Trottier and P. Slack. Oxford, Oxford University Press: 35-50.
Jasanoff, S. (2004). States of knowledge : the co-production of science and social order. London ; New York, Routledge.
Latour, B. (1987). Science in Action. Cambridge, Massachusetts, Harvard University Press.
Lowe, C. (2006). Wild profusion. Biodiversity conservation in an indonesian Archipelago. Princeton, Princeton University Press.
Mabry, J. B. (1996). Canals and communities : small-scale irrigation systems. Tucson, University of Arizona Press.
Nofal, I., B. Dudeen, et al. (2003). Participatory Water Management and Cultural Heritage in Palestine: the Case Studies of Al-Muruj Scheme and Al-Auja Spring. 1st WASAMED (Water Saving in the Mediterranean) Euro-Mediterranean Workshop, Sanliurfa (Turkey), CIHEAM, Bari.
Ostrom, E. (1990). Governing the Commons. Cambridge, Cambridge University Press.
Ostrom, E. (1992). Crafting Institutions for Self-Governing Irrigation Systems. San Francisco, ICS Press.
Phillips, D., S. Attili, et al. (2007). "The Jordan River Basin: 2. Potential Future Allocations to the Co-riparians." Water International **31**(5): 39-62.
Rimmer, A. (2011). Hydrological Survey of Al Auja Spring. Tel Aviv, Friends of the Earth - Middle East: 34.
Ron, Z., Y. D. (1986). "Ancient and Modern Developments of Water Rsources in the Holy Land and the Israeli-Arab Conflict: A Reply." Transactions of the Institute of British Geographers, New Series 11(3): 360-369.

Rouyer, A. R. (2000). Turning water into politics : the water issue in the Palestinian-Israeli conflict. Basingstoke, Macmillan.

Rowley, G. (1986). "Irrigation Systems in the Holy Land: A Comment." Transactions of the Institute of British Geographers 11(3): 356-359.

Rowley, G. (1990). "The West Bank: native water-resource systems and competition." Political Geography Quarterly **9**(1): 39-52.

Sanders, R. (2009). "Water desalting and the Middle East peace process." Technology in Society **31**: 94-99.

Trottier, J. (1999). Hydropolitics in the West Bank and Gaza Strip. Jerusalem, Palestinian Association for the Academic Study of International Affairs.

Trottier, J. (1999). Hydropolitics in the West Bank and Gaza Strip. Jerusalem, PASSIA.

Trottier, J. (2000). "Water and the Challenge of Palestinian Institution Building." Journal of Palestine Studies XXIX/2(114): 35-49.

Trottier, J. (2007). "A wall, water and power: the Israeli 'separation fence'." Review of International Studies(33): 105-127.

Trottier, J. (2008). "Water Crises: Political Construction or Physical Reality?" Contemporary Politics 14(2): 197 - 214.

Vinogradov, S., P. Wouters, et al. (2003). Transforming Potential Conflict into Cooperation Potential: The Role of International Water Law, UNESCO-IHP-WWAP. **2:** 106.

Weinthal, E., A. Vengosh, et al. (2005). "The water crisis in the Gaza strip: Prospects for resolution." Ground Water 43(5): 653-660.

Whitman, D. (2003). Stakeholders and the Politics of Environmental Policymaking The Crisis of Environmental Governance: Towards a New Political Economy of Sustainability. K. e. a. Conca. London, Routledge.

Wollebaek Toset, H. P. and N. P. Gleditsch, Hegre, Havard (2000). "Shared rivers and interstate conflict." Political Geography 19: 971-996.

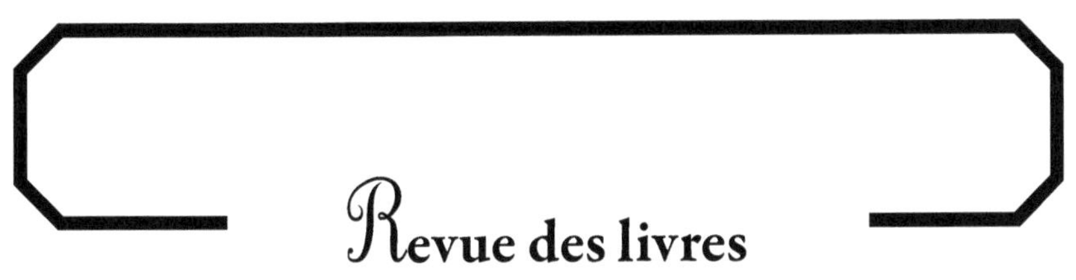

Revue des livres

* Jean MARCOU, **La Nouvelle Égypte. Idées reçues sur un pays en mutation**. Le Cavalier Bleu, 2013. 202p.

Par Jean-Paul Burdy

* Pierre RAZOUX, **La guerre Iran-Irak. Première guerre du Golfe 1980-88,** 2013, 604p.

Par Ata Ayati

* Christian BROMBERGER, **Un autre Iran**. Armand Colin, 2013, 255p.

Par Ata Ayati

Jean MARCOU, **La Nouvelle Égypte. Idées reçues sur un pays en mutation,** Paris, Le Cavalier bleu, avril 2013, 208p.

L'excellente petite collection des « *Idées reçues* », éditée par Le Cavalier bleu, a pris un nouveau départ en 2012, avec des volumes de plus grande taille, incluant désormais des documents photographiques ; ainsi qu'avec des ouvrages regroupant des extraits actualisés de chapitres déjà publiés – telles les *Idées reçues sur le monde arabe*, sous la direction de Pierre Vermeren (octobre 2012, 480p.). Sous le titre « *La nouvelle Égypte. Idées reçues sur un pays en mutation* », Jean Marcou, qui a dirigé pendant six ans la filière francophone de la faculté d'économie et de science politique de l'Université du Caire, et est actuellement responsable du master « Méditerranée-Moyen-Orient » à Sciences Po Grenoble, publie donc en avril 2013 une édition revue et augmentée de « *L'Égypte contemporaine* », paru en 2008.

Cette actualisation permet à l'auteur d'intégrer des réflexions stimulantes sur la période 2011-début 2013, qui a vu le renversement du président Moubarak par une forte mobilisation populaire non réprimée par l'armée, puis un processus électoral chaotique qui a permis au Frère musulman Mohamed Morsi d'accéder au pouvoir. L'ouvrage n'a pas pu intégrer le tournant majeur qu'a été le coup d'État militaire du 3 juillet 2013, qui met un terme au double processus de la révolution du printemps 2011, puis d'investissement de l'État par les Frères musulmans en 2012-2013. Mais l'auteur a, dans une certaine mesure, anticipé l'événement. En soulignant, en particulier, les contradictions croissantes de cette « *révolution arabe* » qui a amené une Égypte économiquement exsangue et traversée par de très fortes tensions politiques, sociales et sociétales, à une situation proche de l'anarchie dès le début de 2013. Les « *incertitudes du processus* », et les erreurs stratégiques des Frères, ont donc précipité une bipolarisation de la vie politique : les islamistes d'un côté, les militaires, les tenants de l'ancien régime et les rares forces sécularisées (et parfois de gauche) de l'autre côté. L'auteur termine par une question : « *l'Égypte est-elle condamnée à l'échec ?* ». Même si les militaires ont désormais tranché, dans une contre-révolution qui pourrait ramener le pays à une situation proche d'avant 2011, J. Marcou tient à rappeler cependant « *l'extraordinaire vitalité de la société égyptienne, la multiplicité des associations civiles, des débats et des contestations qui traversent le champ social.* » Restera à mesurer l'espace que les militaires laisseront à l'expression de cette société égyptienne, qui n'aura que partiellement et très brièvement goûté à la culture démocratique.

Jean-Paul BURDY

Pierre RAZOUX, **La guerre Iran-Irak. Première guerre du Golfe 1980-88,** Paris, Perrin, 2013, 604p.

Directeur de recherche à l'Institut de recherches stratégiques de l'École militaire (Irsem) à Paris, Pierre Razoux a été chercheur au Collège de l'OTAN, à Rome après avoir été chargé d'études à la Délégation aux affaires stratégiques du ministère de la Défense. Spécialiste du Moyen-Orient, il est l'auteur de plusieurs livres de référence sur les guerres israélo-arabes tels que *La guerre israélo-arabe d'octobre 1973 : une nouvelle donne militaire au Proche-Orient*, Paris, Economica, 1999, et *La guerre des Six Jours (5-10 juin 1967) : du mythe à la réalité*, Paris Economica, 2006, ainsi que de *Tsahal, nouvelle histoire de l'armée israélienne*, Paris, Librairie Académique, Perrin, 2006.

Dès le début de ce nouvel ouvrage qui met brillamment son œuvre en perspective, P. Razoux nous offre un travail ayant utilisé de nombreuses sources inédites et chargées d'informations.

Trois décennies après le début des hostilités, l'auteur nous ouvre les portes de cette guerre fondamentale sur le plan stratégique pour le Moyen-Orient, laquelle constitue un tournant géopolitique dont les effets perdurent dans les crises qui secouent actuellement le Moyen-Orient. À l'époque, tout à la fois les Occidentaux, mais aussi les Russes et plus encore les pays arabes, à l'exception notable de la Syrie, voulaient contenir l'exportation de la Révolution islamique d'Iran. Pour cela, les Américains, les Européens et les Soviétiques comptèrent sur le bouclier irakien de Saddam Hussein.

Ce livre repose notamment sur l'exploitation de sources irakiennes inédites, récupérées par les forces américaines après la campagne militaire de 2003. En tant qu'ancien chercheur au Collège de l'OTTAN à Rome, l'auteur a eu accès aux bandes audio de Saddam Hussein, ces enregistrements des discussions d'état-major entre le chef de l'État irakien et ses généraux lors de la guerre contre l'Iran (dont une grande partie est déjà traduite en persan). Et aussi aux archives du ministère de la Défense française à Vincennes. À cela s'est ajoutée une centaine d'interviews.

Comprendre les lignes de fracture actuelles au Moyen-Orient passe par un retour sur les champs de bataille qui longent la frontière irano-irakienne. Si ce conflit s'est scellé le 20 août 1990 par la signature d'un traité de paix, dans les faits, il est impossible de comprendre les enjeux des crises irakienne et iranienne au début du XXIe siècle sans mettre en relief la généalogie de ce conflit majeur qui a affecté les deux nations. C'est pourquoi l'auteur revient sur cet épisode et, au-delà, sur cette guerre, qui permet de mieux décrypter l'imbroglio du Moyen-Orient d'aujourd'hui.

Cette guerre constitue la matrice de la donne géopolitique qui continue de prévaloir dans la région. Selon P. Razoux, elle permet de comprendre comment fonctionne le régime de Téhéran, qui est totalement rationnel et comprend parfaitement les notions de dissuasion et de rapport de forces. Elle démontre aussi que le régime iranien n'hésite pas à frapper le premier et à pratiquer la « guerre asymétrique (attentats, kidnapping) s'il estime que c'est son intérêt. Avant de s'engager dans un processus de confrontation avec le régime iranien, l'expérience montre qu'il convient d'analyser très soigneusement la portée de ses actes. Cela ne signifie pas qu'il ne faille pas agir mais qu'il convient d'être conscient de toutes les répercussions possibles.

La guerre Iran-Irak montre que l'Iran n'accepte un compromis que dans trois cas : s'il est convaincu que c'est son intérêt, si les caisses de l'État sont vides et s'il est convaincu qu'il est sous la menace imminente d'une intervention militaire étrangère. Aujourd'hui, à Téhéran, les autorités iraniennes semblent comprendre que le temps joue désormais contre l'Iran, que les sanctions économiques sont efficaces, tout comme les actions clandestines visant le programme nucléaire, et qu'il est urgent de sortir le pays de l'isolement et d'attirer massivement les capitaux étrangers. Les trois conditions semblent donc réunies : le pouvoir est conscient qu'il a intérêt à négocier, que la fenêtre d'opportunité ne durera pas indéfiniment, que les caisses sont en train de se vider et que l'option militaire, même si elle paraît s'éloigner, reste toujours sur la table.

Le rôle de la France dans cette guerre. L'auteur retrace l'histoire des relations entre la France, l'Irak et l'Iran depuis des années 1960, mettant l'accent sur la période de l'arrivée au pouvoir des socialistes en 1981 où François Mitterrand adressera un message le 25 mai à Saddam Hussein dans lequel il l'assurera du soutien français. Il déclarera publiquement qu'il souhaite ne pas voir l'Irak vaincu et qu'il est indispensable de maintenir l'équilibre entre les Perses et les Arabes ! Un tel soutien satisfera une aile importante du parti socialiste qui voyait en l'Irak un modèle de modernisme, de progression et de laïcité face au conservatisme des pétromonarchies et à l'obscurantisme de la Révolution islamique iranienne. Jean-Pierre Chevènement, ministre d'État, assurera ainsi la présidence de l'association parlementaire France-Irak, Pierre Joxe, président du groupe socialiste à l'Assemblée, multipliera les déclarations favorables au régime irakien. Claude Cheysson, ministre des Affaires étrangères affirmera que l'Irak est le seul verrou capable d'empêcher un déferlement islamique qui déstabiliserait toute la région et balaierait les régimes arabes modérés (!)

L'été 1983, le gouvernement français a autorisé la vente à l'Irak de Mirage F-1 équipés du redoutable missile *Exocet*, et lui a prêté cinq *Super Etendard*, prélevés sur les stocks de la *Royale*, équipés des mêmes *Exocet* capables de frapper le trafic pétrolier iranien dans le Golfe, le régime de Téhéran a considéré que la France avait franchi une ligne rouge. Jusque-là, il existait un *modus vivendi* selon lequel la France – comme l'URSS ou la Chine – s'interdisait de vendre à l'Irak des systèmes d'armes sophistiqués capables de s'en prendre au trafic pétrolier. Les *Super Etendard* sont arrivés en Irak le 10 octobre 1983 et leur présence sur place a été révélée quelques jours plus tard ! L'attentat du *Drakkar* survient le 23 octobre. La riposte de la France est alors définie selon l'auteur : sous l'égide du ministre de la Défense Charles Hernu, deux actions parallèles sont envisagées. La première est confiée à la DGSE et vise à faire passer un message explicite aux Iraniens. Une jeep militaire française bourrée de 500 kilogrammes d'explosif est garée devant le mur de l'ambassade d'Iran à Beyrouth. L'agent chargé de conduire le véhicule, sans doute sous l'effet du stress, se trompe et ne déclenche pas correctement le retardateur de la charge explosive. La jeep est découverte par le service de sécurité de l'ambassade d'Iran. Le message n'en est pas moins reçu fort et clair par les Iraniens.

La seconde riposte préparée par la France est strictement militaire. Il s'agit d'un raid de l'aéronautique navale contre un objectif du *Hezbollah*. Initialement, c'est l'hôtel *Palmyra* où résident les principaux dirigeants de la milice chiite, mais devant l'ampleur des pertes collatérales attendues, l'état-major des armées choisit de s'en prendre à la caserne *Cheikh Abdallah*, près de Baalbek. Le 17 novembre 1983, huit *Super Etendard* décollent du porte-avions *Clémenceau* en direction de cet objectif. À leur grande surprise, les pilotes français tombent dans une véritable embuscade et larguent leurs bombes sur une caserne vide ! Le *Hezbollah* aurait été averti de l'imminence du raid par un diplomate français proche du ministre des Affaires étrangères, Claude Cheysson, *lequel diplomate* opposé à toute riposte militaire. Par miracle, les huit pilotes français *purent s'en sortir.* À partir de là, le cycle infernal des représailles se déchaînera au Liban. Les otages occidentaux en feront les frais, tout comme les victimes des attentats de 1984 et 1986 en France.

Selon l'auteur, les armes chimiques irakiennes ont tué environ 25 000 personnes (dont 20 000 combattants), ce qui ne représente que 3,6 % des pertes totales. Leur effet n'a pas été décisif, même s'il a contribué à désorganiser un certain nombre de grandes offensives iraniennes. À sa connaissance, les Iraniens n'ont utilisé l'arme chimique qu'une fois, au début de l'été 1988. Quoi qu'il en soit, une fois la guerre Iran-Irak et la Guerre froide terminées, le risque de prolifération des armes chimiques devait convaincre les Nations unies d'adopter, le 13 janvier 1993, une convention internationale bannissant leur emploi, leur fabrication et leur stockage.

Pour donner une idée de la violence des combats il faut jeter un coup d'œil sur le bilan global que l'on trouve dans le chapitre intitulé « Fin de partie » : cette guerre constitue la dernière « guerre totale » du XXe siècle, au cours de laquelle deux nations se sont combattues sans restriction, engageant tout leur potentiel humaine, matériel, économique et politique. Cet affrontement dantesque a mobilisé simultanément jusqu'à 2 millions de soldats, 10 000 blindé, 4 000 pièces d'artillerie et un millier d'aéronefs. Il symbolise à lui seul un condensé de la guerre au XXe siècle, car il comporte des éléments des ressemblances aussi avec la Première Guerre mondiale.

Les conséquences de la guerre Iran-Irak sont toujours perceptibles aujourd'hui, qu'il s'agisse de la radicalisation du régime iranien, de la relance de son programme nucléaire, ou bien encore de la marginalisation de l'Irak.

Ata Ayati

Christian BROMBERGER, **Un autre Iran**, Paris, Armand Colin, 2013, 256p.

Christian Bromberger, est professeur d'anthropologie à l'université d'Aix-Marseille. Membre de l'Institut universitaire de France, ancien directeur de l'Institut français de recherche en Iran. Auteur notamment de *Trichologiques - une anthropologie des cheveux et des poils*, Paris Bayard, 2010 et de *Passions ordinaires - du match de football au concours de dictée,* Paris, Hachette Littérature, 2002 ainsi que de *Le match de football : ethnologie d'une passion partisane à Marseille, Naples et Turin*, Paris, Maison des Sciences de l'Homme, 1995.

Le livre de Christian Bromberger sur Gilân, la province du nord de l'Iran, est le fruit d'une quarantaine d'années de recherche ethnologique. Composé d'une introduction, de 13 chapitres bien illustrés et d'une conclusion, l'auteur nous amène au cœur d'une province du pays en retraçant l'histoire mouvementée et singulière d'une région à travers son climat, sa végétation, ses modes de vie de ses habitants. Face à cette mise à distance géographique, culturelle et anthropologique, ces habitants du Nord pluvieux développent en retour un double discours, à la fois régionaliste et nationaliste. Ou, plus exactement, mettent en avant une autre réalité liée à leur position géographique : celle d'une terre de refuge et de permanence historique où prévaudrait *in fine* le modèle national. Christian Bromberger explique finement comment les intellectuels Gilâni mêlent avec talent la revendication d'une résistance à l'invasion arabe médiévale (et donc à l'islamisation qui leur est coextensive) avec les gages d'une orthodoxie nationale et religieuse, tout en ménageant également un espace aux caractéristiques singulières de cette région en marge, dont la rébellion de Mizrâ Kouchek Khân contre l'État central en fournit un exemple par l'instauration en 1920, la République socialiste d'Iran.

Un Autre Iran nous offre, en raison des thèmes abordés, quand on évoque l'Iran d'aujourd'hui, deux images opposées qui se télescopent et contribuent à nous donner une vision caricaturale du pays. La première est serait celle de clercs enturbannées et de dirigeants radicaux provocateurs, profèrent des menaces, dissimulant des programmes nucléaires militaires... La seconde serait celle d'artistes d'intellectuels de renom réalisant leurs œuvres créatrices contre vents et marées, déjouant la censure et remportant des distinctions internationales. Un autre Iran est encore « autre » en ce qu'il réunit deux procédés habituellement dissociés : les souvenirs personnels et l'exposé savant, les anecdotes et les notes de bas page... Tantôt on traite de la trajectoire d'individus, de leurs aventures sur le chemin de la promotion ou du déclassement ; tantôt du fonctionnement de collectivités rurales au sein desquelles s'insèrent ces individus ; tantôt encore de la province dans son ensemble avec ses traits communs et ses différenciations...

Cet ouvrage se propose d'apporter de nombreux éléments de réponses permettant de mieux appréhender la complexité de la société iranienne à travers l'analyse et l'interprétation d'une province du pays.

Ata Ayati

Revue des périodiques

* ***La Revue,*** Les habits neufs de l'Iran : le peuple iranien s'ouvre au monde, n° 37, novembre 2013.

Par David Rigoulet-Roze

* *La Nouvelle Revue Géopolitique*, Moyen-Orient : en attendant la paix... l'instabilité persiste, octobre-décembre 2013.

Par David Rigoulet-Roze

La Revue, Les habits neufs de l'Iran : le peuple iranien s'ouvre au monde, n° 37, novembre 2013.

Cette nouvelle livraison de *La Revue* met le *focus*, dans son dossier central, sur « Les nouveaux visages de l'Iran » après l'élection du président Hassan Rohani qui a succédé au trublion provocateur Mahmoud Ahmadinejad qui avait le mérite de fédérer le plus grand monde contre lui, à l'étranger comme dans son propre pays du reste, ainsi que sur les attendus d'un règlement potentiel de la crise sur le nucléaire iranien. Ce dossier offre plusieurs articles éclairants sur les principaux protagonistes de cette problématique complexe : l'un est évidemment consacré au Guide suprême, Ali Khamenei qui demeure le décideur en dernier ressort sur cette question éminemment stratégique pour le pays et qui incarne, dans le prolongement de la Révolution islamique de 1979, l'aspiration d'une fantasmatique « troisième voie » entre la défunte idéologie communiste et ce qui est stigmatisé comme « impérialisme occidental » ; un autre s'attache à la personnalité du nouveau chef de la diplomatie iranienne, Javad Zarif, parfait anglophone puisqu'il a passé quasiment plus de temps aux États-Unis notamment en tant qu'ambassadeur à l'ONU qu'en Iran même et qui se trouve directement en charge de mener les négociations sur le nucléaire iranien avec les grandes puissances - les 5+1 que sont les membres du Conseil de Sécurité plus l'Allemagne - pour les faire sortir de l'impasse d'une décennie infructueuse. Qualifié un jour d'« ennemi respecté » par Henry Kissinger, il doit de fait composer avec les contradictions qui traversent le régime de la République islamique entre partisans d'un accord qui, pour être finalisé, impliquera nécessairement un compromis et les hérauts d'une intransigeance irréductible au sein du corps des Gardiens de la révolution et/ou du clergé ultra radical dont l'ombre portée sur le pays écrase une société qui aspire avant tout à vivre. C'est aussi l'intérêt du dossier que ne pas se focaliser exclusivement sur cette question nucléaire mais de se pencher sur la maturation de cette société iranienne perceptible, non sans paradoxe, à travers le portrait consacré Zahra Eshraghi, petite-fille de feu l'Ayatollah Ruhollah, le « père de la Révolution islamique » en même temps qu'épouse de Reza Khatami qui n'est autre que le frère de l'ancien président « réformateur » Mohammad Khatami dont l'actuel président Hassan Rohani apparaît électoralement comme un héritier. Or, cette dernière fait montre d'une liberté d'esprit frisant parfois une forme subtile de subversion au point de prôner la remise en cause par la couleur du code vestimentaire mortifère de la République islamique au grand dam des détracteurs d'une libéralisation de la société iranienne déjà largement à l'œuvre malgré eux.

David Rigoulet-Roze

La Nouvelle Revue Géopolitique, Moyen-Orient : en attendant la paix… l'instabilité persiste, octobre-décembre 2013.

Ce nouveau numéro de *La Nouvelle Revue Géopolitique* entend dresser un premier état des lieux de la situation du Moyen-Orient plus de deux ans après la déferlante des « printemps arabes » et leurs devenirs souvent paradoxaux qui ont vu, dans une première phase, l'accession au pouvoir notamment en Tunisie, en Égypte voire en Libye de représentants de la mouvance des Frères musulmans ostensiblement soutenus par l'ambitieux et richissime Qatar du Cheikh Hamad bin Khalifa al-Thani à la fois économiquement et médiatiquement *via Al Jazeera* dont la stratégie géopolitique autant que médiatique est décryptée par Théo Corbucci. Cette première phase a été suivie d'une forme de reflux « fériste » plus ou moins marqué selon les pays avec leur renversement *manu militari* comme en Égypte paradoxalement appuyé par une forme de « contre-révolution » fomentée par les pétro-monarchies du Golfe en général et l'Arabie saoudite en particulier, effrayées qu'elles étaient par la dynamique potentiellement « révolutionnaire » et donc déstabilisatrice induite par l'islamisme « fériste ». La scène géopolitique moyen-orientale apparaît donc d'autant plus instable avec les lignes de failles géopolitiques à caractère « ethno-confessionnel » qui traversent la sanglante guerre civile syrienne ayant fait déjà plus de 100 000 morts - en menaçant d'ailleurs l'avenir des Chréteins d'Orient sur lequel se penche Antoine Haguenauer -, qu'elle voit s'exprimer une multitude d'acteurs aux intérêts souvent contradictoires qui semblent complètement redessiner la carte des alliances régionales en fonction de variables structurantes réactualisées comme celle de l'opposition entre sunnites et chiites au cœur de laquelle se retrouve l'Irak post-Saddam, puissance énergétique incertaine selon Stéphane Chatton et Nicolas Mazzuchi. Cette nouvelle configuration confère évidemment à l'Iran puissance tutélaire du chiisme nonobstant son identité perse, un rôle plus ou moins central appelé à s'affirmer encore davantage si une issue favorable devait être trouvée à la crise sur le nucléaire dans la mesure où l'Iran, vieux pays historique à la diplomatie éprouvée en dépit des apparentes discontinuités de cette dernière comme le rappelle Azadeh Kian et Benjamin Sanchez, se présente géopolitiquement parlant comme l'un des pays potentiellement les plus stables de la région. Cette mutation se fait sur fond de désengagement plus ou moins avéré de la puissance américaine laquelle, comme le souligne Philippe Moreau-Desfarges, désormais libérée de sa dépendance énergétique vis-à-vis du Golfe grâce l'exploitation nationale de ses pétrole et gaz de schiste, est en passe de « pivoter » vers l'Asie-Pacifique, nouveau centre de l'économie-monde. Cela rend possible le développement de logiques de plus en plus autonomes d'acteurs régionaux à la fois en termes énergétiques et géopolitiques comme le montrent respectivement Samuel Furfari et Maria Kottari pour les nouveaux gisements d'hydrocarbures en Méditerranée orientale.

David Rigoulet-Roze

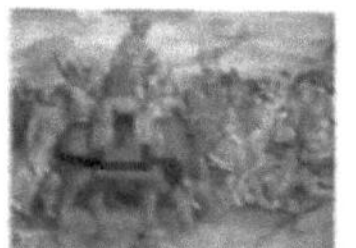

HANNIBAL
AUDACIEUX,
STRATÈGE ET
CONQUÉRANT

LE MONDE COMME VOUS NE L'AVEZ JAMAIS LU

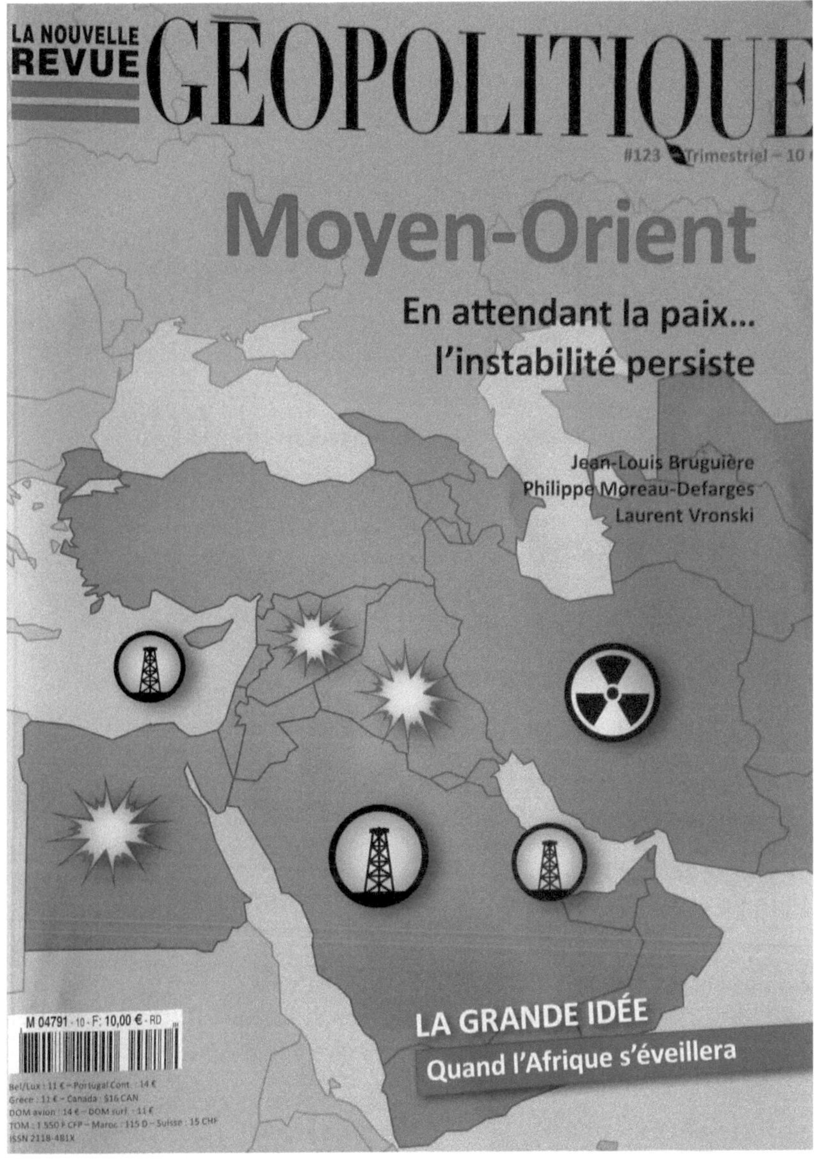
LA NOUVELLE REVUE GÉOPOLITIQUE
#123 Trimestriel – 10
Moyen-Orient
En attendant la paix...
l'instabilité persiste
Jean-Louis Bruguière
Philippe Moreau-Defarges
Laurent Vronski
M 04791 - 10 - F: 10,00 € - RD
LA GRANDE IDÉE
Quand l'Afrique s'éveillera

La revue EurOrient a déjà publié les dossiers suivants

Dans les numéros :

1. ISLAM – EUROPE – MODERNITÉ
Compromission ou interaction ?

2. ISLAM ET MODERNISATION
Au-delà des revers, qui a entravé l'essor ?

3. IRAN
Raison d'État – État des lieux

4. MAGHREB
Révélations identitaires

5. TURQUIE
Occidentalisation éclatée

6. LES BALKANS
Au-delà des versions établies

7. PALESTINE ET ISRAËL
Une terre compromise

8. ETATS ET SOCIÉTÉS ARABES
L'épreuve de force

9. LES MÉDINAS EN PÉRIL

10. CINÉMA ET MONDE MUSULMAN
Cultures et interdits

11. L'IRAK DES DÉLUGES
Un destin incertain

12. L'EGYPTE
Centre de gravité régional

13. LE MOYEN-ORIENT EN QUESTION
Remodelé ou désintégré ?

14. L'ALGÉRIE EN DÉBAT
État et pouvoirs parallèles

15. LES MÉDIAS DANS LE MONDE ARABE ET MUSULMAN
Informer ou désinformer ?

16. L'OCCIDENTALISME
Phobies ou fascination ?

17. LES PÉTRO-DYNASTIES DU GOLFE
Vrais ou faux dragons ?

18. L'AFRIQUE DU NORD
Un certain dilemme identitaire

19. TERRE D'ISLAM EN DEVENIR
Monocratie ou démocratie ?

20. L'ASIE CENTRALE, L'HERITAGE POST-SOVIETIQUE
Islamisme et enjeux stratégiques

21. LE SOUFISME
L'esprit de l'Islam mystique

22. LE MAL ORIENTAL
Atouts stériles ou fertiles ?

23. ORIENTS URBAINS
De la mer de Chine aux rives de la Seine

24. LE LEVANT FACE À SON DESTIN
Quelles feuilles de route ?

25. LE DEVENIR NUCLÉAIRE AU MOYEN-ORIENT
Quel arbitrage ?

26. L'IRAN PARADOXAL
Un péril ou en péril ? Dogmes et enjeux régionaux

27. LA MEDITERRANEE À L'EPREUVE DE LA MONDIALISATION
Marchés, sociétés civiles et cultures

28. L'AZERBAÏDJAN
Au centre d'enjeux globaux

29. L'EXIL ET LA GESTION DE LA TRAJECTOIRE

30. VILLES D'ORIENT
Pulsions refondatrices et réparations

N° HORS-SÉRIE DYNAMIQUES CONTEMPORAINES EN TURQUIE
Ruptures, continuités ?

31. REGARDS CROISÉS SUR L'OCCIDENT

32. IRAK
Construction ou déconstruction ?

33-34. ESPANCE CHINIOS
Urbains et cultruls

35-36. TURQUIE
La nouvelle politique extérieure turque entre le mythe « européen » et la nostalgie « ottomane »

37. L'ÉGYPTE EN MARCHE
La voie étrote

38. LA TUNISIE DU XXIe SIÈCLE
Quels pouvoir pour quels modèles de société ?

39. LES ÉTATS-UNIS EN EURASIE,
de bill Clinton à Barack Obama.
Le leadership américain à l'épreuve

40. L'AFGHANISTAN 2014 :
retrait ou retraite ?

41-42. SYRIE
La régionalisation et les enjeux internationaux d'une guerre imposée

43- Les villes en guerre au Moyen-Orient

Recommandations pour l'envoi des articles

Tout article, portant sur les sujets correspondant au profil de la revue, doit être adressé par courrier électronique : eurorient@free.fr (en fichier joint, sous fichier Word). Il doit être compris entre 5000 et 6000 mots (non compris les notes en bas de page et la bibliographie), ainsi que les références de l'auteur : nom, accompagné de son titre, un chapeau de présentation de l'article et un résumé en français et en anglais si possible.

Les notes doivent figurer en bas de chaque page et suivre une numération continue. En ce qui concerne les illustrations : cartes, tableaux et photographies, elles seront autant que possible limitées et fournies en format jpeg, en taille réelle, accompagnées d'une légende et des sources. Si possible les positionner hors texte. La bibliographie est nécessaire et doit respecter les conventions de la norme ISP 690-2.

Bulletin d'abonnement à compléter et à retourner à

L'Harmattan : 5-7, rue de l'École Polytechnique, 75005 Paris

France et UE
Institutions 52 €
Particuliers 42 €

Etranger hors UE
Institutions 57 €
Particuliers 50 €

Règlement
Par chèque bancaire à l'ordre des éditions L'Harmattan

Nom
Prénom

Adresse postale complète en lettres capitales

Adresse courriel (email)

L'HARMATTAN ITALIA
Via Degli Artisti 15; 10124 Torino

L'HARMATTAN HONGRIE
Könyvesbolt ; Kossuth L. u. 14-16
1053 Budapest

L'HARMATTAN KINSHASA
185, avenue Nyangwe
Commune de Lingwala
Kinshasa, R.D. Congo
(00243) 998697603 ou (00243) 999229662

L'HARMATTAN CONGO
67, av. E. P. Lumumba
Bât. – Congo Pharmacie (Bib. Nat.)
BP2874 Brazzaville
harmattan.congo@yahoo.fr

L'HARMATTAN GUINÉE
Almamya Rue KA 028, en face du restaurant Le Cèdre
OKB agency BP 3470 Conakry
(00224) 60 20 85 08
harmattanguinee@yahoo.fr

L'HARMATTAN CAMEROUN
BP 11486
Face à la SNI, immeuble Don Bosco
Yaoundé
(00237) 99 76 61 66
harmattancam@yahoo.fr

L'HARMATTAN CÔTE D'IVOIRE
Résidence Karl / cité des arts
Abidjan-Cocody 03 BP 1588 Abidjan 03
(00225) 05 77 87 31
etien_nda@yahoo.fr

L'HARMATTAN MAURITANIE
Espace El Kettab du livre francophone
N° 472 avenue du Palais des Congrès
BP 316 Nouakchott
(00222) 63 25 980

L'HARMATTAN SÉNÉGAL
« Villa Rose », rue de Diourbel X G, Point E
BP 45034 Dakar FANN
(00221) 33 825 98 58 / 77 242 25 08
senharmattan@gmail.com

L'HARMATTAN TOGO
1771, Bd du 13 janvier
BP 414 Lomé
Tél : 00 228 2201792
gerry@taama.net

634449 - Décembre 2015
Achevé d'imprimer par